Thomas Bauer

FREMDES JAPAN

WIE ICH VERSUCHTE, 88 TEMPEL ZU EROBERN, UND MICH DABEI IN JAPAN VERLOR

Inhalt

発心

ERWACHEN

Wie ich eine Pilgerin namens »Weihnachtskuchen«
kennenlernte, Irrwege für Abkürzungen hielt und bei
alldem meine Vorurteile in Lebensgefahr brachte

Provinz Tokushima, Tempel 1-23

The more I see, the less I know, the more I like to let it go …

Red Hot Chili Peppers, »Snow«

Geheimnisse eines japanischen Frühstücks

»*O-furo*«, sagte Herr Matsugami und lächelte unergründlich. Erfolglos suchte ich im Gesicht meines Gastgebers nach einem Hinweis, wie ich mich verhalten sollte. Hatte er gerade einen Witz gemacht? Sollte ich lachen oder wäre das unangebracht? Ich probierte es mit einem freundlichen Augenaufschlag und senkte gleich darauf den Blick auf das vor mir stehende Tablett. Herr Matsugami hatte Köstlichkeiten der japanischen Küche zu einem Gesamtkunstwerk komponiert. Schälchen mit rohem und gebratenem Fisch grenzten an andere mit Reis und Algen. In der Mitte stand eine dampfende Schüssel Miso-Suppe, auf der zwei hölzerne Essstäbchen lagen.

Was bedeutete das nun wieder? War das ein Test? Wollte man herausfinden, ob der ausländische Gast dumm genug war, zu versuchen, eine Suppe mit Stäbchen zu essen? Beobachtete mich der Rest der Familie feixend durchs Schlüsselloch? Herr Matsugami bot mir wenige Anhaltspunkte, wie ich Suppe und Besteck kombinieren könnte, da er in einer Sprache, die er für Englisch hielt, auf mich einsprach, während er mit seinen Stäbchen beiläufig einen Fisch entgrätete.

Da kam der Sohn des Hauses in den Frühstücksraum der Pension. Lässig schöpfte er sich zwei Löffel Suppe, fläzte sich auf seinen Platz und schlürfte dort die Schüssel genüsslich aus. Jetzt lachte ich doch. So machte man das also.

Auch das »*O-furo*« sollte sich bald als angenehme Überraschung entpuppen – und Japan einige seiner besten Trümpfe ausspielen.

Dabei hatte am Anfang wenig darauf hingedeutet, dass diese Geschichte ein gutes Ende nehmen könnte. Japan hatte mich lange Zeit nicht bei sich haben wollen. Immer, wenn mich eine größere Reise nach Asien hätte führen sollen, hatte ich kurz zuvor eines meiner Organe verloren. Als ich vor einigen Jahren nach Vietnam geflogen war, um per Rikscha von Laos durch Thailand und Malaysia bis nach Singapur zu radeln, war ich wenige Tage vor dem Abflug meinen Blinddarm losgeworden. Meine Reise nach Japan hatte ich zweimal verschieben müssen. Zuerst hatte mich eine Grippe ans Bett gefesselt, dann hatte man mir die Gallenblase aus dem Bauch geholt.

Vielleicht sollte ich seltener nach Asien aufbrechen. Eine Niere könnte ich zur Not noch hergeben, danach wird es wirklich eng.

Von den Rändern ins Zentrum

Osaka ist eine Stadt, die man gerne verlässt. Ähnlich wie in Afrika – abgesehen vom Orient – und in Südamerika gibt es auch in Asien kaum eine schöne Großstadt. Hanoi und Kuala Lumpur, Shanghai und New Delhi sind zweckmäßige Auffangbecken für Millionen. Sie sind faszinierend, unberechenbar und quicklebendig. Kommt man nach ein paar Jahren zurück, erkennt man ganze Stadtviertel nicht wieder. Aber schön? Dazu fehlt ihnen ein echtes Zentrum, eine Fußgängerzone mit Straßencafés, ein liebevoll gepflegter Stadtpark. Kleinode und gewachsene Strukturen, überhaupt so etwas wie eine erkennbare Stadtplanung sind rar angesichts eines Zustroms, der europäische Dimensionen sprengt. Lebenswerte Städte findet man am ehesten in Europa: dort, wo ihre Dynamik kontrolliert werden kann und Neues Altes ergänzt, statt es für immer beiseite zu schieben.

Andererseits: Indem ich von München nach Osaka geflogen war, hatte ich mich von der Peripherie ins Zentrum der weltweiten Entwicklung begeben. Ich war ins Innere des Kreises gereist. Der umfasst auf der Weltkarte Japan, Indien, den Osten Chinas und den Norden Indonesiens. Lächerlich klein ist er und nimmt ein knappes Fünfzehntel der Erdoberfläche ein. Innerhalb dieses Kreises aber leben mehr Menschen als außerhalb. Aktuell sind es etwa viereinhalb Milliarden. Das ist enorm, wenn man sich vor Augen führt, dass die größte Fläche des Kreises aus Wasser besteht.

Auf asiatischen Landkarten steht Japan weit stärker im Zentrum als auf europäischen. In der Nähe befinden sich China, Russland und Korea. Im Osten liegt ein riesiger Ozean, weit dahinter beginnt der amerikanische Kontinent. Europa, am westlichen Rand der Karte, ist ein Anhängsel Russlands.

Und das war mein Problem in Osaka: Ich war die deutsche Landpomeranze, die sich in der Großstadt zurechtfinden musste und den Wald vor lauter Bäumen nicht sah. Wohin ich mich auch wandte, traf ich auf Menschen – Dutzende, Hunderte, Tausende. Sie flossen aus den Läden und Restaurants wie ein Wasserfall. Sie bildeten Knäuel vor den Eingängen der Pachinko-Spielhöllen. Sie klackten mit blitzsauberen Schuhen auf den Asphalt und klickten mit Fotohandys. Sie kicherten, wenn sie mich sahen, und kullerten mit den Augen, wenn ich mich bewegte. An stark befahrenen Querstraßen blieben sie wie auf Knopfdruck stehen. Niemand aß oder trank etwas, keiner sprach ein Wort. In vier Minuten konnten Hunderte, manchmal Tausende Menschen zusammenkommen. Wenn die Fußgängerampel auf grün sprang, setzten sie sich so synchron in Bewegung, als seien sie Teile einer unsichtbaren Maschine, an der jemand einen Hebel umgelegt hat. Ich war ein Ferment in einem Teig, ein Staubkorn auf einem Teppich. Niemand beachtete mich, keiner sah mich wirklich an. Ich verstand überhaupt nichts, und es war schlichtweg egal, ob ich hier war oder nicht.

War das nun besonders höflich oder unhöflich? Empfand ich es als angenehm oder unangenehm? Beides traf zu. Ich genoss es durchaus, nicht angerempelt oder zum Kauf irgendeines Schnickschnacks aufgefordert zu werden, wie es an so vielen anderen Orten der Welt der Fall ist. Als Mensch aber, der sich im Austausch mit anderen definiert, hätte ich mich gefreut über ein gelegentliches Zeichen, dass man mich wahrnahm.

Japans 125 Millionen Einwohner ballen sich an den Küstengebieten. Der überwiegende Teil des Landes ist von Bergwäldern bedeckt. Über dem Archipel verläuft eine Gebirgskette, die über zwei Drittel der Landmasse beherrscht. Gerade mal 20 Prozent der Inselkette sind besiedelt. Wo das Meer jedoch auf Land trifft, wird es eng – vor allem in den Ebenen von Kantō, wo sich Tokio und Yokohama befinden, von Osaka (mit Osaka, Kyoto und Kobe) und von Tsukushi mit den Großstädten Fukuoka und Kitakyūshū.

Stopft man Ratten in einen Raum, beginnen diese irgendwann, einander zu töten. Aggressiv zu werden ist eine naheliegende Reaktion angesichts der Platzangst in »Megacities« wie Tokio oder Osaka. Darum müssen deren Einwohner anscheinend von klein auf erzogen und lebenslang kontrolliert werden. Täglich werden sie hunderte Male von Schildern und Durchsagen zu Wohlverhalten ermahnt.

Dessen ungeachtet war es um mich herum alles andere als eintönig. Natürlich gab es die adretten Anzugträger, »salarymen« genannt, mit den gegelten Haaren und den tadellosen Krawatten. Ihre weiße Haut gilt hier allerorten als Statussymbol. Sie tippten mit bedeutungsschwerer Geste auf Mobiltelefone ein, hasteten geschäftig durch die Einkaufsmeilen und stellten auf wenig subtile und einander erstaunlich ähnliche Weise jungen Japanerinnen auf der *Shinsaibashi*-Straße nach. Direkt neben ihnen aber tänzelten aufwändig kostümierte Comicmädchen in hautengen Kleidchen aus Kosmetikläden. Andere unterstrichen ihre von Solarien karamellisierte Haut mit weißen Haaren und hellgrauem Lippenstift. Selbst die sporadisch auftretenden Punks mit ihren blond gefärbten Haaren und den auffälligen Karohosen wirkten ungewöhnlich gepflegt. Wahrscheinlich nahmen sie täglich ein Bad. In Europa hätte man sie wohl für Grafikdesign-Studenten oder für Inhaber einer Werbefirma gehalten.

Feen und Punks, Karamellhäutige und »salarymen« lagen neben und unter und über mir, als ich in einem Kapselhotel unterschlüpfte. Hier, im Zentrum des Wahnsinns, der sich »Osaka« nennt, hatte man Röhren wabenförmig aufeinandergestapelt. Man kletterte eine Leiter empor, legte sich in eine sterile Box und zog eine Jalousie herab. Innen war natürlich ein Fernseher in den Raum integriert worden. Er war so hypermodern, dass ich ihn nicht einmal anbekam. Auch die Sauna ein Stockwerk höher konnte ich nicht nutzen. Der Anblick meiner Tätowierungen sei anderen Gästen nicht zumutbar, hatte man mir bereits bei der Buchung erklärt. Drastische Schilder in der Lobby wiesen noch einmal darauf hin, dass mir der Zutritt zu den Baderäumen verwehrt bleiben würde. Vielleicht wollte man sich auf diese Weise die *Yakuza*, eine Art japanischer Mafia, vom Hals halten. Deren Mitglieder sind in der Regel großflächig tätowiert.

Am folgenden Morgen mäanderte ein fast lautloser Expressbus durch Osakas Außenbezirke. Ich blickte aus seinem Fenster und sah aufeinander gestapelte Autobahnen, Knäuel aus Kreuzungen und Abzweigungen, betonschwere graubraune Häuser dicht neben anderen betonschweren graubraunen Häusern. Überall waren Telefon- und Stromleitungen, die man in Japan aufgrund der Erdbebengefahr grundsätzlich oberirdisch verlegt. Einmal fuhren wir auf einer vierspurigen Autobahn mitten durch ein Hochhaus hindurch. Spannend war das, effizient und herrlich undurchschaubar für den Gast aus Europa. Schön war es nicht. Osaka ist eine Stadt, die man gerne verlässt.

Das Fremdsein aushalten

Ich war auf dem Weg in die Provinz Tokushima auf der Insel Shikoku, und ich war hier, weil ich Japaner nicht mochte. Ein Vorurteil, natürlich: Ich ging davon aus, dass die Menschen hier täglich zwölf Stunden arbeiteten, so gut wie keinen Urlaub nahmen und immer im Beschäftigungsmodus waren – ein Volk aus Duracell-Hasen, angetrieben von einem Gefühl der Scham. In Deutschland wären sie alle Mitglied der Jungen Union; die Klassenbesten, die niemand mag. Sie erinnerten mich an den Ackergaul in George Orwells »Farm der Tiere«, der auf Anforderungen und Demütigungen immer nur antwortet: »Ich will und werde noch härter arbeiten«. Unter der Maske der Höflichkeit und des Arbeitseifers aber scheint es zu brodeln. Für begangene Gräueltaten in China und in Russland, in Korea und auf den Philippinen hat sich Japan nie entschuldigt. Bis heute sind die Geschichtsbücher frisiert, um japanischen Schülern die Wahrheit zu ersparen: Die Ahnen dürfen nicht entehrt werden.

Aber stimmte das alles? War es zulässig, Gegebenheiten derart zu verkürzen? Und warf man uns Deutschen mit Blick auf den Zweiten Weltkrieg nicht ganz ähnliche Dinge vor? Schauten wir auf Japan wie in einen 10.000 Kilometer entfernten Spiegel, und erschraken wir so sehr über das, was wir dort sahen, dass wir uns mit aller Macht davon abzugrenzen versuchten? Und zeigten wir nicht gerade dadurch, wie ähnlich wir uns waren?

Ich fuhr hin, um es herauszufinden. In den Spiegel schauen wollte ich und meine Überzeugungen in Lebensgefahr bringen – auch wenn ich dabei in Kauf nahm, mich beim Frühstück schon angesichts einer Schüssel Suppe zu blamieren.

Als der Expressbus über eine 1.629 Meter lange Hängebrücke fuhr und mich von der kleinen Insel Awaji-shima hinüber nach Shikoku brachte, sah ich von meinem privilegierten Aussichtspunkt durch das

Busfenster herab auf die Gezeitenstrudel des Naruto-Kanals. Gewaltige Löcher, umgeben von Gischt, hatten sich unter der Brücke aufgetan. Zweimal täglich bilden sich in der Meerenge zwischen den beiden Inseln die größten Wasserverwirbelungen der Welt.

Vom Strudel der japanischen Gepflogenheiten wollte ich mich hineinziehen lassen in das Fremde, Unverständliche. Diese Aufgabe sollte ein gut 1.000 Kilometer langer Pilgerweg übernehmen, der zu den ältesten und angesehensten der Welt gehört. Pilgerzeugnisse sind dort seit dem 12. Jahrhundert bekannt. Jährlich machen sich 500.000 Fernwanderer daran, die Insel Shikoku zu umrunden. 98 Prozent von ihnen sind Japaner. Ihren Alltag wollte ich teilen. Statt touristische Höhepunkte aufzusuchen und gleich darauf wieder wegzufahren, wollte ich einen Monat lang ein Pilger sein. Ich wollte schöne und hässliche Orte aufsuchen, das Tempelleben kennenlernen und ins Gespräch kommen mit Pilgern, Passanten und Pensionsbesitzern.

Bei alldem, das war mir von Anfang an klar, würde ich immer der Fremde bleiben, der Alien mit den runden Augen, der langen Nase und den seltsamen Manieren. *Gaijin* sollten sie tuscheln, »Ausländer«; die Kinder würden es mir hinterherrufen, die Blicke der Erwachsenen würden es jeden Tag sagen. Ein *gaijin* kommt nie ganz an in Japan. In den vor mir liegenden Wochen würden Wörter zu Chiffren werden, Gesten müssten neu interpretiert werden, und all die vermeintlich so klaren und eindeutigen Zeichen, mit denen wir uns im Alltag verständigen – die Füllwörter, die hauchzarten Bewegungen der Augen, der Nase, der Mundwinkel, überhaupt die gesamte Körpersprache –, sollten die Bedeutung wechseln. Statt »Multikulti« zu feiern und in den Gewohnheiten meiner Gastgeber aufzugehen, wie ich es in den Mittelmeerländern und in Südamerika immer wieder auf Anhieb schaffte, stellte Japan mich vor eine Herausforderung: Es galt, das Fremdsein auszuhalten.

Um diesen Effekt abzuschwächen und einen Schritt auf die hiesigen Gepflogenheiten zuzugehen, bekam ich am ersten von insgesamt 88 Tempeln ein japanisches Outfit verpasst. In zehn Minuten verwandelte mich eine rührige Angestellte, die wie ein Derwisch durch den Laden fegte, überall zugleich war und nie aufhörte zu reden, in einen *o-henro*, einen Pilger, wie sie allerorten auf Shikoku anzutreffen sind.

Als ich den Laden verließ, trug ich einen mit Plastik überzogenen Strohhut und ein kimonoähnliches Baumwollhemd. Ich hatte einen verzierten Stab in der rechten Hand; in der linken hielt ich ein Stempelbuch und zweihundert *osame-fuda*, Wunschzettel, die ich in den Tempeln deponieren konnte. »Ehre die Pilgerschaft zu den 88 heiligen Orten«, stand darauf. All das war weiß, die Farbe des Todes, verstanden als Auflösung der Begierden, als Überwindung der Anhaftungen und Übertritt zum Nirwana.

Soweit die Theorie. Ich aber kam mir zunächst verkleidet vor. Unsicher setzte ich Schritt vor Schritt und erwartete bei jedem davon, dass mich irgendjemand anhielt und mich fragte, was der ganze Mummenschanz sollte. Ich verhielt mich wie ein Schauspieler, der sich in eine neue Rolle einfinden muss. Erst nach und nach würde mir der weitere Weg seine Geheimnisse offenbaren. Er würde seine Weisheiten dosiert an mich abgeben, und meine Wandlung zum Pilger sollte nachdrücklicher werden, als ich es mir bis dahin hatte vorstellen können.

Die Profis des Weges

»*Gesutohausu*«, sagte der junge Mann, als ich von Tempel eins aufbrach, und blickte mich fragend an. Zum Glück zeigte er dabei auf die kleine Straße, aus der ich kam. Ja doch, nickte ich, dort gebe es ein »guesthouse«.

Wie das Land ist auch die Sprache: geordnet und strukturiert. Jedes Wort kann man in Silben zerlegen, und die bestehen aus einem Konsonanten, dem ein Vokal folgt. A-ri-ga-to bedeutet »danke«. In dieser Hinsicht ist Japanisch keine schwere Sprache. Es gibt zudem kein Geschlecht, keine Artikel, keine Mehrzahl und keine Deklinationen. Und ich kannte mehr japanische Wörter, als ich gedacht hatte. Sushi und Wasabi, Taifun und Tsunami. Geisha und Samurai, Karaoke und Kamikaze. Ich wusste, was los war, wenn sich Godzilla im neuesten Manga dazu entschloss, Harakiri zu begehen.

Schwierig wird es erst, wenn sich in anderen Sprachen Konsonanten aneinanderreihen. Wo ein »s« auf ein »t« trifft oder sich ein »r« an ein »p« hängt, streichen Japaner die Segel. Das »Restaurant« wird zu *resutolan*, das Geschenk (»present«) zu *palesentu*. Russisch oder Polnisch zu lernen dürfte vielen Japanern schwerfallen. Ihre eigene Sprache hat lediglich ein paar Begriffe vom Polynesischen übernommen, auch einige aus dem Chinesischen und Englischen, bei Randthemen wie dem Bergsteigen und dem Skifahren sogar aus dem Deutschen. *Anzailen* sagt man hier, »anseilen«, außerdem *aizen* für »Steigeisen«, die »Berghütte« heißt *hyutte*. Besonders schön finde ich den *kontorabasu*, den »Kontrabass« also, und natürlich den *orugasumusu* – Sie wissen schon …

Die meisten Japaner sprechen, wenn man höflichst insistiert, durchaus Englisch, und wenn man sich erst an ihren Singsang gewöhnt hat, kommt man im Allgemeinen gut zurecht.

Das wusste ich an meinem ersten Pilgertag natürlich noch nicht. »Well all iu falom?«: Die Silben schwirrten um mich herum wie Insekten. Sie waren genauso schwer zu greifen. Glaubte ich, einem Wort auf die Schliche gekommen zu sein, war es auch schon wieder weg. In den ersten Tagen konnte ich in Japan nichts anderes tun als mitzuschwingen mit diesen Klängen, mich einzulassen auf den Sound der fremden Sprache. Ich versuchte, Strukturen auszumachen, mir Dinge, die sich wiederholten, zu merken und auf den Tonfall derer einzugehen, denen ich begegnete.

Sanft und schmeichelnd, manchmal auch vogelhaft piepsig, klangen die Wörter der Frauen, gleichmäßig flossen sie aus dem Mund der Männer – ein Strom, der sich seines Ziels bewusst war. Ich imitierte in jenen ersten Tagen mehr, als ich sprach. Und ich kam erstaunlich weit damit. Wo alles nichts half, verlegte ich mich darauf, Dinge aufzuschreiben und meinem Gegenüber den Zettel vor die Nase zu halten. Auf diese Weise umgingen wir die Fallstricke der Aussprache und fanden meistens ohne Umweg zu einer Verständigung.

Als ich dem jungen Mann den Weg zum »guesthouse« gezeigt und den ersten der 88 Tempel hinter mir gelassen hatte, war die Sonne gerade aufgegangen. Zumindest vermutete ich das. Wissen konnte ich es nicht, denn es regnete, wie ich es niemals zuvor erlebt hatte.

Natürlich kannte ich Wolkenbrüche von daheim. Ich hatte erlebt, wie die Welt um mich herum urplötzlich dunkel wurde und sich die Gewalt des Himmels in furchtbarem Getöse und Hagelschauern entlud. Aber das hier war anders. Der Regen fiel mit dem Druck eines aufgedrehten Feuerwehrschlauchs vom Himmel. Wer ihm ausgesetzt war, dem war klar, dass das, was er gerade erlebte, nicht in einer Stunde vorbei sein würde, und auch nicht in zweien oder dreien. Das Licht des Tages hatte keine Chance, sich gegenüber dieser Naturgewalt durchzusetzen. Es war dunkel, als sei die Nacht verlängert worden.

Der Wind schlug mir den hastig übergestülpten Regenponcho vom Körper. Nutzlos wehte der gelbe Stoff neben mir her, eine toll gewordene Flagge. Ich versuchte ihn mir wieder überzustreifen. Nach dem 20. oder 30. Mal aber ließ ich den Sturm gewähren. Ich wickelte meinen Laptop in mehrere Plastiktüten, ehe ich ihn zurück in meinen Rucksack stopfte. Jetzt prallte der Regen direkt auf meine Kleider. In den Falten meines Pullovers bildete er Pfützen, von denen aus er sich in Fäden zum Boden abseilte. Ich konnte hören, wie Wasser bei jedem Schritt in meinen Schuhen hin und her schwappte.

Natürlich stellte man mich damit auf die Probe. Bei den meisten meiner Abenteuerreisen hatte es am Anfang geknirscht. Auf dem Jakobsweg hatte ich mir in der ersten Woche Dutzende Blasen und einen hartnäckigen Muskelkater zugezogen. Auf dem Franziskusweg hatte ich mich zu Beginn so gründlich verirrt, dass ich am Ende des ersten Tages ganz in der Nähe meines Ausgangspunkts herausgekommen war. Während der ersten Kilometer meiner Donautour hatte ich alle Mühe, mein Kajak auf Kurs zu halten – ich hatte davor ganze zwei Mal in einem solchen Boot gesessen. Und auf meiner ersten großen Tour durch Asien hatte mich das vietnamesische Hanoi dermaßen erschreckt, dass ich den Beginn meiner Rikscha-Reise kurzum in die laotische Hauptstadt Vientiane verlegt hatte. Am Ende waren gerade diese Reisen besonders schön geworden. Mit jedem Kilometer hatten sie mehr von ihren Reizen gezeigt. Am Anfang aber hatten alle Touren etwas von mir gefordert: eine Purifikation, eine umfassende Wandlung, eine Hinwendung ohne Wenn und Aber. Sie verlangten, dass ich alle Gedanken an Termine und kleinliche Geschäfte ablegte und ganz und gar ankam.

Ankommen im Unterwegssein: Dazu brauchte ich meist ein paar Tage, in denen ich mir Fragen stellen und Antworten finden musste.

Meinte ich es ernst genug? War mir klar, worauf ich mich einließ? War ich bereit, zu einem Pilger zu werden, und wusste ich, was das in letzter Konsequenz bedeutete?

Meine Mitpilger wussten es, das war offensichtlich. Zielstrebig wie Billardkugeln glitten sie voran, angestoßen vom Wunsch, ihr Etappenziel zu erreichen. Ja, mehr noch, viel mehr: sich zu lösen von allem Irdischen, der Erde zu entfliehen und einem Zustand näher zu kommen, den ein Europäer wie ich vielleicht niemals wirklich begreifen kann. Ich sah nur, dass schmale unscheinbare Frauen und Männer, allesamt weiß gekleidet und einen Kopf kleiner als ich, mühelos einige Zentimeter über der Erde zu schweben schienen. Sie kümmerten sich nicht darum, ob es regnete und der Wind pfiff, ob ein Lastwagen durch eine Pfütze rauschte und sie mit einem Schwall dreckigen Wassers bedachte, ob sich ihnen Berge in den Weg stellten und ob sie auf Asphalt liefen oder auf Waldboden. Niemals pausierten sie zwischen zwei Tempeln, auch wenn diese zwanzig Kilometer auseinanderlagen. Nie aßen oder tranken sie etwas, solange sie unterwegs waren. Sie befanden sich in einer Art Trance; das Gehen war ihre Meditation. Viele hatten sich blecherne Glöckchen um den Schaft ihres Stocks gebunden: Das Klingeln hielt ihre Gedanken, wenn sie abschweifen wollten, auf dem Weg. Nirgendwo sonst hatte ich ernsthaftere Pilger gesehen.

Verglichen mit diesen Profis des Weges tapste ich vorwärts wie ein unsicherer Hundewelpe. Jeder Ablenkung ging ich auf den Leim, in jede Falle stolperte ich munter hinein. Warum musste es regnen, fragte ich immer wieder, erst leise, dann lauter, als ob das etwas ändern könnte. Warum schien nicht die Sonne? Warum führte der Weg so nah an der Straße entlang und nicht abseits über Feld und Wiesen? War ich überhaupt auf dem richtigen Weg? Und wo sollte ich heute Abend übernachten?

Oh, ich war an meinem ersten Wandertag alles andere als ein Pilger! Ein Nervenbündel war ich, meinen Gewohnheiten verhaftet, festgeklebt an meinen lächerlichen Bedürfnissen und unfähig, meinen Ängsten Paroli zu bieten. Etwas musste sich ändern. So gewann man keine Schlachten.

Vogelgezwitscher und tüchtige Falken

Es sollte einem Jungen vorbehalten sein, mir den Impuls zu geben, den ich so dringend brauchte. Ich traf ihn in einem der unzähligen Nudelschnellrestaurants, in denen man gutes Essen für wenig Geld bekommt. Verstohlen blickte er zu meinem Tisch, als er das Lokal betrat. Mir gefiel die Art, wie er sorgfältig seinen Stock an die Wand lehnte, den Rucksack abnahm und ihn so gekonnt hinter einem Stuhl verstaute, dass er augenblicklich aus dem Blickfeld aller anderen Gäste verschwand. Der Junge – er mochte 16 Jahre alt sein, vielleicht auch älter, ich konnte das in diesem Teil der Erde nie richtig einschätzen – legte seine Regenjacke ab. Er zog den Pilgerhut vom Kopf und ging dann hinüber zum Buffet, um sich dort ein Menü zusammenzustellen. Bei alldem strahlte er die Reife eines Vierzigjährigen aus. Was er tat, machte er mit Bedacht. Er ließ sich Zeit. Einen Lidschlag lang lächelten wir einander zu, von Pilger zu Pilger, ehe er zu essen begann und ich vorgab, mich in meine Karte zu vertiefen.

Er verließ das Lokal vor mir, was hauptsächlich daran lag, dass ich noch immer der irrigen Hoffnung nachhing, der Regen könnte am heutigen Tag eine Pause einlegen. Eine halbe Stunde nach meinem Aufbruch holte ich den Jungen ein. Obwohl er einen unförmigen Regenponcho trug, wusste ich gleich, dass er es war.

Der Junge hatte eine markante Art, sich zu bewegen: Er schlich den Weg entlang. Seine kleinen und leisen Schritte passten zu seiner schlanken Gestalt. Er führte die Beine in unscheinbaren Bögen nach vorne und setzte die Füße leicht nach innen gedreht auf – ein Zeichen der Bescheidenheit, das ich noch oft in Japan beobachten sollte. In Europa und Nordamerika dreht man die Füße dagegen bei jedem Schritt gerne Raum einnehmend nach außen. »Hoppla, hier komm ich!«, rufen solche Schritte Passanten entgegen. Was tatsächlich dahintersteckt, kann man nur ahnen. Manchmal vielleicht nicht viel. Bei dem Jungen verhielt es sich dagegen gerade andersherum. Ich konnte lediglich vermuten, was er mit seiner bescheidenen Art ausdrücken wollte. Seine kaum wahrnehmbaren Schritte könnten etwas flüstern wie »Ich lasse dir deinen Platz, lass du mir meinen«. Vielleicht baten sie auch »Bitte tu mir nichts« oder sagten höflich »Eigentlich bist du mir ziemlich egal«. Was aber dahintersteckte, was der Junge wirklich zu leisten vermochte, das führte er mir im Verlauf der kommenden Minuten immer deutlicher vor Augen.

Natürlich lief die gegenseitige Vorstellung erst einmal gründlich schief. Daran hatte ich mich bereits gewöhnt. Als der Junge bei der vierten Silbe seines Namens ankam, hatte ich die ersten beiden bereits wieder vergessen. Ich meinte etwas zu verstehen, das wie »Vogelgezwitscher« klang. In Gedanken nannte ich ihn von nun an so. Wahrscheinlich machte er es mit mir nicht anders; jedenfalls sprach er mich nie mit meinem Namen an. Ohnehin flüsterte er seine von entschuldigendem Lächeln umrahmten Redebeiträge oftmals so leise, dass ich sie neben den Geräuschen des Regens und des Windes zuweilen kaum verstand. Was er sagte, hätte ich mir aber ohnehin wiederholen lassen müssen: Ich brachte seine Aussagen nur schwer mit seiner bescheidenen Art und seiner unauffälligen Statur zusammen.

Ich sei Deutscher, vertraute ich ihm an und zeigte bei dem Wort »Ich« unwillkürlich auf meine Brust. Und er?

»Von Hokkaido komme ich, ganz im Norden Japans.«

Dabei deutete er, ganz japanisch, nicht auf seine Brust, sondern auf seine Nase.

»Hast du vor, den ganzen Pilgerweg zu gehen?«, wollte ich wissen.

»Ja, er ist der Höhepunkt meiner Wanderung.«

»Der Höhepunkt?«

»Klar, es ist eine wunderschöne, 1.000 Jahre alte Strecke, die viele Japaner einmal in ihrem Leben absolvieren möchten.«

»Schon, aber wohin führt dich deine Wanderung?«

»Wie gesagt, ich komme aus Hokkaido.«

»Zu Fuß?«

»Ja, ich bin einmal längs durch Japan gezogen. Der Shikoku-Pilgerweg markiert sozusagen die Halbzeit. Danach geht es wieder zurück.«

»Dann ist dein Rucksack bestimmt schwer.«

»Der wiegt 30 Kilogramm. Ich zelte gerne draußen und versorge mich weitgehend selbst.«

»Du gehst also 6.000 Kilometer zu Fuß, zeltest bei Wind und Wetter draußen und kochst dir dein Abendessen selbst?«

»So könnte man das zusammenfassen.«

Ein Deutscher wäre mit dieser Information vermutlich wie mit der Tür ins Haus gefallen. Ein Grieche oder Spanier hätte sein Vorhaben, als flotter Spruch zusammengefasst, auf einem T-Shirt herumgetragen. Dem Jungen hingegen, der da so still und leise neben mir herging, musste ich diese Neuigkeit erst aus der Nase ziehen.

»Tüchtige Falken verstecken ihre Krallen«, behauptet der Bushido, der Ehrenkodex der Samurai, die in Japan 700 Jahre lang das Ideal männlicher Tatmenschen dargestellt haben. Die Samurai waren ursprünglich eine vom Kaiser eingesetzte Miliz, ihrem Herren bis in den Tod hinein ergeben. Versagte ein Samurai und kam dadurch sein Schutzbefohlener ums Leben, wurde erwartet, dass der in Ungnade Gefallene *seppuku* beging: In einer rituellen Zeremonie stieß er sich vor Zeugen ein Kurzschwert in den Bauch und führte es dann im Zickzack nach oben – je höher, desto ehrenvoller.

Da ausschließlich Verwandte eines Samurais ihrerseits Samurai werden durften, entstanden aus den einstigen Soldatenverbänden mächtige Familienclans, die im 12. Jahrhundert de facto die Macht in Japan übernahmen und jahrhundertelang behielten. Nach der traumatischen Niederlage im Zweiten Weltkrieg führte unter anderem die Rückbesinnung auf Samurai-Tugenden – Fleiß und Höflichkeit, Stärke und Kultiviertheit, Geduld und Reinlichkeit – zum japanischen Wirtschaftswunder. Ein Erbteil der Samurai steckte auch in dem Jungen, der neben mir herlief, Regen und Wind nicht zu bemerken schien und mir nebenbei erzählte, dass er zweieinhalbtausend Kilometer nordöstlich unseres Treffpunkts aufgebrochen war.

Der Shingon-Buddhismus, auf Shikoku allerorten sicht- und spürbar, verlangte – ganz ähnlich wie der Bushido – von seinen Anhängern, nicht mit Worten oder Taten zu prahlen. Stattdessen setzte man Vorhaben ohne viel Aufhebens effizient in die Tat um. Und das im Kleinen wie im Großen. Mit wie viel Getöse hatte man den Transrapid in Deutschland angekündigt, ehe das Projekt kläglich versandet war! In Japan hatte man hingegen einen Zug entwickelt, der nicht nur die 300 Stundenkilometer des Transrapids erreichte, sondern über 600 Stundenkilometer schnell fuhr. 600 Stundenkilometer – das entsprach der Geschwindigkeit von Mittelstreckenfliegern. Für die 350

Kilometer zwischen Tokio und Nagoya benötigte der Zug 40 Minuten. Bald sollte er bis nach Osaka fahren.

So lief das hier. Man machte sich klein – nicht zufällig verdeckte man beim ständigen Verbeugen seine Sexualorgane –, und wenn ich einem Japaner bestätigte, dass er gut Englisch sprach, antwortete er unter Garantie in folgender Art: »Aber nicht doch. Mein Englisch ist hundsmiserabel, ich muss noch viel lernen.« Beschäftigt man sich aber näher mit ihnen, wird man regelmäßig überrascht, was in vielen Japanern steckt.

»*Sugegassa*«, riss mich der Junge aus meinen Gedanken und zeigte auf meinen Pilgerhut.

»Bitte was?«

»Na, der Hut.« Ob ich wisse, was die Wörter darauf bedeuteten?

»Ha, na klar weiß ich das! Das Sanskrit-Zeichen, das nach vorne zeigt, steht für Kūkai, den Gründer des Shingon-Buddhismus, dem dieser Weg gewidmet ist, nicht wahr? Und auf den vier Seiten steht auf Japanisch, wie man zur Erleuchtung gelangt.«

»Sehr gut. Ich bin beeindruckt.«

»Danke. Aber wie komme ich jetzt zur Erleuchtung?«

»Geradeaus und dann scharf links. Nein, das war ein Witz. Schau, auf deinem Hut steht zunächst einmal *mayou ga yue ni sangai no shiro.*«

»Das sage ich ja auch immer.«

»Das heißt so viel wie: Wir haben uns verirrt aufgrund der drei großen Welten des Begehrens. Außerdem trägst du folgende Aussage mit dir herum: *Honrai tozai nashi. Izukunika nanboku aran?* In Wahrheit gibt es kein Osten und kein Westen. Warum gibt es Norden und Süden? Und dann eben dies: *Satoru ga yue ni juppou ku nari.* Mit der Erleuchtung werden zehntausend Himmel erscheinen. Zusammengefasst bedeutet das, dass unser Leben leidvoll ist, weil wir an weltlichen Bedürfnissen hängen. Indem wir pilgern, reinigen wir unser Herz, und unsere Feinde verschwinden. Am Ende sind wir aufgehoben in Geborgenheit. Habe ich dir das einigermaßen verständlich erklärt?«

»Natürlich. Und wie komme ich jetzt zur Erleuchtung?«

Durch die Automatiktür zur Transparenz

Kurz hinter dem neunten Tempel trennten sich unsere Wege. Es ging auf acht Uhr abends zu, trotzdem wollte der Junge noch weitergehen. Zehn bis fünfzehn Kilometer hätte er sich für heute noch vorgenommen, vertraute er mir an. Ich hingegen, durchnässt bis auf die Knochen, hatte mir seit einigen Stunden immer plastischer die Annehmlichkeiten eines Hotelzimmers ausgemalt.

Unser Abschied geriet seltsam. Danke für das *dogyo ninin*, sagte ich – ein Verweis auf die allgegenwärtige Formel, das Credo des Shikoku-Pilgerwegs, das, wie mir eine quirlige Verkäuferin kurz vor dem ersten Tempel versichert hatte, soviel bedeutete wie »Zwei gehen zusammen«.

Der Junge blickte mich verständnislos an. Sollte er tatsächlich die beiden wichtigsten Wörter des Pilgerwegs nicht kennen? Oder hatte ich diese nur falsch ausgesprochen? Ich wünschte dem Jungen viel Erfolg bei der Suche nach einem Zeltplatz und verbeugte mich linkisch. Daraufhin neigte er sich formvollendet zur Erde, weitaus tiefer, als ich es getan hatte. Das brachte mich dazu, mich nochmals zu verbeugen – so tief, dass der Rucksack beinahe meinen Rücken hinauf zum Hals gerutscht wäre. Das nutzte mir indessen gar nichts, da sich mein Gegenüber sofort noch tiefer verbeugte. Seine Pose erinnerte inzwischen an komplizierte Haltungen aus dem Ashtanga-Yoga. Ich gab auf. Unter Beteuerungen meines unendlichen Dankes blieb ich einfach stehen. Ich fühlte mich unwohl dabei; er offensichtlich auch. Er drehte sich zu mir um, ging fünf Meter rückwärts, auf denen er sich ständig verneigte, drohte sogar kurz zu stolpern, fing sich aber gleich darauf wieder und zog endlich winkend von dannen.

War ich unhöflich gewesen? Hatte ich unseren Abschied zu abrupt eingeleitet? Hätte ich zumindest anbieten müssen, mit dem Jungen zu zelten? Wäre es meine Pflicht gewesen, ihn, und sei es nur zum Schein gewesen, ins Hotel einzuladen? Ich wusste es nicht. Unterwegs hatten wir uns gut verstanden, unser Treffen schien harmonisch zu verlaufen. Am Ende aber hatten wir uns doch wieder im japanischen Regelgeflecht verheddert.

Kaum war mein ehemaliger Reisekumpan hinter der nächsten Biegung verschwunden, kam ich das erste und einzige Mal auf meiner Reise vom Weg ab. Ich grübelte noch immer, was bei unserem Abschied schiefgelaufen war, und bemerkte im Dunkel der hereinbrechenden Nacht nicht, dass die Abzweigung, die mich über ein Feld brachte, nicht markiert war. Unvermittelt stand ich vor einer Weggabelung und wusste nicht weiter. Nach links und nach rechts führten vom Regen aufgeweichte Fußpfade, Aneinanderreihungen von Pfützen. Am Ende der rechten Abzweigung sah ich die Lichter eines Hauses. Dorthin ging ich.

Es war ein kleiner Laden, der allerhand Haushaltsgegenstände verkaufte: Schrauben und Nägel, Holzscheite und Müllsäcke, Schaufeln und Besen standen akkurat geordnet in niedrigen Regalen. Als ich eintrat, wehte der Wind ein Kiefernblatt in den Raum. Ich bückte mich dienstfertig, um es aufzuheben, und steckte es sorgfältig in meine Hosentasche. Das überzeugte das ältere Ehepaar, dem das Geschäft offensichtlich gehörte, davon, dass ich in friedlicher Absicht zu ihnen gekommen war. Der Mann, er mochte um die 60 sein, bot mir an, mich an dem kleinen Ofen zu wärmen. Seine Frau zählte mir indessen fünf Karamellbonbons in die Hand. Das war ein guter Anfang. Wenn es den beiden Sorgen bereitete, dass sich um mich herum eine mit jeder Minute wachsende Pfütze bildete, ließen sie es sich nicht anmerken. Dann aber fragte mich die Frau etwas auf Japanisch. »Hotel«, sagte ich hilflos, und dass ich mich verlaufen hätte. Die beiden beratschlagten, was zu tun sei. Dann ging der Mann aus dem Laden, kam aber sofort darauf mit einer Jacke und einem Autoschlüssel in der Hand zurück. »Komm mit«, bedeutete er mir, »ich fahre dich hin«. Fünf Minuten später hielten wir vor einem Business Hotel, das ich ansonsten heute nicht gefunden hätte.

Nicht der Rede wert, winkte mein Retter ab, als ich mich überschwänglich bei ihm bedanken wollte. Schon fuhr er zurück zu seinem Laden. Wir würden uns nie wieder sehen. Was hatte er davon, mir zu helfen? Einen Pluspunkt fürs Karma? Bekam er einen Bonus vom Tourismusverein? Oder wollte er einfach vor seiner Frau gut dastehen? Es war mir herzlich egal. Wichtig war gewesen, dass er meine Lage präzise erfasst und mir die Lösung meines Problems vorgeschlagen hatte, noch ehe ich konkret danach hatte fragen können – und das, ohne dass er ein Wort Englisch oder ich ein Wort Japanisch gesprochen hatte.

Japanische Business Hotels bieten kleine Zimmer zu unschlagbar günstigen Preisen an. Und immer umfasst das Angebot eine geräumige Badewanne – eine Wohltat nach dem hartnäckigen Regen des heutigen Tages.

Ich leerte den Rucksack und legte meine Kleider zum Trocknen aus. Dann schlüpfte ich in das bereitliegende *jimbei*, ein Schlafhemd nebst kurzer Hose aus Hanf, und begab mich noch einmal hinaus in den Hotelflur, wo ich einen Automaten ausgemacht hatte, der Wasser und Süßigkeiten anbot. Ich hatte keine zwei Schritte aus meinem Zimmer gemacht, als mir ein Hotelangestellter entgegensprang und mir emsig die Funktionsweise des Geräts erklärte. Vermutlich wollte er lediglich seinen Englisch-Wortschatz anwenden. Jedenfalls wäre ich auch ohne die Hilfe eines Einheimischen an das begehrte Futter gekommen. Es lief darauf hinaus, dass man oben Geld hineinwarf, auf einen Knopf drückte und das Gewünschte unten herauszog. Ich deckte mich großzügig ein.

Als ich mich wieder auf mein Zimmer begeben wollte, drückte mir der Angestellte einen Zettel in die Hand. Das habe er vorhin vergessen, meinte er, als sei dies irgendeine Erklärung. Ich blickte auf das Papier und las die dort aufgedruckten Hausregeln. Sie ließen an Klarheit nichts zu wünschen übrig. Vermutlich hatte man die Übersetzung vom Japanischen ins Englische einem Computerprogramm überlassen. Herausgekommen war pure Lyrik. Vor allem die vierte Regel hatte es mir angetan: »Because this is not it, the card may be used for the other use«. War das eine Einladung zur Meditation, ein Mantra, das seinen tieferen Sinn entblätterte, wenn man es wiederholte? »Weil es das nicht ist«: Das war ganz klar eine Aufforderung, die Welt als *tattva* zu entlarven, als Lug und Trug. Wir nehmen sie so wahr, wie wir sie gerne hätten und nicht so, wie sie tatsächlich ist. Der zweite Teil verweist auf ein ungeahntes Potenzial: »Die Karte kann für den anderen Gebrauch eingesetzt werden«. Den anderen Gebrauch! Was für Möglichkeiten taten sich da auf! Öffnete die Karte eine Schatzkammer? War sie ein Schlüssel, konnte man mit ihr geheimes Wissen anzapfen, das immer schon in uns geschlummert hatte? Der englische Dichter William Blake hatte einst die Musikgruppe »The Doors« zu deren Namen inspiriert: »Wenn die Pforten der Wahrnehmung geöffnet wären, würden wir alles so sehen, wie es wirklich ist: unendlich.« Und ich hielt die Karte dazu in den Händen!

Allerdings kam man nicht einfach so zur Erleuchtung. Das war nur logisch: Zu etwas so Großem konnte man nicht spazieren wie zu einem der 88 Tempel. Der Zugang zum höchsten Bewusstseinszustand war naturgemäß Einschränkungen unterworfen. »The automatic door to transparence works from 11.00 pm to 7:00 am«. Die Automatiktür zur Transparenz, quasi der direkte Durchgang zum Nirwana, funktionierte nur zwischen 11 Uhr abends und 7 Uhr morgens. Das war gut zu wissen.

Wohin war ich nur geraten? »Die Automatiktür zur Transparenz funktioniert von 11 Uhr abends bis 7 Uhr morgens«. »Mit der Erleuchtung werden zehntausend Himmel erscheinen.« Und ein unscheinbarer Junge, der seit einem halben Jahr durch das Land streifte, schlug vermutlich gerade auf irgendeiner Wiese sein Zelt auf. Japan versorgte mich mit Rätseln über Rätseln.

Ein seltsamer erster Pilgertag ging zu Ende. Er hatte mich kalt erwischt und mir klargemacht, dass ich besser rasch auf dem Weg ankommen sollte. Andererseits: Morgen war ein neuer Tag, da konnte zumindest das Wetter ganz anders aussehen. Der Hotelangestellte stimmte mir lebhaft zu, ehe er mir eine gute Nacht wünschte und mich in mein Zimmer entließ: Morgen, meinte er, würde es schneien.

Die Götter der kleinen Dinge

1998 interviewte das japanische Fernsehen die Astronautin Mukai Chiaki an Bord des Raumschiffs »Discovery«. Dabei stellte Mukai den Anfang eines *waka*, eines japanischen Kurzgedichts, vor und forderte ihre Landsleute auf, es zu komplettieren: »Salti, / Endlos möglich - / Schwerelosigkeit«.

Als die Astronautin im Januar 1999 auf die Erde zurückkehrte, hatten 144.781 Japaner Fortsetzungen vorgeschlagen. Das kleine Gedicht wurde zum medialen Ereignis. Ein Querschnittsgelähmter hatte geschrieben: »Wie gern probierte ich das aus / Mit meinen toten Beinen«. Den Preis heimste ein 68-Jähriger ein, der die Salti der

Astronautin auf besonders liebenswerte Weise zu erden vermochte: »Purzelbäume in der Wanne / Weltall für mein Kind«. So unverkrampft versöhnt man in Nippon eine jahrhundertealte Kunstform mit modernster Technik.

Weitere Widersprüche lösen sich auf, wenn man in Japan unterwegs ist. So passt der jahrtausendealte Buddhismus erstaunlich gut zur radikalen Schnelllebigkeit, der die meisten japanischen Erzeugnisse unterworfen sind. Proklamiert er doch das Nichtanhaften an den Dingen, ja mehr noch: an sich selbst. Er behauptet, dass es kein unveränderliches »Ich« gebe, keine ewige Seele, und dass alles, was existiere, nur temporäre Ausformungen einer Art Weltgeist seien, Aggregatszustände, die bald verwischten und ineinander übergingen.

Dass sich alles permanent verändert, erfahren Japaner oft am eigenen Leib: Städte greifen um sich, Felder versinken in Schlammfluten. Häuser stürzen ein, ehe man sie den Kindern vererben kann. Eben darum kann alles praktisch zu jeder Zeit neu, schöner und besser wiederhergestellt werden. Man kann die Glitzerkonsumwelt genießen, weil sie einem in ihrer Extravaganz vor Augen führt, dass sie Illusionen gebiert, die vielleicht schon morgen von anderen Illusionen abgelöst werden.

Offiziell befindet sich der Buddhismus in Japan auf dem Rückzug. Er prägt aber den Alltag weitaus nachhaltiger, als den meisten bewusst ist – ähnlich dem Christentum in Europa, auf dem, ob wir es wahrhaben wollen oder nicht, vieles beruht, was wir denken und sagen. Die Tee-Zeremonie und die Gartenkunst zum Beispiel haben ihren Ursprung im Zen-Buddhismus. Ein Weg zur angestrebten Erleuchtung kann regelmäßige Bewegung sein: Buddhistisch beeinflusst sind insbesondere Kampfortarten wie Judo, Karate, Aikido, Jiu Jitsu und Kendo.

Überall auf dem Pilgerpfad begegnete ich einer Passion für Kleinigkeiten. Briefmarkengroße Aufkleber markierten Kreuzungen und Abzweigungen. Seit ich das Business Hotel verlassen hatte, ließ ich mich von ihnen durch regennasse Reisfelder, über Hängebrücken hinweg und um Hügel herum führen. Hin und wieder standen kleine Aufmunterungen auf Strommasten oder Mauerecken: *Ganbatte!*, »Gib dein Bestes!« und immer wieder *dogyo ninin*. Ein Mitpilger, der aus einem Tante-Emma-Laden trat, rief mir diese beiden Worte zu und deutete auf meinen Pilgerstab. Dort waren sie eingeprägt. Sie verwiesen darauf, dass moderne Pilger wie ich in den Spuren des berühmten Kōbō Daishi wanderten, des Gründers des Shingon-Buddhismus. Da bei jedem Aufsetzen ein winziges Stück Holz zurückbleibt, verteilt sich auf diese Weise die Aura des berühmten Mönchs auf dem ganzen Weg. Ich würde diesem Mantra auf dem Weg immer wieder begegnen, meinte der Mann, es bedeute soviel wie »Nichts kann uns trennen«. Jetzt verstand ich auch, warum sich der Junge gestern bei unserem Abschied so seltsam verhalten hatte.

Einstweilen hatte ich Mühe, den Stab mit den berühmten Worten in der Hand zu behalten. Der Sturm hetzte Schneeflocken waagrecht über den Weg. Sie klebten an der Ostseite der Brücken, drängelten zwischen Häusern und Bäumen hindurch und verpassten Verkehrsschildern lustige Nikolausbärte. Die Pfützen begannen zu gefrieren. Schon zehn Schritte hinter dem Hotel hatte ich einen zweiten Pullover aus meinem Rucksack gekramt, meinen Regenponcho übergestülpt und mich tapfer dem Wind entgegengestellt. Kurz darauf hatte ich zwei weitere T-Shirts an- und einen dritten Pullover über den Poncho gezogen. Der Wind hatte derart am Plastik gezerrt, dass sich die Plane die meiste Zeit neben mir befand statt um mich herum. Mein Rucksack war jetzt beinahe leer.

Wie ein Automat setzte ich Schritt vor Schritt. Eine neue Ernsthaftigkeit hatte sich meiner bemächtigt. In diesem Land, das wurde mir mit jedem zurückgelegten Kilometer klarer, huldigte man der Sorgfalt wie nirgendwo sonst. Man war bereit, sich einer Sache mit Haut und Haaren zu verschreiben.

Und das bis in die Details hinein: Der Gastgeber einer Teezeremonie wählt beispielsweise mit Bedacht die Blumen aus, die den Weg zu seinem Haus flankieren. Er würde dafür sorgen, dass sie in Form und Farbe zu den Servietten passten, die ihrerseits das Motto der Zeremonie widerspiegelten. Was in einem für Europäer schwer vorstellbaren Ausmaß durchgeplant und organisiert erscheint, ist in Wahrheit Ausdruck eines Gestaltungswillens, der den Augenblick hervorhebt – eben jenen Moment, den man im »Westen« mit Zukunftsvisionen und mit Rückblicken auf vermeintlich bessere Zeiten so gern verstellt.

Indem man sie hingegen harmonisch zusammenführt, drückt man seine Wertschätzung für die Dinge aus, die gerade geschehen. Man feiert das Jetzt.

»Der Gott der kleinen Dinge«: So hat die Schriftstellerin Arundhati Roy ihren Überraschungsbestseller genannt. Der spielt zwar in Indien; für mich aber waren die Japaner, denen ich bislang begegnet war, die »Götter der kleinen Dinge«.

Schönheit gab es unzweifelhaft auf dem Pilgerweg – aber nur in überschaubarem Rahmen. Sie spiegelte sich in einem Fensterschmuck, strömte aus einem liebevoll gepflegten Vorgarten und nistete im Lächeln der Passanten. Das große Ganze hingegen war zweckmäßig und nicht selten unansehnlich: matschige Ackerfurchen in Reisfeldern, Knäuel aus Stromleitungen vor Fabrikanlagen. Die Japaner schienen die Natur am liebsten portioniert zu mögen, gestutzt und zurechtgemacht. Sie hatte sich dem Menschen zu fügen. Die Natur war unterwegs immer anwesend – aber niemals war sie wirklich nah. In der Ferne standen Hügel, von weitem winkten Bäume herüber, aber all das erschien mir zunehmend als Kulisse, die den Weg nur umgab. In den Dörfern und Städten standen keine Brücke und kein Baum, ja: kein Grashalm!, zufällig irgendwo herum. Alles war in seiner vom Menschen vorgegebenen Form, an seinem definierten Platz – die Natur als Schoßhund.

Woher stammte dieser Kontrollfetisch? Ich meinte die Antwort zu kennen; sie stand auf den Schildern am Wegrand: »Evacuation area in case of *tsunami*« prangte dort unter drastischen Zeichnungen von Wellen und Überflutungen. Alle paar Kilometer kam ich an Höhenmarkierungen vorbei – »3,8 m« oder »4,2 m« war darauf in roter Schrift geschrieben. Bis hierher konnten sie kommen, die Wellen, die ganze Landstriche nach einem Seebeben verschluckten. Wo man täglich vor Augen geführt bekam, dass die Natur nicht zu zähmen war, dass es jederzeit Erdbeben geben konnte, Vulkanausbrüche und Monsterwellen, musste man sich einfach der Illusion hingeben, man hätte irgendetwas unter Kontrolle – und sei es nur der hauseigene zwei Quadratmeter kleine Garten.

Die Japaner haben ein besonders schönes Wort: *Wabi-sabi* bezeichnet die Schönheit des Flüchtigen, das schon im nächsten Augenblick die Form verändern oder sich auflösen kann. Ein Garten, vielleicht auch nur ein Blatt, kann *wabi-sabi* sein, eine Wolke und die Liebe zu einem Menschen. *Wabi-sabi* erinnert uns daran, dass sich alles ständig verändert – und dass die Vergänglichkeit der menschlichen Existenz mit der Pflicht einhergeht, etwas aus seinem Leben zu machen. Wer *wabi-sabi* versteht, hat bereits einen großen Schritt Richtung Erleuchtung unternommen.

Leider war ich bislang noch nicht allzu weit über diesen Schritt hinausgekommen. Immerhin aber wusste ich, was die Unvollkommenheit so schön machte: Alles konnte ständig verbessert werden und lieferte uns damit einen Ansporn, verlieh uns immer wieder für Momente einen Lebenssinn.

Von der Leidenschaft der Japaner für das Überschaubare, das Gestaltbare und das Flüchtige wollte ich mich anstecken lassen. Sie kam mir weiser vor, als einer übergroßen Utopie den Hof zu machen, die mit dem Wissen einherging, dass man nie in die Verlegenheit kommen würde, seine Theorien zu konkretisieren. Statt sich im Kampf um eine bessere Welt aufzureiben, legte man vielleicht besser erst einmal einen Garten an oder überlegte, wie man seinem Nachbarn eine Freude bereiten konnte. Das war weniger spektakulär, dafür hatte es mehr Aussicht auf Erfolg.

Ja, ein *otaku* des Weges wollte ich werden, ein Experte, ein Freak. Ich wollte mir das Recht verdienen, ein Pilger zu sein – ein *Shikoku-otaku*, der dem Pfad mit seinen Füßen huldigte, der ihn roch und schmeckte, und der nachts bereits von der Etappe des kommenden Tages träumte. Und der bei alldem immer wusste, wo sich seine Grenzen befanden. Genau das nämlich erhebt die japanische Art der Leidenschaft von einem diffusen Lebensgefühl – »Verschwende deine Jugend!«, »Liberté toujours!«, »Punks not dead!« – zu einer echten Kunstform.

Der Tollpatsch und die Morgenfee

Also lief und lief ich an meinem zweiten Pilgertag, regelmäßig wie ein schweizer Uhrwerk, unermüdlich wie ein Roboter. So kam es mir zumindest vor. Ich ignorierte den Schnee in meinem Gesicht, die matschigen Feldwege und den brettharten Asphalt. Fünfeinhalb Stunden ging ich vorwärts, ohne eine Pause einzulegen, dann erst suchte ich einen der vierzigtausend japanischen *konbini* auf. Was wie eine Verballhornung des amerikanischen »convenience store« klingt, ist in Wahrheit ein höchst angenehmer Ort. Vor allem, wenn man sich zuvor einen halben Tag lang durch Eis und Schnee gekämpft hat.

Sumimasen, begrüßte mich der Angestellte nach dem obligatorischen Zuruf *sensei*, »Meister«. »Entschuldigen Sie, dass Sie hier Zeit verbringen müssen«. Dabei war der Laden das reine Schlaraffenland! Hier gab es meterlange Regale mit eisgekühlten Getränken, Sushi in allen Variationen und ganze Menüs, die man sich an der Theke aufwärmen lassen konnte. Hier wurden Bedürfnisse bedient, von denen man bislang nicht gewusst hatte, dass sie in einem schlummerten.

Ein japanisches Lebensprinzip wurde hier auf die Spitze getrieben: Jeder, dem ich bislang auf dem Weg begegnet war, verhielt sich, als sei er Dienstleister eines anderen. Als ich beispielsweise in Tokushima mit nur einem weiteren Passagier die geräumige Gondel einer Bergbahn geteilt hatte, war die Zugbegleiterin deren gesamte Länge entlanggegangen, hatte sich am Bug und am Heck verbeugt und uns auf diese Weise verdeutlicht, wie sehr sie sich freute, am heutigen Tag unsere Schaffnerin sein zu dürfen.

Warum tat sie das? Warum grummelte sie nicht in sich hinein wie ein Münchner Busfahrer oder fuhr uns herrisch an wie ein Berliner S-Bahn-Führer? Weil sie uns signalisieren wollte, dass sie uns wahrnahm. Sie gestand uns Raum ein.

»Ich sehe dich«, die Begrüßung im Film »Avatar«, bedeutet eben mehr als das, was sie sagt. Sie beinhaltet, dass man sich in sein Gegenüber hineinversetzen kann und gewillt ist, ihn zu unterstützen, wenn er sich entfalten möchte. Jemandem dieses Gefühl zu geben erfordert Übung. Wer, wie vielerorts in Deutschland, hingegen von klein auf darauf getrimmt wird, seine Ellenbogen auszufahren und auf Kosten anderer auf der Karriereleiter aufzusteigen, wird sich damit schwertun. »Gelobt sei, was hart macht«, proklamierte Nietzsche einst. »Gelobt sei, was weich macht« wäre für Japaner passender. Hier war man an allem interessiert, was das Leben angenehmer und leichter machte – für sich und für die anderen.

Dass solche Annehmlichkeiten auf klaren Regeln basierten, sollte ich noch am selben Abend erfahren, als ich mich innerhalb von nur einer Minute gleich drei der schlimmsten Verfehlungen schuldig machte. Ich beschloss, ein *minshuku* aufzusuchen, eine japanische Pension, wie sie allerorten auf dem Pilgerweg anzutreffen ist. Das Verbeugungs-Ping-Pong mit der durchgestylten Inhaberin brachte ich halbwegs unbeschadet über die Bühne. Artig stellte ich daraufhin meine Wanderstiefel im Eingangsbereich ab und schlüpfte in die drei Nummern zu kleinen Hausschuhe. Dann aber führte mich meine Gastgeberin zu meinem Zimmer. Ich blickte hinein, und da war: nichts. Gut, natürlich war der Raum mit den berühmten *tatami* ausgelegt, jenen 180 mal 90 Zentimeter großen Reisstrohmatten, die zuweilen als Währung für die Größe eines Zimmers dienen. Auch ein knapp kniehoher Tisch stand dort. Sonst aber war nichts zu sehen. Außerdem schienen die Wände aus weißgrauem Papier zu sein.

Ernüchtert lehnte ich meinen Rucksack an das Tischlein. Ich fürchtete, es könnte unter dem Gewicht zur Seite geschoben werden, doch es hielt stand. Dann drehte ich mich zur Tür um und bemerkte, dass mich die Inhaberin verstört ansah. Irgendetwas musste gerade fürchterlich schiefgelaufen sein. Was aber hatte ich angestellt? Hätte ich das Zimmer nicht ohne meine Gastgeberin betreten dürfen? Hätte ich meinen Rucksack nicht auf den Boden stellen sollen? Der Blick der Inhaberin ging zu meinen Füßen. Richtig, überkam es mich, dort prangten ja noch immer die Hausschuhe! Das also passte nicht. »Verdammt«, sagte ich laut. Ich zog die Schuhe aus, stellte sie vor der Zimmertür ab und putzte mir zur Sicherheit auch gleich die triefende Nase. Natürlich war das alles wieder falsch. Meine Gastgeberin wirkte nun noch entsetzter als zuvor. Vermutlich fehlte jetzt nicht mehr viel, dass sie in Tränen ausbrach oder die Polizei rief.

»Du wirst erfahren, wie gastfreundlich die Japaner sind«, hörte ich die Stimme der Trommlerin unserer Band in meinem Kopf. Sie hatte ein Jahr in Tokio und Kyoto gelebt. »Solange du nicht die Reismatten mit Schuhen betrittst, deinem Ärger lautstark Luft machst oder dir in der Öffentlichkeit die Nase putzt.« Das waren die drei Kapitalfehler – und ich hatte sie allesamt auf einmal begangen. Wie ein Tollpatsch war ich von Fettnäpfchen zu Fettnäpfchen gesprungen. Dem entspräche wohl ein Japaner, der in einem deutschen Hotel rülpste, den Mittelfinger zeigte und auf seinem Moped in sein Zimmer fuhr. Zum Glück verzieh mir die Inhaberin mein Fehlverhalten, als sie an meinem feuerroten Gesicht merkte, dass ich mir meiner Schuld bewusst geworden war. Vielleicht, so dachte sie wohl, bestand am Ende doch noch ein Funken Hoffnung für diesen ungehobelten *gaijin*.

Wohl um weitere Missverständnisse zu vermeiden, öffnete meine Gastgeberin eine Schranktür und zog eine Matratze nebst einem Arsenal an Decken, Kissen und Bezügen heraus. Sie bedeutete mir, das Ensemble auszulegen, wo ich wollte. »*O-furo*«, sagte sie anschließend verschwörerisch. Das hatte ich zuvor bereits einige Male gehört. Jetzt endlich wurde mir gezeigt, was sich dahinter verbarg. Die Inhaberin hieß mich in meine Hausschuhe steigen. Ich stakste ihr hinterher zum Badezimmer, das einer Mini-Sauna glich. Um dorthin zu gelangen, musste ich durch den Toilettenraum, und das bedeutete, dass ich meine Hausschuhe ausziehen und in wieder andere Schuhe schlüpfen musste. Zum Glück waren die Badeschlappen dieses Mal lediglich zwei Nummern zu klein; zudem waren es nicht mehr als drei Schritte, ehe ich die Schuhe wieder auszog. Jetzt war ich im Badezimmer angekommen und auf mich gestellt. Alles andere wäre in der Tat unschicklich gewesen.

Ich drehte den Duschhahn auf und begutachtete das Sortiment an Cremes, Gels und Shampoos auf dem Fenstersims. Aufs Geratewohl entschied ich mich für ein Duschgel, dessen Verpackung etwas dunkler war als die anderen; das war bestimmt für Männer gedacht. Die Haare wusch ich mit einem Shampoo, auf dessen Vorderseite eine blonde Frau abgebildet war. Ich reinigte mich gründlich. Erst als ich fertig war, bemerkte ich die Badewanne einen Raum weiter. Sie war mit einer faltbaren Plane abgedeckt. Hieß das, dass ich sie auf keinen Fall benutzen sollte? Aber nein, erinnerte ich mich an die Worte unserer Trommlerin, in Japan wusch man sich zunächst und badete dann.

Was hatte sie gleich noch zum Baden gesagt? Da war doch noch etwas gewesen, eine Warnung. Wenn ich mich nur daran erinnern … Aua! Richtig, das war es gewesen: »41 bis 43 Grad – das ist die Wohlfühl-Badetemperatur für Japaner«. Konkret bedeutete das, dass sich meine Haut, sobald sie mit dem Wannenwasser in Berührung kam, vor Hitze krebsrot färbte.

Japanische Wannen sind kleiner, aber viel tiefer als deutsche. Man muss nur den Schmerz der ersten Minuten überstehen; dann kann man sich bis zu den Schultern ins Wasser setzen, und die Entspannung beginnt. Ich sollte dieses abendliche Ritual, das in jeder noch so kleinen Pension angeboten wurde, bald nachhaltig schätzen lernen.

Fünfundzwanzig Sekunden nachdem ich, frisch gewaschen, in mein Zimmer geschlüpft war, klopfte es an der Tür. Die Gastgeberin huschte wie ein Schatten herein und stellte ein Tablett auf den Tisch, das dessen Oberfläche fast gänzlich in Anspruch nahm. Beinahe alles auf diesem Tablett sah aus wie Fisch – und war es wohl auch. Rohen Fisch konnte ich ausmachen, frittierten Fisch, gekochten und gedünsteten und geräucherten Fisch und Fisch, der aussah wie eine Süßigkeit. Es war ein Festmahl und trotz meines Pilgerhungers mehr, als ich essen konnte. War das das endgültige Zeichen, dass meine drei Fehler von vorhin verziehen waren? Vielleicht. Beim Abräumen aber blieb der Blick der Inhaberin auf dem Futon hängen. Ich hatte das Bett, nachdem ich gegessen hatte, so ordentlich wie möglich vorbereitet. Meiner Ansicht nach war alles an seinem vorherbestimmten Platz, und keine Knitterfalte war zu sehen. Alle Ecken lagen fein säuberlich aufeinander. Meine Gastgeberin aber stockte merklich. Sie zögerte, das Tablett in der Hand, und überlegte wohl, ob sie es mir zumuten konnte, mich noch einmal zu brüskieren. Nur zu, dachte ich, irgendwann musste ich meine Fehler ohnehin korrigieren und tat dies am besten gleich. Ich blickte nun meinerseits auf den Futon, der – aus meiner Sicht – nach wie vor tadellos zurechtgemacht auf mich wartete. Dann sah ich die Inhaberin halb fragend, halb auffordernd an. Das erste Leintuch hätte ich durchaus korrekt auf der Matratze angebracht, bedeutete sie mir, aber was sollte das zweite Leintuch zwischen den beiden Decken? Da gehörte es nicht hin. Ich zog es heraus und legte es probeweise auf das erste Leintuch, bevor ich die Decken darüber ausbreitete. Meine Gastgeberin nickte zufrieden.

Reinlichkeit ist eines der höchsten Gebote des Shintoismus und des Shingon-Buddhismus, darüber hatte ich gelesen. Atemmasken schützen vor Ansteckung, in öffentlichen Einrichtungen stehen grundsätzlich Desinfektionsmittel bereit. Mülleimer sind versteckt neben Getränkeautomaten angebracht, ansonsten nimmt man seinen Müll mit nach Hause und entsorgt ihn da – nachdem man bei der Ankunft erst einmal Mund und Rachen freigegurgelt hatte. Ähnlich wie in weiten Teilen Arabiens grenzt man auch in Japan die reine und geschützte Welt drinnen (*uchi*) von der schmutzigen Außenwelt (*soto*) ab. Darum kann es passieren, dass hier sogar der Notarzt erst seine Schuhe auszieht, ehe er ein Haus betritt, um dort Erste Hilfe zu leisten. Wer hingegen im Zug telefoniert oder sich dort lautstark mit einem Freund unterhält, der stört die Harmonie, da er unzulässiger Weise Intimes, das der *uchi*-Welt vorbehalten ist, mit Dingen aus dem *soto*-Reich vermischt.

»Guten Morgen«, zwitscherte die Inhaberin am nächsten Tag. Da war es fünf Uhr in der Früh. Ich hatte das Gefühl, eben erst die Fischvariationen gegessen und mich hingelegt zu haben. Daran würde ich mich gewöhnen müssen. Beinahe alle Pilger gingen gegen sechs Uhr morgens los und waren spätestens um 17 Uhr am Etappenziel. Das ganze Land, zumindest ganz Shikoku, schien einem ähnlichen Rhythmus unterworfen zu sein. Selbst größere Städte wie Tokushima und Matsuyama waren nach 22 Uhr wie leergefegt.

Die Inhaberin warf sich auf die Knie, als ich meine Schuhe schnürte und Anstalten machte, mich von ihr zu verabschieden. Sie führte ihren Kopf wieder und wieder unter Verbeugungen in gefährliche Nähe zum Steinboden. Ich war perplex und stand eine ganze Weile unschlüssig in der Gegend herum, während meine Gastgeberin einen Schwall Dankesworte auf mich niederregnen ließ. »*Dogyo ninin*«, sagte sie schließlich, und ich entspannte mich. Das kannte ich. »Nichts kann uns trennen«, übersetzte ich auf Englisch, fügte sicherheitshalber hinzu, dass Kōbō Daishi »a great man« gewesen sei, und wartete auf das nun folgende Lob. »Aber nein«, bedeutete die Inhaberin mir stattdessen, da hätte ich wohl etwas falsch verstanden. *Dogyo ninin* bedeute soviel wie »mit der Kraft des Heiligen«. Heiliger Strohsack! Das sei aber lediglich ein Vorschlag, beruhigte mich meine Gastgeberin, als sie mein erschrockenes Gesicht sah. Das Englische könne japanische Wörter ohnehin so gut wie nie korrekt wiedergeben. Wörterbücher schlügen daher oft ein Dutzend verschiedene Bedeutungen eines einzigen japanischen Wortes vor.

Einigermaßen verwirrt brach ich auf.

A-jaa-haa-laa-shoo-saai-sige-sige-doo-haa-lee-sige-sige-nuu-duu-muu

Von hier an geriet mir alles leicht. Ich hatte mich anstecken lassen von der kontrollierten Hingabe meiner Mitpilger. Wie sie setzte ich automatisch Fuß vor Fuß und ließ die Geschehnisse durch mich hindurchströmen, ohne sie gestalten oder festhalten zu wollen. Ich hatte es geschafft: Ich war mit allen Sinnen auf dem Weg.

23 der 88 Tempel befinden sich in der Provinz Tokushima. Manchmal lagen nur zwei oder drei Kilometer zwischen ihnen. Ich fand diese Tempel fantastisch. Natürlich ahnte, nein: wusste ich, dass sie mir vor allem darum so gut gefielen, weil ich nicht mitbekam, was dort genau vor sich ging. So konnte ich mir einreden, dass sie mit Weisheit bepinselt und in Geheimnisse getaucht waren, hinter die ich niemals kommen würde. Das Problem in so vielen Kirchen besteht ja eben darin, dass man versteht, was vorne gepredigt wird. Schlimmer noch ist es, wenn man die Texte deutscher Schlager über sich ergehen lassen muss. Englischsprachige Songs sind da keinen Deut besser, zum Glück aber versteht man bei ihnen nicht alles und will das vielleicht auch gar nicht. Hier, in den Tempeln von Shikoku, befand ich mich in einer herrlichen Grauzone: Ich meinte zu wissen, was vor sich ging, war aber bei alldem letztlich auf Mutmaßungen angewiesen und durfte daher meiner Fantasie freien Lauf lassen.

So konnte ich mich darauf konzentrieren, das Geschehen voll und ganz in mich aufzunehmen. Rechts von mir verfielen zwei Pilgerinnen, vielleicht Mutter und Tochter, in einen monotonen Singsang. Ihre Oberkörper wogten wie von unsichtbaren Wellen getragen hin und her. Die beiden lasen Silben von einem Blatt Papier ab, das sie wie eine Monstranz vor sich hielten. Hartnäckig wiederholten sie vokallastige Sätze, die klangen wie a-jaa-haa-laa-shoo-saai-sige-sige-doo-haa-lee-sige-sige-nuu-duu-muu. Es war herrlich! Ich hatte keine Ahnung, wo in alldem ein Anfang sein konnte oder ein Ende war. Ich sah nur die auf- und abspringenden Hüte, die entrückten Gesichter und die vom Wind angehobenen und um die Körper wehenden Kleider. Erst später sollte ich erfahren, dass es sich um das »Herz-Sutra« handelte und die Pilgerinnen, verkürzt gesagt, darum baten, von den fünf Anhaftungen befreit zu werden, indem sie deren Leere erkannten: die Illusionen des Empfindens, des Wahrnehmens, des Denkens, des Wollens und des Bewusstseins.

So weit war ich noch lange nicht. An einem Tempel angekommen, verbeugte ich mich eckig und viel zu schnell vor dem Tor mit den grimmig dreinblickenden Wächtern – Figuren aus Stein, die unerwünschten Besuch abhalten sollten. Dann betrat ich das Areal, wusch mir die Hände und begab mich zum Heiligtum. Dieses war einfach zu finden: An ihm prangte grundsätzlich ein großes Hakenkreuz. Ein Hakenkreuz? Aber ja: Seit Jahrhunderten zeigt die indische Svastika, unbeschadet von den Ereignissen in Europa, buddhistische und hinduistische Heiligtümer an. Vor dem Hauptschrein verweilte ich ein paar Augenblicke. Ich sammelte Energie und bekam schließlich im Pilgerbüro eine Kalligrafie in mein Buch gemalt. Beim Hinausgehen verbeugte ich mich erneut vor den Wächtern.

Ausländer konnten Abstufungen oder nur Teile dieser Prozedur absolvieren; meine Mitpilger waren in dieser Hinsicht tolerant. Ich brachte es beispielsweise nicht über mich, die mächtige Glocke zu schlagen, die anwesende Geister auf mich aufmerksam machen sollte. Was war das denn für ein Nachleben, in dem man ständig von herbeigelaufenen Pilgern aus der Ruhe gerissen wurde? Ihren Geistern gegenüber waren die Japaner weit weniger höflich als gegenüber ihren Mitmenschen.

Wie rasch das in Tempeln oder anderswo erbetene Glück verfliegen kann und wie eindringlich man es sich immer wieder verdienen muss – so sehr, dass man beispielsweise nicht einen, sondern 88 Orte bis zur Erlösung aufzusuchen hat und dort ständig die gleichen Rituale vollführt –, verdeutlicht ein bekanntes japanisches Märchen. Es soll wie viele andere zeigen, dass hilfsbereite, sich selbst im Zaum haltende Menschen belohnt und faule oder gierige letztendlich bestraft werden. Dabei spielt es, typisch japanisch, mit skurrilen Elementen und verwandelt im Handumdrehen Menschen in Tiere oder Fabelwesen und wieder zurück. In Europa kennen wir die meisten japanischen Geschichten dieser Art dank der deutschen Germanistin Rotraud Saeki, die jahrzehntelang in Japan, insbesondere auf Okinawa, lebte und dort schriftlich hinterlegte und mündlich weitergegebene Märchen gesammelt und übersetzt hat. Die folgende, sehr populäre Erzählung verrät Einiges über das Wesen der Japaner.

Das Haus der Grasmücken

Zum wiederholen Male wischte sich der junge Kaufmann den Schweiß von der Stirn. Missmutig sah er auf seinen Korb herab, der nach wie vor prall gefüllt war mit Kämmen, Bändern und Schleifen. Normalerweise verkaufte er in der Stadt zumindest eine Handvoll davon an die Frauen der feineren Gesellschaft. An diesem Frühlingstag aber war er bereits seit dem Sonnenaufgang unterwegs und noch nicht ein Bändchen losgeworden. So beschloss er, den Pfad über den Hügel zu nehmen, um in die nächste Stadt zu gelangen. Diesem Weg war er bisher zwar noch nie gefolgt. Vielleicht aber stießen seine Angebote im Nachbartal auf mehr Interesse als hier.

Kurz unterhalb der Hügelspitze kam er durch einen Bambuswald. Über ihm knarzten und raschelten die schlanken Bäume im Wind. Der Kaufmann bog ein paar Mal ab und merkte bald, dass er sich verlaufen hatte. Unvermittelt verbreiterte sich der Pfad, dem er folgte, und führte ihn zu einer Lichtung.

In ihrer Mitte stand der schönste Pflaumenbaum, den er je gesehen hatte. Schmetterlinge und Grasmücken umkreisten ihn. Seine zartrosafarbenen Blüten waren eben erst aufgebrochen. Erfreut ging der junge Kaufmann auf den Baum zu. Da trat ein wunderschönes Mädchen hinter dem Stamm hervor. Seine nachtschwarzen Haare umflossen ein milchweißes Gesicht. Die

Schöne war prächtig gekleidet und lächelte den Besucher an. Ehe sich der Kaufmann versah, kamen drei weitere junge Frauen hinter dem Pflaumenbaum hervor.

»Hallo Fremder«, sagte das Mädchen, das er zuerst gesehen hatte, »willkommen in unserem Garten. Immer wenn die Pflaumen zu blühen beginnen, so wie jetzt gerade, tanzen und spielen wir hier. Willst du nicht mitmachen?«

Der Kaufmann sagte nur allzu gern zu. Gemeinsam umtanzten sie den Baum. Rasch wurde es Abend. »Komm doch mit zu uns«, boten die Mädchen bald an. Sie führten ihren Gast durch den Bambuswald zu einem prächtigen Haus. An drei seiner Seiten waren Ställe und Speicher angebracht; eine bewachsene Mauer umgab das Anwesen. Die Mädchen gaben dem Jungen zu essen und zu trinken, und es waren die köstlichsten Speisen, die er je genossen hatte. Als er satt war und die Mädchen nach seinem Gewerbe fragten, zeigte er ihnen die Kämme, Bänder und Schleifen. Die vier waren entzückt, und noch ehe er reagieren konnte, hatten sie ihm alles abgekauft.

»Hierher kommt eigentlich nie ein Gast«, sagte das Mädchen, das er als erstes gesehen hatte, »schon gar kein junger Mann. Wenn es euch gefällt, dann wählt eine von uns zur Frau und bleibt für immer bei uns.« Der Jüngling brauchte nicht lange, um zu antworten. Er wähnte sich schon seit einigen Stunden im Paradies und wählte das Mädchen mit dem nachtschwarzen Haar und dem milchweißen Gesicht zur Gattin.

Herrliche Monate folgten. Jeden Tag spielten und tanzten sie zusammen, abends gab es zu essen und zu trinken in Fülle. Der junge Mann fühlte sich wie ein Prinz und merkte kaum, dass ein Jahr vergangen war, als seine Frau an einem Frühlingstag zu ihm kam. »Die Pflaumen beginnen zu blühen«, sagte sie. »Wie jedes Jahr möchten wir uns daran erfreuen. Bitte bleib hier und hüte unser Anwesen. Alles steht dir offen, nur den vierten Speicher, den darfst du auf keinen Fall betreten!«

Nichts leichter als das, dachte der Kaufmann. Er versprach seiner Gattin, keinen Fuß in den vierten Speicher zu setzen und sah zu, wie sich die vier Frauen entfernten.

Dann machte er es sich auf dem Sofa gemütlich. Er rauchte ein Pfeifchen, trank ein Gläschen und naschte ein wenig herum. Bald aber merkte er, dass ihm langweilig wurde. Wie wäre es, wenn er einen Blick in die Speicher würfe, die er bislang noch nie betrachtet hatte? Die ersten drei davon durfte er ja gefahrlos betreten.

Gesagt, getan. Als er jedoch vor dem ersten Speicher stand und den Türgriff fassen wollte, sprang das Tor von selbst auf. Der junge Mann trat ein. Nach vier Schritten wurde er zu einem Vogel und flog übers blaue Meer. Unter ihm breitete sich eine duftende Sommerlandschaft aus. Fische spielten im Wasser, von Ferne leuchteten Inseln herüber, und über alldem stand eine gütige Sonne. Er rastete auf einer der Inseln, flog dann zurück zu seinem Ausgangspunkt, verwandelte sich dort wieder in einem Menschen und trat aus dem Speicher. Dieses Anwesen im Bambuswald verbarg einige reizvolle Geheimnisse, schmunzelte er.

Ehe er recht darüber nachdachte, hatte er bereits den zweiten Speicher betreten. Auch dort verwandelte er sich nach vier Schritten in einen Vogel. Tief unter ihm flammten die Bäume rot und gelb. Dazwischen erstreckten sich Felder mit erntebereitem Reis. Er landete in einem Baum, pickte die süßesten Früchte, die er je genossen hatte, und flog dann zu seinem Ausgangspunkt zurück, wo er sich wieder in einen Menschen verwandelte.

Der Sommer und der Herbst waren sehr reizvoll, dachte er, um wie viel schöner würde erst der Winter sein? Auch im dritten Speicher verwandelte er sich nach den ersten vier Schritten in einen Vogel und hob ab, um über eine verzauberte Landschaft zu gleiten. Die Bäume waren mit Reif überzogen, der Schnee auf den Bergspitzen funkelte zu ihm herüber. Übermütig drehte der Menschenvogel einige Runden, dann kehrte er zu seinem Ausgangspunkt zurück und wurde wieder ein ganzer Mensch.

Und jetzt? Was könnte ihn im vierten Speicher anderes erwarten als eine herrliche Frühlingslandschaft? Schon wollte er hinübergehen, da erinnerte er sich an die Mahnung seiner Frau. »Alles steht dir offen, nur den vierten Speicher, den darfst du auf keinen Fall betreten!« Der Jüngling wollte den Worten seiner Gattin folgen. Also rauchte er noch ein Pfeifchen, trank ein Gläs-

chen und naschte ein wenig von den bereitliegenden Süßigkeiten. Bald aber wurde ihm, der die Einsamkeit nicht länger gewöhnt war, erneut sterbenslangweilig. Was er in den ersten drei Speichern gesehen und erlebt hatte, war ganz wunderbar gewesen. Bestimmt war der vierte Speicher noch schöner; dort musste ja Frühling herrschen. Wollte ihm seine Frau vielleicht eine so schöne Freude vorenthalten? Hatte sie am Ende Angst, dass es ihm im vierten Speicher so gut gefallen könnte, dass er nicht mehr zurückkam?

Der junge Mann fasste einen Entschluss. Ich drehe nur rasch eine Runde, sagte er sich. Ehe die Frauen zurück sind, habe ich längst alles gesehen und den Frühling genossen. Wie sollten sie je erfahren, dass ich im vierten Speicher gewesen bin?

Vorsichtig näherte er sich der Tür. Als er den Griff fassen wollte, sprang auch der vierte Speicher von selbst auf. Der junge Mann ging vier Schritte hinein und verwandelte sich in einen Vogel. Wie erwartet erstreckte sich unter ihm eine reizvolle Frühlingslandschaft. Zwei Städte lagen geborgen in Talmulden, zwischen ihnen wuchs ein dichter Bambuswald, und in dessen Mitte stand ein lieblicher Pflaumenbaum, der eben zu blühen begonnen hatte. Grasmücken und Schmetterlinge kreisten um ihn herum. Etwas an dieser Szenerie kam dem Menschenvogel bekannt vor. Er flog näher heran und merkte, dass die Grasmücken unruhig wurden. Erschrocken flatterten sie vor ihm hin und her. Er sah genauer hin. Es waren vier Vögelchen, eines schöner als das andere. Eines davon trug einen Ring am Zeh. Noch ehe er etwas sagen konnte, umkreisten ihn die vier Grasmücken. Der Vogel mit dem Ring blickte ihn zornig an. »Du habgieriger Mensch!«, rief seine Frau – denn natürlich war es niemand anderes als sie. »Was willst du hier? Ist dir nie etwas gut genug? Unser Haus haben wir dir geöffnet, ein Jahr lang stand ich dir treu zur Seite. Und du kannst nicht einmal unsere einzige Bitte erfüllen?« Sie flog zur Seite, und ihre Schwester übernahm: »Ja, wir sind Grasmücken, und einmal im Jahr erfreuen wir uns an der Pflaumenblüte. Du aber kennst jetzt unser Geheimnis und kannst nicht mehr bei uns bleiben«.

Damit zogen sie sich hinter den Baumstamm zurück. Der Menschenvogel umkreiste den Baum, konnte aber weit und breit keine Grasmücken und schon gar keine Mädchen entdecken. Er merkte, dass er müde wurde. Eine bleierne Schläfrigkeit drückte ihm die Augenlider herunter. Als er erwachte, raschelte der Pflaumenbaum im Abendwind. Keine Grasmücke und kein Schmetterling ließen sich blicken. Der Jüngling sah an sich herab. Seine Hose hatte vom langen Liegen Falten bekommen, neben ihm stand der Korb mit der unverkauften Ware.

Mühsam erhob sich der Kaufmann, sah ein letztes Mal zurück auf den Abdruck, den sein Körper im Gras der Lichtung hinterlassen hatte, und machte sich rasch auf den weiteren Weg. Höhnisch knarzten und raschelten die Bambusbäume über ihm. Er musste hinunter in die Stadt, um dort seine Waren zu verkaufen.

Der Atem des Meeres

»Es war der elfte März, und das Meer atmete aus, ins Land hinein atmete es aus und dann atmete es tief wieder ein.« Mit diesem Paukenschlag von erstem Satz beginnt Nina Jäckles fulminante Erzählung »Der lange Atem«, mit der sie es schafft, dem Unfassbaren Gehör zu verschaffen. »Man kann seit jenem Tag nicht mehr bewundernd über das Wasser blicken, den Horizont ansehen, die Wellen beobachten oder die Spiegelungen der Wolken oder die Reflexionen des Sonnenlichts oder des Mondscheins.«

Daran dachte ich, als ich weitere Schilder mit Höhenangaben und Warnhinweisen hinter mir ließ. Daran, und an die Bilder auf YouTube, die ich mir, obwohl ich es eigentlich nicht gewollt hatte, doch immer wieder angesehen hatte, bevor ich losgefahren war. Ich hatte Wasser an Stellen gesehen, wo es nicht hingehörte; Wasser an Orten, wo es eben noch nicht gewesen war; Wasser auf Feldern, auf und in Häusern, auf und in Menschen.

Fünf Kilometer weit hatte sich die Welle an jenem 11. März 2011 ins Land hineingedrückt. Aufgewühlt und braunschwarz war das

Wasser gewesen; das war seltsam, diese dunkle Farbe, als kämen die Fluten aus einem Schlund, als hätten sie auf ihrem Weg zum Land bereits tonnenweise Schlamm und Dreck und Erde und Müll mit sich gerissen. Vermutlich hatten sie das auch. Dann hatten sie Tanker mit sich gezogen und Häuser geknickt, als wären sie aus Pappe. Mühelos hatte das Meer die Küstenstreifen überrannt.

Ausgerechnet der Pazifik war es gewesen, der »Friedliche«, der »Stille Ozean«. Ferdinand Magellan hatte ihn so genannt, als er am 28. November 1520 aus der später nach ihm benannten Magellanstraße gelangt war und die Stürme sich abrupt gelegt hatten. Der Atlantik hingegen verdankt seinen Namen den Griechen, die westlich der Straße von Gibraltar das Ende der Welt vermuteten. Dort stütze Atlas das Himmelsgewölbe, so dachten sie. Mittlerweile hat man den Titan seines Dienstes enthoben; den Atlantik hat man vermessen, kartografiert und überquert. Und man hat erfahren, dass der Pazifik seinen Namen ebenfalls zu Unrecht trägt: Gegen eine solche Urgewalt, wie sie am 11. März 2011 zum Ausdruck kam, gibt es kein Gegenmittel.

Pilgerten die Japaner, denen ich unterwegs begegnete, darum so ernsthaft? Steckte der Gedanke dahinter, die Natur zu besänftigen, oder jener, das Hier und Jetzt mit allen Sinnen zu spüren, ehe das Damoklesschwert weiterer Katastrophen heruntersauste? Waren darum Alt und Jung, Durchtrainierte und Bewegungsfaule unterwegs, um – jeder auf seine Art – den Tempeln ihre Aufwartung zu machen? Ich war geneigt, das zu glauben. Begegnete ich in jenen ersten Tagen auf Shikoku doch bärtigen Eremiten in Sandalen, überholte junge Frauen in Miniröcken und begleitete Jugendliche mit Rammstein-T-Shirts. Sie alle waren so offensichtlich präsent, so tief mit dem Pilgerweg verwurzelt, wie ich es niemals sein würde.

Zwischen den Tempeln elf und zwölf kam mir ein schlanker Mittvierziger auf einem Klapprad entgegen. Er sei in umgekehrter Richtung unterwegs, vertraute er mir an, und habe es folglich dieses Mal beinahe geschafft. Dieses Mal? Gewiss doch, beharrte er, es sei immerhin seine neunte Runde. Die ersten acht davon habe er zu Fuß zurückgelegt.

Welch wunderbarer Kontrapunkt! Denn meistens stieß ich in der Nähe der Tempel auf Reisegruppen. Sie stiegen aus Bussen, zogen

Parfümwolken hinter sich her und begaben sich schnurstracks durch die Tore zu den Gebetsorten. Natürlich waren alle ihre Mitglieder weiß gekleidet. Sie strömten in die Anlagen, sammelten sich vor dem zentralen Heiligtum und rezitierten dort das Herz-Sutra – eine Fünfminutentrance, Erleuchtung light für Anfänger. Ich hörte ihnen gerne zu.

Viele Pilger setzten auf das Erlebnis einer solchen Gruppenreise oder vertrauten den erschreckend pünktlichen Bahnen und Bussen. Jene verkehrten in einer Frequenz und Genauigkeit, die nahelegten, sämtliche Bedienstete der Deutschen Bahn regelmäßig zu Zwangsfortbildungen nach Japan zu schicken. Als der Expressbus, der mich nach Shikoku gebracht hatte, den Bahnhof von Tokushima nach zweieinhalbstündiger Fahrt mit drei Minuten Verspätung erreicht hatte, war der Fahrer ausgestiegen und hatte sich bei jedem Fahrgast persönlich für die Verspätung entschuldigt. Man mag das pedantisch finden oder scheinheilig. Für Kunden jedoch hat diese Servicebeflissenheit immense Vorteile.

Meist kamen die Gruppen kurz vor mir an einem Tempel an, und beinahe immer legte der Leiter dann einen meterhohen Stapel Bücher auf den Tisch des Tempelbüros. In jedes davon malte eine Nonne oder ein Mönch eine kunstvolle Kalligrafie. Dann erst durfte ich mein Pilgerbüchlein herüberreichen. Ich nahm diesen Umstand zunehmend gleichmütig hin. Einander Zeit einzuräumen gilt in Japan als Respektsbezeugung. Hier grüßt man andere durch eine lange Verbeugung. Man studiert die überreichte Visitenkarte eingehend, ehe man sie einsteckt, und eine echte Teezeremonie dauert vier bis fünf Stunden. Wenn Dinge altern und sich verfärben, erhöht das nicht selten ihren Wert. Der Riss in einer Vase erzählt beispielsweise davon, dass diese an Erfahrung reicher geworden ist.

Ich genoss es, Sanftmut in mir aufsteigen zu spüren, und befand mich dabei im Einklang mit meinen Mitpilgern, die jeden Unbill durch sich hindurchströmen ließen, ohne dass er sich in ihnen verhaken konnte. Darin hatten sie eine gewisse Meisterschaft errungen. »Shout, shout, let it all out«: Der Überhit von Tears for Fears oder Metallicas »St. Anger« sind im japanischen Alltag unangebracht. Hier gilt der Bambus als Vorbild, der sich im Sturm biegt und darum niemals bricht. Es geht darum, sich mit den herrschenden Bedingungen zu arrangieren. Natürlich ist das uncool, es bringt aber unbestreitbar gewisse Annehmlichkeiten mit sich und erweist sich letzten Endes fast immer als erfolgversprechender als blinde Rebellion, die nicht selten einige Jahre oder Jahrzehnte später in übertriebenes Spießertum umschlägt.

Man legte also einen Stapel Bücher zwischen mich und die begehrte Kalligrafie? Umso besser: So konnte ich in aller Ruhe zusehen, mit wie viel Hingabe und Sicherheit die Nonnen und Mönche ihre Kunstwerke auf immer neue Seiten zauberten.

Hinzu kam, dass ich es nicht eilig hatte, voranzukommen. Der Weg wartete nicht mit spektakulären Reizen auf. Wohl zog er Schlenker durch Reisfelder, erlaubte sich Ausflüge auf Hügel und strebte zuweilen schneebedeckten Bergen entgegen. Die Tempel waren kunstvoll angelegte Kleinode – Wohlfühloasen, beinahe schon unwirklich schön, die mich augenblicklich in eine mystische und musische Welt entführten. Der erste Tempel, *ryozenji*, wurde morgens und abends von Hunderten Laternen erleuchtet. Der zweite Tempel, *gukurakuji*, war um eine tausendjährige Zeder herum erbaut worden. Nummer elf, ein Zen-Tempel, hatte man so gekonnt am Fuß eines Hanges in eine Mulde gesetzt, dass man sich den Platz nur schwer ohne den Tempel vorstellen konnte. Es gehörte einfach nichts anderes dorthin. Stünde an dieser Stelle kein Tempel in genau dieser Größe und Form, würde die Vorstellungskraft ein solches Gebäude entwerfen; ansonsten würde dort eine Lücke klaffen.

Das alles aber konnte nicht darüber hinwegtäuschen, dass direkt vor und hinter den altehrwürdigen Gebäuden mehrspurige Straßen entlangführten. Dass immer ein Gewirr an Telefon- und Stromleitungen zu sehen war und Fabrikanlagen direkt an den Weg grenzten. Oft zog ich stundenlang gemeinsam mit dem Straßenverkehr einer Stadt entgegen oder aus ihr heraus. Fast immer ging ich auf Asphalt. Die Landschaft um mich herum war zweckmäßig: gezähmte Wiesen, akkurat gekämmte Äcker, alles von und für Menschen gemacht und zwischen zwei Städten ausgespannt. Es gab wahrlich schönere Gegenden auf der Welt als diese. Vermutlich war der Weg zuerst da gewesen; die Landschaft aber hatte sich über die Jahrzehnte und Jahrhunderte hinweg verändert. Sie war urbaner und dichter geworden, hektischer und schriller.

Das hatte durchaus seine Vorteile: Ich wusste immer, wo ich mich gerade befand, hatte es nie weit zu einem Getränkeautomaten oder einem Restaurant und wurde nicht von außergewöhnlichen Ausblicken oder Naturphänomenen vom Pilgern abgelenkt. Allerdings belastete das anhaltende Gehen auf Asphalt meine Knie und Fußsohlen. Die Aussicht, einen Fabrikturm zu erreichen oder einem Hafenkran näherzukommen, war nicht immer motivierend. Der Weg war unterwegs nur selten mein Ziel. Manchmal bestand mein Ziel vielmehr darin, von irgendwo wegzukommen.

Shoganai, »so ist es eben«, sagte ich mir und ging weiter.

Normierte Attraktivität und Love Hotels

Woran ich mich dagegen nur schwer gewöhnen konnte, war der Mangel an Müßiggang: Nirgendwo lockte eine Parkbank, nirgends hatte ein Café Tische und Stühle nach draußen gestellt. Nie sah ich junge Leute auf einer Mauer sitzen, lässig an einem Mofa lehnen oder gar in einer Wiese fläzen. Es gehörte sich offensichtlich nicht, den Eindruck zu erwecken, man hätte nichts zu tun. Was öffentlich war, kam unter Garantie zweckmäßig daher, es musste eine Funktion erfüllen. »Form follows function«: Ein Bahnhof beispielsweise half Kunden, rasch irgendwohin zu kommen. Er war daher nicht zwangsläufig ein Ort, an dem man sich gerne aufhielt.

Tokushima, wo ich mich nach wie vor befand, war bis in die Ränder der Stadt hinein blitzsauber, wirkte aber trotz der vorhandenen Einwohner leer. Etwas fehlte. Die Stadt war – ebenso wie ihre Schwestern, durch die ich in den folgenden Tagen gelangen sollte – dazu da, in ihr zu wohnen, zu arbeiten und einzukaufen. Die Freizeit aber verbrachte man lieber in abgetrennten, geschlossenen Räumen: im Restaurant mit verbarrikadierten Fenstern und Doppelvorhang an der Tür, im *onsen*, der japanischen Sauna, oder in der Pachinko-Spielhölle.

Der Pilgerweg stellt eine kleine Ausnahme dar, die diese Regel bestätigt. Ohnehin ist Shikoku ein Sonderfall und vielleicht die japanischste der vier Hauptinseln. Zweieinhalbtausend Kilometer lang ist Japan. Was auf der Weltkarte einer liegenden Banane gleicht, besteht in Wahrheit aus über sechseinhalbtausend Inseln, die sich von Hokkaido im Norden bis nach Okinawa im Süden zwischen dem 20. und dem 45. Breitengrad erstrecken. Gerade mal 400 dieser Inseln sind bewohnt – nicht mehr als ein Fünftel des Landes eignet sich überhaupt für eine Besiedelung. Eben darum ballt sich Japans Bevölkerung in einem für Europäer schwer vorstellbaren Ausmaß an den schmalen Küstenstreifen des Landes. Im Großraum Tokio leben knapp 40 Millionen Menschen. 40 Millionen! Das ist, als würde man München 26 Mal aneinanderreihen. Im Raum Osaka-Kobe-Kyoto sind es fast 20 Millionen, in Nagoya noch immer beinahe 10 Millionen – und selbst eine Agglomeration wie Fukuoka-Kitakyushu, die man in Europa bestenfalls vom Hörensagen kennt, verfügt mit ihren fünf Millionen Menschen noch immer über mehr Einwohner als Berlin.

Auf Shikoku, der kleinsten der vier Hauptinseln, von den meisten ausländischen Touristen ignoriert, geht es demgegenüber seit jeher beschaulicher zu. Lange war die Insel isoliert von Japan gewesen, das seinerseits lange Zeit abseits vom Rest der Welt gelegen hatte. Mehr Rückzug ist kaum möglich. Erst 1988 baute man eine Brücke hinüber zur größten Insel. Bis heute gibt es auf Shikoku keine Millionenmetropole und keine Großindustrie. Vieles erinnert hier noch immer an die »vier Länder« (*shi koku*) Awa, Tosa, Sanuki und Iyo, denen die heutigen Provinzen Tokushima, Kōchi, Ehime und Kagawa entsprechen. Viele der vier Millionen Inselbewohner leben hauptsächlich von der Landwirtschaft; sie pflanzen Reis und Gerste, Süßkartoffeln und Lotosblumen. Der Norden ist bekannt für Mandarinen, Kaki und Pfirsiche. Damit unterscheidet sich Shikoku erheblich von seinen weitaus größeren futuristisch-überindustrialisierten Nachbarinseln. Wenn ausländische Korrespondenten lustvoll von den neuesten japanischen Verrücktheiten berichten, dann meinen sie in der Regel die Situation in den Ballungsräumen. In 99 von 100 Fällen beschreiben sie etwas, das auf einer der beiden größten Inseln geschieht (meistens in Tokio) – auf zwei von sechseinhalbtausend Inseln also! Dabei mischen sich dort Touristen mit Einheimischen, was dazu führen kann, dass das vermeintlich »Urjapanische« mancherorts eher ausgestellt als gelebt wird.

In den Pensionen auf Shikoku, in denen man gemeinsam zu Abend aß und das Frühstück in der Gruppe zu sich nahm, war ich dagegen fast immer der einzige Ausländer. Weniger als ein Prozent der Bewohner von Shikoku waren nicht-japanischen Ursprungs. Diese enorme Homogenität machte Shikoku zu einem idealen Ort, um »das Gebaren der Einheimischen« zu studieren. Zeit für eine wunderbar pauschalisierende Milieustudie also.

Meine Mitpilger waren in aller Regel klein, schlank und energiegeladen. Die Männer, denen ich unterwegs begegnete, wirkten geschmeidig, beinahe androgyn, die Frauen filigran. Durch ihre Kleidung und ihren Habitus drückten die Männer gerne aus, dass sie es zu etwas gebracht hatten, während sich die Frauen alle Mühe gaben, ein kleines bisschen verrückt zu spielen. Schön waren sie alle, auf ihre Art. Freundlich blickten ihre wachen Augen aus gefälligen Gesichtszügen – und trotzdem fühlte ich mich, wenn ich ehrlich war, kaum von ihnen angezogen. Ich grübelte lange, woran das lag. Es gab keinen offensichtlichen Grund. An sich war alles tadellos: Wem ich begegnete, achtete auf seine Figur. Die Damen trugen ihre Haare gern schulterlang, kicherten frivol und zeigten bei jeder Temperatur viel Bein – meistens bis ganz kurz unterhalb der Hüfte. Was also war es, das mich davon abhielt, mich zu ihnen hingezogen zu fühlen? Warum sprang der Magnet, der uns Männern so viel Freude und den Damen so viel Sorge bereitet, in Japan so selten an?

Irgendwann wurde es mir klar. Eine an sich adrette Dame hatte sich in einem Restaurant an meinem Nachbartisch niedergelassen. Beinahe hätte ich sie nicht bemerkt, so rücksichtvoll war sie hereingeschlichen. Als sie sich setzte, warf sie mir einen Blick zu, der so kurz war, dass ich im Moment darauf nicht mehr mit Bestimmtheit hätte sagen können, ob ich ihn mir vielleicht nur eingebildet hatte. Die restliche Zeit blickte sie scheu auf die Speisekarte und hernach auf ihren Teller herab. Das war nett und rücksichtsvoll, aber nicht sexy. Selbst als die Dame lächelte und einmal sogar kurz auflachte, war es, als probte eine Schauspielerin ihre neue Rolle. Es fehlte die freche Entschlossenheit, die Selbstverständlichkeit der Bewegungen, die ausdrückte, dass man sich in seinem Körper wohlfühlte. Als ich das Lokal verließ, bemerkte ich noch etwas anderes: Den Gesichtern um mich herum fehlten die Kanten: ein spitzes Kinn, ein markanter Wangenknochen, eine gewölbte Stirn – irgendetwas, an dem der »westliche« Blick sich hätte festhalten können. Es war alles so demonstrativ geordnet, so wohlgeformt gerundet, dass ich mich nach einem Riss in dieser ganzen Harmonie sehnte. Ich wollte Hässliches sehen, Außergewöhnliches! Eine Hasenscharte sehnte ich herbei, ein schiefes Augenpaar, eine Räubernase oder einen Schmerbauch – nur nicht diese normierte Attraktivität, diese aufdringliche Unterwürfigkeit!

Natürlich tat ich meinen Mitpilgern mit alldem Unrecht, doch ihre sanften und gütigen Vollmondgesichter drückten für mich keine Entschlossenheit, keine Entscheidungsfreude aus. Ihre Träger wirkten auf mich ein wenig wie große Kinder. Dazu passte wiederum das Überangebot an Regeln und Verhaltenshinweisen, die allerorten spürbare Furcht und Scham.

Ein Junge trieb es auf die Spitze. Ich traf ihn vor einem *konbini*, in dem ich mich soeben mit Wasser, Tee und Schokoriegeln eingedeckt hatte. Zu meinem Glück war die Gebrauchsanweisung auf derart komplexen Süßigkeiten auch auf Englisch angebracht worden:

1. »Open package«
2. »Eat chocolate«

Das war gut zu wissen. Womöglich hätte ich es ansonsten andersherum versucht.

Auch der Junge konnte ein wenig Englisch. Er mochte fünfzehn, vielleicht sechzehn Jahre alt sein und stand im Kreis seiner Freunde vor dem Eingang des Ladens. Dieser Umstand schien ihm Mut zu machen, denn als er mich sah, merkte ich, wie er zu einer Bemerkung ausholte. Jetzt kommt's, dachte ich, endlich erlebe ich meinen ersten pöbelnden Japaner! Was würde er mir entgegenschleudern? »Ami go home«? »Der Gorilla in unserem Zoo hat weniger Haare auf den Armen als du«? »Deine Nase ist länger als der Penis unseres Hundes«?

Nichts von alledem. »I am hungry«, flötete er stattdessen in meine Richtung. »Very hungry«, fügte er triumphierend hinzu und flitzte, begleitet von seinen Kumpanen, kichernd davon. Vermutlich rief er gleich einen Freund an und berichtete ihm, wie todesmutig er den *gaijin* angesprochen hatte. Selbst noch bei seinem kleinen Streich wirkte der Junge wie ein Musterschüler, der zeigen wollte, wie gut er Englisch konnte.

Auch der Neunzehnjährige, mit dem ich kurz darauf einige Kilometer pilgerte, verhielt sich nicht wie seine Altersgenossen in Deutschland. Als er erfuhr, dass ich gern reiste, fragte er mich, ob ich jemals in den Vereinigten Staaten gewesen war. »Klar doch«, sagte ich und holte schon aus, um ihm vom Grand Canyon zu erzählen, den Späthippies in San Francisco, dem Kaffee in Seattle, den Mieten in New York und den Kirchen in North Carolina. Ich sollte indessen nicht dazu kommen.

»Und war das nicht gefährlich?«, wollte der Teenager wissen.

In deinem Alter, war ich versucht zu antworten, sollte man eine solche Frage nicht einmal denken, da geht man raus und erlebt etwas! Das einzig Gefährliche für uns Wohlstandsbrut ist doch, dass wir unser Leben nicht leben – aus Angst oder aufgrund von Vorurteilen.

Stattdessen erzählte ich dem Jungen zumindest von meinen guten Erfahrungen. Es überzeugte ihn nicht, das konnte ich sehen. In Filmen habe er anderes gesehen, beharrte er, außerdem berichteten die Zeitungen oft von Schießereien und Amokläufen.

Sollten japanische Frauen tatsächlich geschafft haben, was ihre Geschlechtsgenossinnen auf der ganzen Welt so vehement wie aussichtslos versuchen: Haben Sie die Männer dazu gebracht, sich wie Frauen zu verhalten? Hat es die Gesellschaft auf dieser pazifischen Inselgruppe wirklich vollbracht, das zu unterbinden, was als typisch »männlich« gilt (auch wenn es das vielleicht mitnichten ist)? Das Austesten der eigenen Grenzen, der lustvolle Übergriff auf andere, das Hoppla-hier-komm-ich-Gebaren, mit dem man das eigene Revier markiert: All das gibt es auch in Japan – aber nur in Videospielen oder, dann wiederum in vorgegebenen Zeiträumen, abends nach der Arbeit in Karaoke-Bars und Spielhöllen. Ausflippen nach festen Regeln und bitte nur zwischen 22 Uhr und Mitternacht: Sieht so die japanische Männlichkeit aus? Oder ist der *gaijin* einfach noch nicht weit genug gekommen, um unter die glatt polierte Oberfläche zu blicken? Ich vermutete Letzteres. Immerhin kam ich hie und da an sogenannten »Love Hotels« vorbei, mit Zinnen und Türmchen verzierte Häuser für gewisse Stunden zu zweit oder zu mehreren. Übereinstimmenden Berichten zufolge hatten die Japaner durchaus Spaß am Sex – vor allem, bevor sie einander heirateten. Mit Sicherheit gab es auch in Japan die Spontanen, die Gegenwartsakrobaten; es gab überall Optionen, sich zu verlieren und allerhand Möglichkeiten, sich unartig zu benehmen.

Aber das waren bekannte Ausbrüche aus dem Alltag. Vor der Fremde hingegen hatten viele, denen ich begegnete, eine kaum überwindbare Scheu. Man blickte mit einer Mischung aus Neugier und Argwohn auf andere Länder. Im Fernsehen wurden Bräuche und Schrullen aus Europa gezeigt. Auf ganz ähnliche Art werden in Deutschland Tierfilme gemacht: Es galt, den Zuschauern die unbekannte Spezies näherzubringen, indem man besondere Verhaltensweisen herausstellte, über die man nach Herzenslust diskutieren, sich wundern und den Kopf schütteln konnte. Aßen diese Deutschen doch wirklich schimmeligen Käse in sich hinein, schrien sie sich tatsächlich auf der Straße Sätze zu, und zogen viele von ihnen monatelang in der Weltgeschichte umher!

Der Junge, mit dem ich unterwegs war, würde dagegen nicht hinüberfahren in die Staaten. Er würde weder den Grand Canyon noch New York sehen und seinen Lebenserfahrungen darum ein Mosaiksteinchen weniger hinzufügen können. Darin erinnerte er mich an Amber, das »eiskalte Biest« aus der Fernsehserie »Dr. House«. In einer Folge trifft diese überehrgeizige Ärztin auf einen Patienten, der in einer Punkband spielt. Wenige Tage später verliert Amber ihre Stellung im Krankenhaus. »Was machen Sie dann noch hier?«, fragt sie der Punk. »Ich versuch', drauf zu scheißen«, meint Amber. »Ja«, befindet der Punk, »das is' nicht leicht«.

Das Zauberwort des Pilgerwegs

Dass sich viele Japaner im Ausland rasch unwohl fühlen, mag daran liegen, in welchem Ausmaß ihnen in ihrem eigenen Land jeder Wunsch von den Augen abgelesen wird. Es war aber auch alles zu einfach! Der »Shikoku 88 Route Guide« von Buyodo Publishing war unfassbar präzise; niemals zuvor hatte ich eine solche Detailverliebtheit erlebt. Die Karte vermerkte selbst Trampelpfade, die von Fußwegen abzweigten. Alle paar Kilometer befanden sich auf dem Weg Hotels oder Pensionen, dazwischen boten Getränkeautomaten Erfrischungen und heißen Tee oder Kaffee an. Diese Umstände erinnerten an einen organisierten Marathonlauf.

Am beeindruckendsten – und wohl das »japanischste« Element des Pilgerweges – war jedoch die Anerkennung, die man uns Pilgern zuteilwerden ließ.

O-settai lautete das große Zauberwort des Pilgerwegs. Man tendierte wohl dazu, es ein wenig überzustrapazieren. Darum wartete ich in den ersten Tagen meiner Pilgertour sehnsüchtig darauf, dieses Wort zu hören, um endlich bei den abendlichen Essensrunden mitreden zu können, wo man sich gerne über *o-settai* unterhielt. Schließlich, zwischen den Tempeln 20 und 21, kurz vor dem Übergang von der Provinz Tokushima zur Provinz Kōchi, widerfuhr es endlich auch mir.

Der knapp sieben Kilometer lange Pfad zwischen den beiden Heiligtümern war eine Gemeinheit. Ich rutschte die Ostflanke eines Hügels herunter, um den Naka-Fluss zu überqueren, nur um kurz darauf die Nordseite eines Berges hinaufzuschnaufen. Auf der ganzen heutigen Strecke hatte der Himmel mit schwarzen Wolken gedroht, und gerade als es bergauf ging, machte er ernst. Er warf erste Tropfen nach mir. Übermütig rutschten sie die schrägen Seiten meines Strohhuts hinab, ließen sich von der Kante aus in Pfützen fallen und zeichneten dunkle Kleckse auf die Wurzeln und Steine links und rechts des Weges. Gleichzeitig machte sich ein aufkommender Wind daran, den Wiesen neue Frisuren zu spendieren, mit den Zweigen zu spielen und in den Baumkronen zu rascheln. Mein Regenumhang hatte sich unter solchen Umständen bereits mehrmals als unzureichend erwiesen. Jetzt drohte der Schauer zum Wolkenbruch anzuwachsen. Was sollte ich tun?

Als ich noch überlegte, ob ich unter einem Baum ausharren oder so schnell wie möglich zum nächsten Tempel hinaufsteigen sollte, hielt ein Auto neben mir. Eine Mittzwanzigerin sprang heraus. Sie winkte mich heran, als seien wir alte Bekannte. Dabei schwang sie einen Regenschirm durch die Luft. Als ich bei ihr stand, legte sie ihn mir formvollendet in die Hände. »*O-settai*«, sagte sie, entschuldigte sich lächelnd für die Störung und fuhr davon. Keine fünf Minuten später begann der Wolkenbruch.

O-settai ist ein Geschenk, mit dem man zeigt, dass man gut findet, was der andere tut. Gerade in einem Hightech-Industrieland wie Japan ist es angenehm zu sehen, wie auf diese Weise immatrielle Werte hochgehalten werden. Auf dem Pilgerweg sollte ich Notizblöcke und Handtücher geschenkt bekommen, Obst und Kekse, kleine Anhänger und manchmal auch Geld. Ich bekam Geschenke von Schulkindern und von Jugendlichen, von Verkäufern, Rollstuhlfahrern und Greisen. Die Großzügigkeit und Empathie der Bewohner von Shikoku war in Japan sprichwörtlich.

Den schönsten Beleg dafür liefert die Schweizerin Karin Müller in ihrem Reisebericht »Japanland: A Year in Search of Wa«. Als sie auf dem Pilgerweg von Shikoku eine Lungenentzündung erlitt, wurde sie ins örtliche Krankenhaus gebracht. Leider, das war ihr klar, würde ihre US-amerikanische Versicherung nicht für die entstehenden Kosten aufkommen. So war sie zwar dankbar, aber auch besorgt, als sie sah, wie gut sich das Personal um sie kümmerte. Täglich wurden ihr neue Medikamente und frisches Essen ans Bett gebracht. Als sie nach zehn Tagen beschloss, das Krankenhaus frühzeitig zu verlassen und den Ärzten ihre prekäre finanzielle Lage beichtete, verschwand ihr Hab und Gut – doch nur, um kurz darauf gewaschen, gebügelt und ordentlich zusammengelegt zurückgebracht zu werden. Anschließend versammelten sich alle Ärzte und Krankenschwestern, um sich von ihrer Patientin zu verabschieden. Diese verbeugte sich mehrmals vor ihnen, dankte ihnen wieder und wieder und brachte endlich den Mut auf, zu fragen, was sie dem Krankenhaus für die Heilung und Verpflegung während der vergangenen zehn Tage schulde. Die Antwort ihres Arztes: »*O-settai.*«

Manchmal, in schwachen, vielleicht auch in besonders klaren Momenten, denke ich, dass es schön wäre, wenn alle so einfühlsam und rücksichtsvoll wären wie jener Arzt. Es wäre eine weichere, angenehmere Welt, in der man nach Wegen sucht, anderen eine Freude zu bereiten, statt sie zur Seite zu drücken. Aber so läuft das nicht. Das System gerät aus den Fugen, sobald auch nur einer ausschert. Wer sich als Einziger rücksichtlos verhält, wird immer Vorteile gegenüber jenen haben, die sich zurückhalten. Vielleicht gibt es eben darum die überstrengen japanischen Regeln und die detailverliebten Verhaltenshinweise: Sie versuchen, etwas Schönes und Verletzbares zu schützen.

Vielleicht sogar etwas, das uns immer wieder eingetrichtert werden muss? Etwas, das wir ansonsten vergessen würden? Wir Menschen hatten ein paar Jahrtausende Zeit, uns zu entwickeln. Übrig geblieben sind die Stärksten, die Gemeinsten und Rücksichtslosesten, zumindest aber die, die sich gegenüber allen anderen durchgesetzt haben. Von ihnen stammen wir ab. Wir mögen Fortschritte erzielt haben, doch im Grunde genommen sind wir noch immer nicht weit über eine Zusammenrottung in Rudeln und Gruppen, über Nationalismus und Rassismus hinausgekommen. Wir verteidigen unsere Vorurteile mit Bomben und Gewehren und verdammen gleichzeitig andere, wenn sie Ähnliches tun. Dabei muss man vielleicht anderswo ansetzen, wenn man Streit und Kriege eindämmen möchte. In beinahe allen Ländern werden wir dazu erzogen, unsere Ellenbogen einzusetzen, um andere in ihre Schranken zu weisen. Tun wir es nicht, sind wir es, die ins Abseits gedrückt werden. Mit japanischer Höflichkeit gewinnt man in Deutschland, ja: vermutlich nirgendwo sonst, nicht einmal einen Blumenstrauß. Wie viele Menschen kennen wir stattdessen, die so versessen ihrem eigenen Glück hinterherlaufen, dass sie das der anderen als Gefahr betrachten und zu schmälern versuchen, selbst wenn sie selbst keinen Vorteil davon haben?

Andererseits: Könnte eine auf Sanftmut und Mitgefühl aufgebaute Gesellschaft überhaupt funktionieren? Auf Dauer wohl kaum, selbst mit einem Arsenal an Vorschriften nicht. Auf den ersten Blick erscheint sie vielleicht als sympathisches Gegenmodell zu unserem »Ich-Fetischismus« und der damit verbundenen eingeschränkten Empathie gegenüber anderen. Die Wahrheit aber ist, dass wir ein gewisses Maß an Aggressivität, ja: an Destruktion, brauchen. Das haben nicht nur die Anarchisten und die Punks erkannt. Eine durch und durch buddhistische Gesellschaft wäre schlichtweg nicht lebensfähig. Nicht solange es konkurrierende Systeme gibt: Unter lauter Machtbewussten hat der Sanftmütige das Nachsehen. Der Buddhismus, der sanftes Verhalten propagiert, ist stark, wo er die Zufriedenheit des Einzelnen ins Visier nimmt. Hier ist er in weiten Teilen logischer und wohl auch zielführender als beispielsweise das Christentum. Er setzt beim Menschen an und nicht bei Gott. Für das Zusammenleben innerhalb einer Gruppe oder gar eines Staates hat er hingegen weniger Antworten parat. Was produziert und konsumiert eine Gesellschaft, deren Mitglieder zufrieden sind? Wer sorgt für Fortschritt, wenn alle lediglich danach streben, ihren Bedürfnissen zu entkommen? Und wie verhält man sich, wenn man angegriffen wird – betet man dann? Nein, als Gesellschaftsform dürften sich Sanftmut und Mitgefühl kaum etablieren. Als Einzelner aber kann man sich heutzutage ohne allzu viel Mühe die besten Aspekte aus unterschiedlichen Glaubenssystemen, Lebensentwürfen und kulturellen Errungenschaften herauspicken. Es genügt bisweilen, zu 88 Tempeln zu pilgern.

Die Idee, hin und wieder einen wildfremden Menschen mit einem wohlüberlegten *O-settai* zu überraschen, dürfte dabei nicht die schlechteste sein. Ich jedenfalls hätte mir gerade in diesem Moment kein besseres Geschenk vorstellen können als – einen Regenschirm. Gut gelaunt kam ich trockenen Fußes bei Tempel 22 an.

Im Kleinen wie im Großen: Dass letzten Endes alles zu einer ausgewogenen Harmonie hinstreben würde, wenn wir es nur ließen, davon zeugt Nippon seit seiner Entstehung. Die ging nämlich, einer bekannten Legende zufolge, so vor sich: Als der Schöpfer die Länder der Erde formte, fiel ein Teil davon versehentlich in den Pazifik und bildete Japan. Das neue Land war so gleißend schön, dass keinem Menschen zugemutet werden konnte, dort zu leben. Wer würde arbeiten wollen in einem Land, das direkt unter dem Sonnenaufgang lag, mit schneebedeckten Bergspitzen gesegnet war und Küstenebenen aufwies, auf denen Reis und Gemüse beinahe wie von selbst wuchsen? Ein Ausgleich musste geschaffen werden. Es war nicht fair gegenüber den Menschen in den anderen Ländern der Erde, dass das Glück so ungleich verteilt war. Also zertrümmerte der Schöpfer in seiner Weisheit das neue Land. Dessen Inseln waren jedoch noch immer zum Herzerweichen schön – sechseinhalbtausend Juwelen in den Weiten des Pazifiks. Da entschied sich der Schöpfer zu einer weiteren Maßnahme: Er schob den Katzenfisch Namazu unter das Land. Wenn die Menschen über ihm zu frivol und freudig werden, schüttelt er sich vor Scham. Das erzeugt die Erdbeben.

Natürlich könnten die anderthalbtausend Beben pro Jahr, täglich vier, auch daher kommen, dass bei Japan die Eurasische, die Pazifische und die Philippinische Erdplatte aufeinandertreffen und sich bisweilen ineinander verkeilen. Bei jeder Lesart aber ist dadurch die Harmonie auf der Erde wiederhergestellt. Jeder hat eben sein Scherflein zu tragen und sollte versuchen, damit umzugehen.

Wohlwollen anderen gegenüber aufzubringen kann für anhaltendes Glück sorgen, da man nur auf diese Weise aufhören kann, unerreichbaren Zuständen nachzujagen und sich einzugestehen vermag, dass es einem letzten Endes doch ganz gut geht. Neid und Missgunst aber fallen in der Regel auf einen selbst zurück; sie machen uns dauerhaft unglücklich.

Der Maulwurf und die Lerche erinnern uns täglich daran.

Der Maulwurf und die Lerche

Während der Maulwurf in der Erde wohnt und nur nachts an die Oberfläche kommt, steigt die Lerche hoch hinauf in den Himmel und singt dort ihre Lieder. Das war aber nicht immer so. Einst stolzierte der Maulwurf auch tagsüber auf der Erde herum, und die Lerche flatterte wie die meisten Singvögel in geringeren Höhen umher. Warum haben die beiden ihre Gewohnheiten geändert? Wegen der Sonne!

Früher, als alles noch anders war, wohnte der Maulwurf im Gebüsch. Nachts schlief er, tagsüber ging er seinen Aufgaben nach, und zuweilen, wenn er müde war, döste er auf einem Erdhügel und ließ sich von der Sonne den Pelz wärmen. Er wäre rundum mit seinem Leben zufrieden gewesen, wäre nicht regelmäßig die Lerche zu ihm herabgeflogen, um ihn zu hänseln. »Schau mal, wie weit hinauf ich gelange! Ach, ist das schön, so schwerelos dahinzugleiten. Willst du es nicht auch probieren?«

Die ersten Male versuchte der Maulwurf, es dem Vogel gleichzutun. Er stellte sich auf die Hinterbeinchen und schlug heftig die Vorderläufe durch die Luft. Schon glaubte er, vom Boden abzuheben, da plumpste er unsanft auf die Nase. »Komm schon, du Faulpelz«, trällerte die Lerche, »du musst fester mit den Ärmchen schlagen!« Der Maulwurf gab sich alle Mühe, doch es war ihm, wie allen Maulwürfen, nicht beschieden zu fliegen. »Warum schaffe ich es denn nicht?«, jammerte er. Die Lerche schlug eine Pirouette. »Du Dummkopf!«, rief sie, »Siehst du nicht, dass ich Federn habe? Ohne Federn wirst du nie fliegen können!« Schadenfroh tanzte sie um den Maulwurf herum, dann erhob sie sich mühelos in die Luft und flog hinauf in den Himmel. Ihr Kichern war noch lange zu hören. So ging es bald jeden Tag. Der Gefoppte aber begann, auf Vergeltung zu sinnen.

Eines Tages, als die Lerche eben vom Ast eines Baumes fliegen wollte, glitt ein Eichelhäher vorbei. Ihr Blick wurde von dem fremden Vogel förmlich mitgezogen: Ein so prachtvolles Gefieder hatte die Lerche noch nie gesehen. Sie flatterte dem Schönling hinterher und bat ihn, sie kurz anzuhören. »Mein lieber Herr«, begann sie, »Ihr tragt ein so edles Gewand, wo kann man das nur erwerben? Gern würde ich auch ein solches Federkleid besitzen.« – »Das ist aber sehr teuer«, sagte der Eichelhäher kurz angebunden. »Ich bezweifle, dass Ihr jemals genug Geld haben werdet, um Euch einen solchen Schmuck zu kaufen.« Und er flog mitsamt seinem Federkleid davon.

Seit dieser Begegnung kreisten die Gedanken der Lerche nur noch um ihr unzureichendes Gefieder. Wohl flatterte sie weiterhin umher. Die Flugmanöver aber gerieten ihr bei Weitem nicht mehr so ausgelassen wie zuvor. Der Maulwurf bemerkte es wohl. Arglistig fragte er, was denn los sei. Als die Lerche ihm daraufhin ihren Kummer mitteilte, kam ihm eine Idee. »Aber das ist doch kein Problem, liebe Nachbarin«, behauptete er. »Über die Jahre hinweg habe ich viel Geld angehäuft. Sehr viel sogar. Ich kann dir etwas davon leihen, wenn du magst.« Die Lerche stieß vor Freude einen Triller aus, da fuhr der Maulwurf fort: »Allerdings habe ich mein Geld schon vor einiger Zeit der Sonne geliehen. Wenn du es von ihr zurückfordern kannst, soll es dir zur Verfügung stehen.« Die Lerche setzte sich vor Schreck auf ihr Schwänzchen. »Du hast es der Sonne geliehen?« – »Klar doch«, meinte der Maulwurf. »Ich habe sie schon oft gemahnt, aber sie hat es mir noch nicht zurückgezahlt. Ich leihe es dir gerne, wenn du es nur besorgst.«

Die Lerche überlegte lange. Die Sonne war entsetzlich weit weg. Aber bunte Kleider, noch dazu ganz neue, die stünden ihr sicherlich ausgezeichnet! Ihr ererbtes Gefieder kam ihr mit jedem Tag schäbiger vor. Da holte sie tief Luft, ordnete ihre Federn und stieg empor. Ihr Ziel schien zunächst kaum mehr als ein heller Fleck am Himmel zu sein. Langsam aber wurde er größer. Die Kräfte der Lerche ließen nach, doch sie stellte sich vor, wie sie das neue Gewand anlegte und alle Tiere in der Nachbarschaft vor Neid erblassten. Endlich, als sie es kaum noch für möglich gehalten hatte, war sie vor dem riesigen Gesicht der Sonne angelangt.

»O strahlender Stern«, flötete sie, »der Maulwurf schickt mich, um das Geld abzuholen, das er dir geliehen hat.« Die Sonne antwortete nicht. Da wiederholte die Lerche ihren Wunsch, dieses Mal mit eindringlicherer Stimme. Endlich schlug die Sonne die Augen auf und blickte die Lerche streng an. »Was piepst du hier herum?«, fragte sie. Die Lerche merkte, wie es ihr heiß den Rücken hinunterlief. Sie kratzte ihren Mut zusammen: »Nun, der Maulwurf …« – »… hat mir kein Geld geliehen!«, sagte die Sonne. »Wirklich nicht?«, fragte die Lerche kleinlaut. »Auf keinen Fall!«, erwiderte die Sonne. »Was bildet der Kerl sich ein? Leiht etwa die Laus dem Bären Geld, oder die Mikrobe dem Wal? Flieg zurück zu deinem Übeltäter und richte ihm aus, dass er mich in Ruhe lassen soll!« Damit schloss die Sonne ihre Augen.

Die Lerche flatterte ratlos hin und her. Als sie merkte, dass die Sonne nicht zu erweichen war, ließ sie sich zur Erde herabsinken und eilte zum Maulwurf, um ihm alles zu erzählen. Darauf hatte der nur gewartet. Er grinste in sich hinein, als er sagte: »Doch, ich bin mir ganz sicher. Es ist wohl eine Weile her, da mag die Sonne den Umstand vergessen haben. Aber wenn du ein neues Kleid haben willst, musst du es eben noch einmal probieren.«

Also schraubte sich die Lerche ein weiteres Mal zu dem gelben Gestirn empor. Dieses Mal fiel es ihr noch schwerer als zuvor, und die Sonne reagierte noch ungehaltener als beim letzten Mal. Dreimal flog die Lerche an diesem Tag hinauf, dreimal wurde sie abgewiesen, und dreimal beteuerte der Maulwurf, dass er der

Sonne das Geld geliehen hatte. Er war sehr zufrieden mit seinem Racheakt.

Zum Abend aber neigte sich die Sonne zur Erde herab und sah den Maulwurf selbstgefällig auf seinem Erdhügel liegen. Wütend blickte sie ihn an. »Warum verbreitest du so unverschämte Lügen über mich?«, rief sie zu ihm hinunter. Der Maulwurf merkte, wie ihm der Schweiß ausbrach, doch er tat, als schliefe er. Da schüttelte sich die Sonne vor Wut und warf Funken feuriger Glut auf den Verleumder. Dessen Pelz war im Nu versengt. Der Maulwurf sprang auf, hetzte hin und her und suchte überall nach einem Unterschlupf. Immer vehementer warf die Sonne Funken zu ihm herab. Zwei davon trafen die Augen des Maulwurfs und machten ihn blind. Die Not wurde immer größer, bis sich der Angegriffene schließlich in die Erde vergrub. »Elender Lügner!«, rief die Sonne ihm hinterher, »wer hat hier wem Geld geliehen? Ich will dich nie mehr sehen. Wenn ich dich noch einmal an der Oberfläche erwische, versenge ich dir das Fell, dass dir Hören und Sehen vergeht. Verstanden?«

Der Maulwurf kroch verzweifelt umher. So hatte er sich die Sache nicht vorgestellt. Er hatte doch nur die Lerche ärgern wollen. Stattdessen hatte er sich die Sonne zur Feindin gemacht. Noch am selben Abend begann er seufzend, seine Wohnung in die Erde zu verlegen. Er grub Gänge und Höhlen, schlief unterirdisch und arbeitete zur Sicherheit nur noch nachts, wenn die Sonne ihn nicht sehen konnte.

Die Lerche aber hat den Maulwurf seitdem nicht mehr gesehen und kann noch immer nicht glauben, dass die Sonne ihr kein Geld leihen möchte. Jeden Tag steigt sie daher hoch hinauf zum Himmel und bittet um das Geliehene, damit sie sich bunte Kleider kaufen kann. Jeder kann sie hören, wie sie im Angesicht der Sonne bittend trällert und zwitschert.

Diskussionen mit »Weihnachtskuchen«

Dieses Märchen, das zu Japans bekanntesten gehört, erzählte mir ein Mädchen namens »Weihnachtskuchen«.

»I'm Christmas Pie«, so hatte sie sich vorgestellt; gleich darauf drohte sie in einem Kicheranfall steckenzubleiben. Erst später würde ich verstehen, dass sie mir nicht ihren Namen, sondern ihr Alter verraten hatte: Sie war 24. Im patriarchalischen Japan werden mitteljunge Frauen oft als »Weihnachtskuchen« bezeichnet. Auf den stürzen sich schließlich alle bis zum 24. Dezember; ab dem 25. Dezember aber mag ihn niemand mehr haben. Mit Mitte zwanzig sinken die Heiratschancen japanischer Damen rapide.

Ayumi, so ihr echter Name, war katzenhaft leicht an meine Seite geglitten. Ich war zusammengezuckt, als sie mich plötzlich von schräg hinten angesprochen hatte. Mehrmals war es mir auf dem Weg ähnlich ergangen. In Restaurants konnte es passieren, dass ich einen Gast erst bemerkte, als dieser sich bereits an den Nachbartisch gesetzt hatte. Als ich tags zuvor in einer Pension schlaftrunken Richtung Küche geschlurft war, hatte ich beinahe die Hausmutter samt Frühstückstablett mit mir gerissen. Sie war wie ein Phantom aus der Tür getreten. In der Öffentlichkeit nicht auffallen: Das gilt in Nippon nach wie vor als hohes Gut.

Ayumi würde hingegen schon bald mit einigen, mir reichlich »unjapanisch« anmutenden Überraschungen aufwarten. Unser Gespräch begann wie viele andere zuvor. Ich hatte auf die Gelegenheit gelauert, mein *konichi-wa*, »Guten Tag«, anzubringen. Dessen Aussprache glaubte ich mittlerweile perfektioniert zu haben. Manchmal ließ ich der Begrüßung sicherheitshalber noch ein *doitsu* folgen, um anzuzeigen, woher ich kam. Zuweilen kratzte ich gar meinen Mut zusammen und schickte ein *o-henro, Shikoku kirei, hara ga hetta* hinterher, um auszudrücken, dass ich pilgerte (was im Grunde auf den ersten Blick ersichtlich war), die Insel schön fand (was deren Einwohner natürlich längst wussten) und ein bisschen Hunger hatte (was ebenfalls klar war, da ich ja pilgerte). Damit hatte ich mein Pulver weitgehend verschossen und meinen japanischen Wortschatz so gut wie aufgebraucht.

Ich konnte mich aber immer noch mit Mimik und mit Gesten verständigen, von denen ich annahm, dass sie global Ähnliches ausdrückten. Weitaus schlimmer war es, wenn ich versuchte, Geschriebenes zu entziffern. Einige Male stand ich direkt vor einem Hotel, an dessen Außenseite übergroß die japanischen Buchstaben für »Hotel« prangten, und fragte Passanten, wo ich übernachten konnte. In solchen Momenten wurde ich regelmäßig zurückgeworfen auf die Ausdrucksmöglichkeiten eines Säuglings. Ich versuchte dann, diesen Umstand mit einem Lächeln zu überdecken, das ich großzügig verteilte. Man dankte es mir auf ganz ähnliche Weise – und das führte nicht selten zu putzigen Wortwechseln, die einem heiteren Rätselraten glichen und mit ausholenden Gesten begleitet wurden. Ähnlich langsam, vorsichtig und abgehackt müssten sich wohl zwei Leute unterhalten, denen man untersagt hatte, ein »g«, ein »p« und ein »s« zu verwenden.

Ayumi war anders. Reiseführerin sei sie gewesen, vertraute sie mir in fließendem Englisch an, nachdem ich mein halbes Dutzend japanischer Vokabeln gestammelt hatte, asiatische Gruppen habe sie durch halb Europa geführt. Sie kenne alle Räume des Schlosses von Neuschwanstein, außerdem die Loreley und die besten Eisdielen Heidelbergs.

»Gewesen?«, hakte ich nach. Oh ja, meinte sie, die Uni lasse ihr keine Zeit mehr zum Reisen. Dann erzählte sie. Vom Drill in den Schulen und den Verrücktheiten Tokios, von den Träumen ihrer Freundinnen und den Ängsten der Männer. Sie spürte meine Neugier und fand offensichtlich Gefallen daran, sie zu nähren.

Ayumi studierte im Zentrum von Tokio. Sie pilgerte in Wochenendetappen auf Shikoku und hoffte, nach anderthalb Jahren an ihrem Ausgangspunkt anzukommen. Einen halben Tag lang streiften wir gemeinsam über die Insel – zwei weißgekleidete Pilger, ins Gespräch vertieft. Mehrmals ertappte ich mich dabei, wie ich Ayumi länger als geziemend ansah. Sie bemerkte es auch, lächelte in sich hinein, und ich wandte mich ab, nur um kurz darauf erneut ihr Gesicht zu studieren. Nicht weil Ayumi außergewöhnlich hübsch gewesen wäre, sondern weil die Art, wie sie sprach, zuhörte und sich bewegte, einem Naturereignis gleichkam. Ich schaute sie an, wie ich einen Wasserfall anschauen würde, eine Schlucht oder eine Sommerwiese.

Über Ayumis wachen Blicken sprangen dunkelbraune Augenbrauen auf und ab wie auf einem Trampolin. Immer wenn sie etwas besonders Wichtiges sagte, sich vergewissern wollte, dass ich einen Satz verstanden hatte oder mir zeigte, dass sie mir zuhörte, zog Ayumi ihr Gesicht in die Länge. Ihr Mund bog sich dann zu einem schmalen »o«, ihre Wangen wurden nach innen gedrückt. Ihr Kinn schien den Halt zu verlieren, es plumpste nach unten; zugleich zog sie die Augenbrauen hinauf bis kurz unter den Haaransatz. Eine Meisterleistung, die Ayumi vollbrachte, beinahe ohne sie zu bemerken.

Unterhalb der Salti mortale ihrer Augenbrauen zeigte meine Gesprächspartnerin Zähne. Irgendwie schaffte es Ayumi immer zu lächeln – selbst wenn sie dunkle Vokale aussprach oder anmerkte, dass ihr der momentane Aufstieg zu schaffen machte. Letzteres war indessen pure Koketterie: Lief man eine Weile neben Ayumi her, merkte man rasch, dass sie keineswegs so zart und zerbrechlich war, wie sie auf den ersten Blick wirkte. Sie war im Gegenteil sehr robust, und man konnte sicher sein, dass ihr nächster Schritt ebenso eindeutig und nachdrücklich ausgeführt werden würde wie der vorherige. Den Pilgerstab führte sie so nah am Körper, dass man ihn zuweilen kaum bemerkte. Ihr Rucksack war eher eine Art Minihandtasche für den Rücken – viel mehr als ein bisschen Wasser, einen Geldbeutel und einen Schlüssel konnte sie darin nicht transportieren. Vermutlich hätte sie wochenlang weitergehen können, ohne das Tempo zu drosseln.

Sie sprach leise, sodass ich mich immer ein wenig zu ihr herüberbeugen musste, mit einer Stimme, die eine gute Terz tiefer lag, als man es bei ihrem Anblick erwartet hätte. Genau wie Japan zwang Ayumi mich, den ersten Eindruck zu revidieren, den zweiten und dritten auch, und meinem Bild von ihr ständig neue Nuancen hinzuzufügen. Ich hätte tagelang mit ihr über Shikoku ziehen können; doch es war Samstag, und bereits morgen würde Ayumi zurück nach Tokio fahren – in die derzeit größte Stadt der Welt, in der knapp 40 Millionen Menschen auf engstem Raum zusammenlebten, Einsamkeiten und Begierden ineinanderflossen und Verrücktheiten die Standards von morgen setzten.

Das Sony-Forschungsquartier beispielsweise, ein 25-stöckiger Koloss, an dessen Außenwand ständig ein kühlender Wasserstrom durch Keramikrohre fließt, lässt die Temperatur im Umkreis von 30 Metern um zwei Grad sinken. Weitere Innovationen sind entweder dem Platzmangel in der Metropole geschuldet – so werden Schreibtische per Knopfdruck zu einer Treppe, Regale verwandeln sich in Garderoben, und Toyota erzeugt am Fließband nicht nur Autos, sondern auch Fertighäuser – oder aber sie lassen sich auf die japanische Lust auf Neues, Verrücktes und Aufsehenerregendes zurückführen. Zu meinen liebsten japanischen Erfindungen gehören die mit 83,4 Zentimetern kürzeste Rolltreppe der Welt in der *Okadaya More's Shopping Mall* von Kawasaki, der Unterwasser-Briefkasten in der Susami-Bucht, der täglich von Tauchern der Post geleert wird, und das *Ocean Dome*, ein Schwimmbad, das das Meer simuliert, Strand- und Möwengeräusche inklusive. Das Original befindet sich keine zehn Schritte davon entfernt.

Ayumi schüttelte den Kopf, als sie davon erzählte, als könne auch sie kaum glauben, welche Auswüchse der japanische Innovationszwang mitunter zeitigte. Das meiste davon sei ja angenehm und nützlich, meinte sie, wer aber habe auf Neuigkeiten wie Aal- oder Pferdefleisch-Eis gewartet? Von klein auf werde man als Japaner in eine überdrehte Scheinwelt geschubst. Der Schultag beginne um acht und ende nicht selten erst gegen 21 Uhr. Schließlich müsse man seine Schwächen in Nachhilfestunden glätten und sich in Vorbereitungskursen für das Studium wappnen. Ein Semester an einer Universität, die über einen angesehenen Namen verfügt, koste etwa 10.000 Euro. Viele sähen das als Investition, da sie wüssten, dass sie später als *salaryman* das Vielfache davon verdienten. In der Schule wie auch an der Uni werde in erster Linie gepaukt, sagte Ayumi. Kritisches Hinterfragen oder gar kreative Eigenleistungen seien selten gefragt.

Christoph Neumann, Autor des amüsanten Bestsellers »Darum nerven Japaner«, demonstriert das mit einem aus dem Leben gegriffenen Beispiel. Er beschreibt, wie er auf einer Uni-Party von einer Japanerin angesprochen wurde. »What is your name?«, fragte sie ihn. Er antwortete auf Japanisch. Die nächste Frage lautete: »How old are you?« Auch hierauf wusste er die Antwort. Auf »How do you like Japan?« schilderte er, noch immer in der Landessprache, die Vorzüge des japanischen Alltags und vergaß nicht, die Freundlichkeit junger

Studentinnen lobend zu erwähnen. Dann aber fragte ihn sein Gegenüber: »Do you speak Japanese?« In diesem Moment wurde ihm klar, dass die Japanerin lediglich ein Programm abgespult hatte – Frage für Frage, wie ihr das eben im Englischunterricht beigebracht worden war.

Situationen wie diese lassen sich viele finden. Es genügt, in ein öffentliches Schwimmbad zu gehen. Dort ertönt alle 45 oder 60 Minuten ein Pfiff, woraufhin alle das Wasser verlassen. »Pausen sind wichtig, damit sich der Körper von der Anstrengung erholt«, belehrt die Wartenden eine Stimme aus dem Lautsprecher. Erst nach einem weiteren Pfiff darf man erneut ins Wasser. Entgegen dem gesunden Menschenverstand halten sich alle daran, selbst wenn sie keine fünf Minuten vor der Zwangspause ins kühle Nass gesprungen sind. Nahezu alles in Japan gilt als *abunai*, als »gefährlich«. Permanent wird vor Dingen gewarnt, die anderswo kaum Beachtung finden: vor Erkältungen beispielsweise, aber auch vor zu fettreichem Essen und vor Gruppendynamiken in der Schule, vor dem übermäßigen Einsatz von Autohupen auch, und vor rückwärtsfahrenden Lastwagen.

In einem Land, das das Gemeinwohl der Gruppe vor die Bedürfnisse des Einzelnen stellt, und dessen Glaubenssysteme – der Buddhismus und der Shintoismus – davon ausgehen, dass keine unsterbliche Seele, ja nicht einmal ein »ich« existiert, in einem solchen Land gibt es ein für »westliche Individualisten« seltsam anmutendes Ideal: den Roboter. Der ist hilfsbereit und verlässlich. Er arbeitet effizient und ist garantiert frei von Illusionen und Allüren. Was in Europa zuverlässig Ängste vor Zuständen wie in Aldous Huxleys »Schöne Neue Welt« und George Orwells »1984« weckt, gilt in Nippon als höchst erstrebenswert. Aus durchaus pragmatischen und nachvollziehbaren Gründen: Schon im Jahr 2050 dürften ein Drittel der Japaner älter als 65 sein. Unter Umständen wäre es dann hilfreich, über Maschinen zu verfügen, die einen pflegen. Vielleicht kocht einem der Roboter bis dahin das Essen, reinigt die Toilette und öffnet die Haustür, wenn Besuch kommt.

Ich erklärte Ayumi, dass mir die Sache mit den Robotern ein flaues Gefühl im Magen verursache. Wenn ihr Land nur zuließe, dass ausgebildete junge Menschen einwanderten, brauche man keine Maschinen dieser Art und hätte dazu noch die Chance, sich mit echten Lebewesen auszutauschen. Das werde von ihren Landsleuten aber eher nicht gewünscht, meinte Ayumi und zog entschuldigend die Schultern hoch. Warum eigentlich nicht, insistierte ich und fragte, ob die Japaner so schlechte Erfahrungen im Ausland gemacht hätten, dass sie bis heute meinten, sich einigeln zu müssen. Wie es ihr in Deutschland ergangen sei, wollte ich wissen, immerhin kenne sie doch beide Welten, die japanische und die deutsche. Wie erlebten ihre Landsleute Deutschland und Europa?

Ayumi druckste herum. Ich musste ihr mehrfach versichern, dass ich ihre Antworten aushalte, ehe sie ihre Sätze zu Ende führte. Ein wenig direkter, als sie es gewohnt sei, seien wir schon, meinte sie darauf, wohl auch etwas lauter. Rüde, könne man vielleicht sagen. Grob auch. Ja, doch: grob. Wir machten einander das Leben schwer, während man in ihrem Land zumindest versuche, für den anderen da zu sein. Endlich kam sie in Fahrt. Ihre Augenbrauen vollführten die mir inzwischen bekannten Tänze. Der Einzigartigkeitsfetischismus gliche einer Wahnvorstellung und mache uns in Wahrheit alle unglücklich, meinte Ayumi. Ständig redete man uns ein, dass irgendwo tief in uns ein Genie schlummere. So wolle jeder von uns Künstler oder Firmengründer sein, und das gehe nun einmal nicht. Und dann erst dieses dauernde Kommentieren und Bewerten von allem, obwohl man die Fakten doch kaum kenne, dieser ständige Druck, sich zu allem und jedem äußern zu müssen, dieses »Bild dir deine Meinung«-Gehabe in Deutschland, also das …

»Schon gut, Ayumi!«, rief ich lachend, »schon gut. Hier ist meine weiße Fahne.«

Sie sehe uns Deutsche in einem Dauerspagat, meinte sie, ernster geworden. Ständig müssten wir unsere Individualität betonen, durch unseren Musikgeschmack und unsere Kleidung und unsere Mobiltelefone und unsere Wortwahl, und gleichzeitig hätten wir permanent Angst vor der Isolation, die damit einhergeht. Darum neigten wir dazu, uns mit Gruppen zu überidentifizieren, seien es Gewerkschaften oder Ökovereine. In Japan sei man hingegen in die Familie und die Arbeitswelt vollständig integriert.

»Nett gesagt, Ayumi«, konterte ich. Vollständig integriert also. So könne man auch ausdrücken, dass man keinen Spielraum habe, nicht einen Fußbreit, um sich zu entfalten. Gäbe es nicht sogar ein eigenes Wort für diese Art von »Integration«, *karoshi* nämlich, Tod durch Überarbeitung? »Nutzen eure Firmen nicht die Konsenspflicht aus, um Befehlsempfänger zu züchten, und unterminieren sie dadurch nicht gerade die japanischen Werte, die ihr alle so hochhaltet?«, fragte ich.

Ayumi blickte mich erschrocken an, doch da musste sie jetzt durch. Immerhin war sie oft in Deutschland gewesen und dürfte daher abgehärteter sein als die meisten ihrer Landsleute. Ich merkte wohl, dass sie trotz aller japanischen Erziehung Spaß empfand an unserer kleinen Auseinandersetzung. Sie parierte meine Einwürfe denn auch gekonnt und sollte am Ende bei fast allen Themen Siegerin nach Punkten werden.

Die Selbstmorde, die ich ins Feld führte – 30.000 sollen es pro Jahr sein, alle 15 Minuten bringt sich ein Japaner um –, könne man zu einem Gutteil auf die Geschichte des Landes zurückführen, meinte Ayumi. Wohl häuften sie sich regelmäßig im Frühjahr, wenn das Schul- und Finanzjahr zu Ende ging. Gestrauchelte Samurai und entschlossene Kamikaze-Piloten hätten jedoch seit jeher ehrenhaft ihr Leben beendet, und bei Anime und Manga würden Selbstmorde auch heute noch oft verklärt. Die Hemmschwelle sei daher vergleichsweise gering.

Und *hikikomori*, beharrte ich ziemlich deutsch, also: rechthaberisch. Bedeute das nicht, dass man sich monate- oder jahrelang im eigenen Zimmer einschloss? Dass die Eltern das Essen vor die Tür stellten und man Kleider oder die neuesten games online bestelle? Und gehe das japanische Gesundheitsministerium nicht von mehreren Millionen solcher modernen Eremiten aus?

Ein Phänomen der Städte, sagte Ayumi, das es in Deutschland vermutlich auch gäbe, wenn dort nicht drei, sondern 30 Millionen Menschen auf einem Haufen leben würden.

Es sei ja alles richtig, was ich sagte, meinte sie dann, das aber mache ihr Land eben nicht aus. Man könne auch Deutschland nicht verstehen, wenn man erführe, dass dort fünf Millionen eine Lederhose in der Garderobe haben und erhübe, wer den revanchistischen Thesen eines Thilo Sarrazin zustimme, oder erlebe, mit wie viel Dezibel sich

Deutsche anschrien, wenn sie sich in einer U-Bahn stritten. Sie jedenfalls müsse mich enttäuschen, meinte Ayumi, sie entspräche nämlich nicht meinem Zerrbild. Nach Hokkaido wolle sie bald ziehen, von dort käme ihre Mutter, und ihren Zukünftigen, wer immer das auch werden würde, wolle sie häufiger als nur am Wochenende sehen. Und reisen wolle sie, oh ja, nach Russland und durch Neuseeland ziehen, am besten solange sie noch jung sei.

Da waren sie wieder, die tanzenden Augenbrauen, die zum Dauerlächeln gebleckten Zähne, die robusten Schritte voran. Sie kamen mir, als wir uns einige Stunden und viele Diskussionen später voneinander verabschiedeten, wie ein Zeichen vor. Vielleicht stand Ayumi für ein junges, neues Japan – eines Japans jenseits gängiger Klischees, in dem man erlebt, wie es anderswo zuging, und sich eben darum seiner eigenen Werte bewusst war.

Ayumi bedeutet übersetzt: »Die ihren Weg geht«.

Geschäftstüchtige Mönche und die Folklore des Pilgerwegs

»Unglaubliche Preise« stand auf der Speisekarte des Restaurants, das ich kurz nach dem Abschied von Ayumi aufsuchte. Das war ziemlich genau das, was ich befürchtete. Doch der Kellner, ein Mittvierziger, den ich schlaksig genannt hätte, würde er mir nicht nur bis zum Unterkiefer reichen, beruhigte mich: Die ausgeschriebenen Beträge gälten jeweils für ein ganzes Menü.

Aufs Geratewohl zeigte ich auf eines davon. Mittlerweile wusste ich, dass ich, was ich auch wählte, damit kaum danebengreifen konnte. Außerdem gelang es mir weitaus besser als noch zu Beginn meiner Reise, die einzelnen Speisen so zu kombinieren, dass ich dadurch ein harmonisches Geschmackserlebnis herbeiführte. Der kleine, schlanke Kellner war jedenfalls sichtlich damit einverstanden, dass ich die scharfen süß-sauren schwarzen Fäden, die auf einem Extrateller gereicht worden waren und für sich genommen bereits ein Geschmacksgewitter darstellten, in den Reis kippte und diese Mischung anschließend mit Algenblättern bedeckte. Auch die Kombination von Fisch und Sojasoße fand er gut – und ebenso, dass ich die runden, aufgespießten Bällchen, die an Mozarellakügelchen erinnerten, aber wie besonders zäher Fruchtgummi schmeckten, bis zum Schluss aufhob. Langsam machte ich Fortschritte und verhielt mich vielleicht ein bisschen weniger peinlich als während meiner ersten Pilgertage.

Das Land würde indessen kryptisch bleiben, das wurde mir jeden Tag aufs Neue vor Augen geführt. Einzelheiten konnte ich mittlerweile dechiffrieren. Ich wusste, dass die bereitliegenden Föhne in den Tempeln nicht dafür da waren, sich nach einem Regenguss die Haare zu trocknen. Stattdessen hielt man sie über die frisch gemalten Kalligrafien, damit diese nicht verwischten. Das Kanji-Zeichen für »Hotel« erkannte ich, da es an ein Männchen erinnerte, das kopfüber auf einer Garage stand, gefolgt von seinem Kumpan, der vor einem offenen Mund weglief. Das konnte ich mir merken und musste nicht länger in der Karte die möglichst genaue Position des dazugehörenden Gebäudes suchen, um anschließend vor den vier oder fünf Häusern der Nachbarschaft auf und ab zu gehen, immer in der Hoffnung, auf einen Passanten zu treffen, der mich verstand und mir sagen konnte, welches davon mir denn nun Unterschlupf bieten konnte. Zuweilen hatte ich auch auf gut Glück an einem der Häuser geklingelt und eine entschuldigende Verbeugungskaskade vollführt, wenn es wider Erwarten das falsche gewesen war.

Gestärkt trat ich aus dem Restaurant mit den unglaublichen Preisen und machte mich auf den weiteren Weg, der mich zur Grenze der Provinz Tokushima bringen sollte. Noch immer knirschten Schneereste unter meinen Füßen. Ayumi hatte mir erklärt, dass es in Japan vier Jahreszeiten gebe: die Kirschblüte, die Hitze, die Laubfärbung und eben den Schnee. Bald würde das ganze Land aufspringen wie eine einzige Knospe, hatte sie behauptet.

Davon war Shikoku aber noch weit entfernt. Die Temperatur lag knapp über null Grad Celsius. Um die Kälte abzuschütteln, schritt ich forsch aus. Erst im Areal des 22. Tempels wollte ich verschnaufen. Dort hatte Kūkai, der Gründer des Shingon-Buddhismus, dereinst mit seinem Stock einen Brunnen gegraben. Weißes Wasser war hervorgesprudelt, das seither alle Arten von Fußkrankheiten heilte.

Geschenke der auf diese Weise Genesenen waren überall im Tempel verteilt.

Geschichten wie diese gehören zur Folklore des Pilgerwegs. Die Statue der Göttin des Lichts, Amida Nyorai, im zweiten Tempel zum Beispiel hatte früher so hell geleuchtet, dass man einen kleinen Hügel vor ihrem Abbild bauen musste, um zu vermeiden, dass die Besucher geblendet wurden. Tempel 7 heilte Augenleiden, und wer im dritten Tempel sein Gesicht im Wasser des goldenen Brunnens sah, wurde 92 Jahre alt; wer sich hingegen nicht erkannte, starb innerhalb der folgenden drei Jahre. Dass so ziemlich jeder, der den dritten Tempel besucht hatte, früher oder später als Gegenbeispiel dienen konnte, tat der Durchschlagkraft der Legende keinen Abbruch. Man wollte sie einfach glauben. Willig waren meine Mitpilger zum Brunnen gestürzt; sie waren ehrlich erleichtert, als ihr gespiegeltes Gesicht aus dem Wasser emporblickte. Spiegelt sich nicht eigentlich so ziemlich jedes Gesicht in einer halbwegs glatten Wasseroberfläche? Egal.

Bei Nummer 19 waren sie indessen ernst geworden. Das war einer der Kontrolltempel. Überlebensgroße Steinfiguren standen dort Wache am Eingangstor. Ihre grimmigen Bernsteinaugen folgten auch mir, als ich den Fuß hob, um das Areal zu betreten. Im Jahr 1803 war der Legende zufolge eine Frau durch diesen Eingang gekommen. Zuvor hatte sie ihren Ehemann ermorden lassen. Ihr Haar verfing sich im Glockenstrang und drohte sie zu strangulieren. Mit letzter Kraft bereute sie ihre Sünden und konnte sich befreien. Ihr Haar wird bis heute ausgestellt.

Dagegen zumindest glaubte ich mich immun: Auf meinem Kopf hielt nur noch ein Kranz wackerer Haarstummel die Stellung – weitaus zu wenige, um mich in Strangulierungsgefahr zu bringen. Zudem schien mein Gewissen rein zu sein: Die steinernen Aufpasser ließen mich passieren, ohne dass ich stolperte oder irgendwo hängenblieb. Ich dankte es ihnen mit einer besonders tiefen Verbeugung.

Interessanter Weise gingen spirituell aufgeladene uralte Bräuche wie dieser mit einem ausgeprägten Pragmatismus und einer demonstrativen Geschäftstüchtigkeit einher. So gab es das *saisen*, eine rituelle Opfergabe von 300 Yen, umgerechnet etwa zwei Euro, die man entrichtete, damit eine Nonne oder ein Mönch die tempeleigene Kalligrafie ins Pilgerbuch malte. Bei einer Pilgergruppe kamen auf diese Weise schnell mal 100 Euro zusammen. Zudem hatten sich zahlreiche Pensionen und Einkaufsläden zielsicher im Umkreis der »heiligen Stätten« eingerichtet. Den höchsten Gewinn erwirtschafteten die Nonnen und Mönche jedoch, indem sie ein schier unerschöpfliches Arsenal an Kleidern und Figuren, Tüchern, Holztafeln und Keksen verkauften – alles religiös aufgeladen und geheiligt, das verstand sich von selbst. Auf mich wirkte das Angebot auf eine kaum vorstellbare Art kitschig; trotzdem sah ich in nahezu jedem Tempel lange Schlangen Kaufwilliger, die mit ergriffenen Gesichtern vor den mit Pilgerzeichen versehenen Bonbontüten standen oder erkennbar zwischen dem Kerzenhalter aus gesegnetem Holz und der Räucherstäbchensammlung schwankten.

Ich brachte das nicht zusammen, doch unbestreitbar war sie da, die Gleichzeitigkeit von sorgfältig gepflegten Traditionen und hoffnungslos entgleister Folklore. Manche Tempel hatten Gärten angelegt, in denen es keinen Grashalm gab, der nicht auf die Harmonie der gesamten Anlage hindeutete. Das kam mir mitunter putzig vor, denn immerhin befanden sich fast alle Tempel direkt neben einer stark befahrenen Straße, manchmal auch mitten in einem Industriegebiet oder schräg gegenüber des Bahnhofs. Vielleicht wurden sie auch gerade deshalb so akribisch gepflegt. Man trat hinein und war sofort – Kitsch hin oder her – von einer Blase aus Wohlgefallen umgeben. Hier wurde einem für kurze Zeit eine Zuflucht geboten. Das merkte man. Das strömte das Gebäude, ja: die ganze Anlage, auf eine diffuse, aber eindeutige Weise aus. Und diese Geborgenheit schien mir gerade in der Hektik einer Großstadt wichtig zu sein. Inmitten der Natur brauchte man ja icht unbedingt ein Refugium. Wenn nur die Verkaufsräume mit den knallig bunten Andenken nicht wären, von denen manche sogar Lärm machten!

Die Ambivalenz zeigte sich in beinahe jedem Tempel. Im zwanzigsten war festen Schrittes ein Siebzigjähriger neben mich getreten. Er hatte seinen Pilgerhut zurechtgerückt, sich kurz durch den gepflegten Bart gestrichen und mir einen raschen Blick zugeworfen. In diesem Sekundenbruchteil hatten sich alle Erfahrungen des Weges in seinen Augen gespiegelt. Er hatte einige Münzen in den Opferstock geworfen und mit tiefer Stimme vor dem Hauptheiligtum zu beten begonnen. Sein Gesang hatte von eigenwilliger Kraft gezeugt, nie hatte der Mann vor einem Ton oder einer Silbe gezögert. Bald würde er, der die Tempel in umgekehrter Reihenfolge besuchte, an seinem Ausgangspunkt anlangen – am selben Ort, aber als andere Person, verwandelt. Stundenlang hätte ich neben ihm stehen und ihm zuhören können. In diesem Moment stellte er für mich das Ideal dieses Pilgerwegs dar; er ließ den Weg durch sich hindurchströmen. Schon aber hatte sich uns eine Pilgergruppe genähert. Es waren bestimmt 30 Frauen und etwa halb so viele Männer gewesen. Sie hatten uns umringt, ihre Bücher aufgeschlagen und waren, während eine Art Vorbeter den Takt mit einem Holzstab angegeben hatte, allesamt in den Refrain eingestiegen. Der Pilger neben mir hatte seine Siebensachen gepackt – rasch, wie mir schien –, und sich alsbald verdrückt. Ich hatte es ihm wenig später gleichgetan.

Andererseits: War nicht gerade dies ein Zeichen für Toleranz? Jeder pilgerte hier eben auf seine Art. Im Gegensatz zum Jakobsweg wurde zum Beispiel niemand scheel angesehen, weil er, statt zu Fuß zu gehen, mit dem Fahrrad oder dem Bus fuhr; nicht einmal die Luxusvariante mit dem Auto oder dem Taxi war verpönt. Den meisten Pilgern tat diese Offenheit sichtlich gut. Man unterhielt sich seltener darüber, wer ein »richtiger« und wer ein »falscher« Pilger war oder wie schnell man doch unterwegs und wie weit man gelangt war. Stattdessen pilgerte man einfach, auf seine Art und entsprechend seiner Möglichkeiten. Die meisten Tempelmönche bevorzugten ohnehin die Reisegruppen. Da machte ich mir nichts vor. Eine Busladung Pilger brachte Geld und blieb nie lange. Ein Einzelpilger wollte dagegen wissen, wo der Weg zum nächsten Tempel begann, ob es in der Umgebung etwas zu essen gab oder ob er gar im Tempel übernachten konnte. Er blieb manchmal über Stunden, kaufte aber nicht viel, da er jeglichen Neuerwerb in seinem Rucksack würde herumtragen müssen. Fußpilger wie ich bedeuteten viel Arbeit und wenig Einkommen.

Zum Glück für die Mönche von Tokushima näherte ich mich der Provinzgrenze. Auf dem 75,8 Kilometer langen Wegstück zwischen den Tempeln 23 und 24 würde ich Tokushima verlassen und Kōchi betreten.

Zeit für eine Zwischenbilanz: Bisher war ich bei meinem Hineinwachsen in japanische Gepflogenheiten in erster Linie auf Widersprüche gestoßen. Nirgendwo pilgerte man ernsthafter als hier, gleichzeitig waren alle Formen der Fortbewegung gleichermaßen anerkannt. Die Tempel waren spirituell aufgeladene Wohlfühloasen mit angeschlossenem Verkaufsraum und viel Hokuspokus. Ich hatte erfahren, dass Japan über eine selten homogene Gesellschaft verfügte, die aber verstreut auf Hunderten Inseln lebte. Man stürzte sich mit Vorliebe auf Trends und liebte technische Lösungen, gleichzeitig sehnte man sich jedoch nach echter Natur und lebte gemäß uralter Traditionen. Welcher Besucher konnte sich anmaßen, ein Land zu verstehen, das derart klaffende Widersprüche aufwies?

Immer wenn ich meinte, etwas Neues über Japan gelernt zu haben und mich einen Deut besser in diesem Land zurechtzufinden, wurde ich flugs eines Besseren belehrt. Nur wenige Stunden, nachdem mir die Autofahrerin zwischen den Tempeln 20 und 21 ihren Regenschirm als *o-settai* überlassen hatte und ich zunächst vor Rührung kaum hatte weitergehen können, kurz hinter der Nummer 21 war ich in das Wartehäuschen einer Buslinie getreten, um Zuflucht vor dem Regen zu suchen. Ich hatte Hunger und wollte in dieser Hütte einen Müsliriegel essen. Das erwies sich jedoch als schweres Vergehen. Dabei ist das Verspeisen eines Müsliriegels an sich weder eine spektakuläre noch eine sonderlich anstößige Angelegenheit. So hatte ich zumindest gedacht, ehe ich in das Bushäuschen gelangte. Zwei vielleicht vierzigjährige Japanerinnen saßen darin. Sie hatten sich angeregt unterhalten, verstummten aber augenblicklich, als ich unter das Dach trat. Im Folgenden schauten sie allzu angestrengt auf den mäßig interessanten Boden des Häuschens. Hoben sie dennoch für Sekundenbruchteile den Blick, taten sie dies in etwa wie Kaninchen, die ihren Bau urplötzlich mit einer Schlange teilen mussten.

Offensichtlich hatte ich die beiden massiv gestört. Ich hatte sie mit der formvollendetsten Verbeugung, derer ich fähig war, gegrüßt und mich sofort darauf an die Wand des Wartehäuschens gedrückt, um möglichst nicht aufzufallen. Ja, ich gab mir wirklich alle erdenkliche Mühe, gewissermaßen mit dem Glas der Hütte zu verschmelzen; trotzdem verließ uns die erste der beiden Japanerinnen keine zwei

Minuten nach meiner Ankunft. Es regnete zu jenem Zeitpunkt noch stärker als zuvor. Durch den Vorhang aus Wassertropfen hindurch konnte ich beobachten, wie sich die Frau ihren Weg zum 500 Meter entfernten nächsten Häuschen bahnte.

Ihrer Freundin wurde es nun, so ganz allein mit mir, noch unwohler. Unsicher tapste sie von einem Fuß auf den anderen. Ich versuchte, sie anzulächeln, höflich und unverbindlich, sie aber meditierte hartnäckig über einen Punkt zwischen ihren Füßen. Also wendete ich mich halb von ihr ab und gab vor, in meinem Pilgerführer zu lesen; trotzdem ging auch sie nach wenigen Minuten grußlos in den Regen hinaus und strebte der nächsten Haltestelle zu.

Eben noch war ich reich beschenkt worden, im nächsten Augenblick behandelte man mich wie einen Aussätzigen. Was hatte ich falsch gemacht? Hätte ich den Rucksack nicht auf dem Boden abstellen sollen? Hätte ich den beiden etwas zu Essen oder zu Trinken anbieten sollen, oder war gerade das der Fauxpas: dass ich mir anmaßte, in einem öffentlichen Bushäuschen zu essen? Hatten die beiden vielleicht nur Angst, auf Englisch angesprochen zu werden und sich unzureichend verständigen zu können? Ich würde es nie erfahren, und dieser Umstand wurmte mich am meisten.

Bei allen sich öffnenden Widersprüchen schienen mir mittlerweile zwei Dinge symptomatisch für Japan zu sein. Vielleicht brachten sie sogar die hierzulande vorherrschenden Überzeugungen besser auf den Punkt als alle Verrücktheiten, die »westliche« Medien so gerne aufgriffen. Es waren die Verbeugung und die Atemmaske.

Die Verbeugung ist in Wahrheit eine perfide Aufforderung. Sie spiegelt Demut und Hilfsbereitschaft vor, Zurücknahme der eigenen Bedürfnisse; in Wirklichkeit aber verlangt sie etwas vom anderen: »Ich habe mich verbeugt, jetzt verbeuge du dich auch!« Es ist eine Steigerung des Lächelns, das aussagt: »Ich tue dir nichts, bitte tu mir auch nichts.« Man macht sich nur klein, weil man erwartet, dass der andere sich auch klein macht und man so wiederum auf Augenhöhe gelangt. Man gibt sich hilfsbereit, während man den anderen dadurch in Wahrheit auf seine eigene Hilfsbereitschaft verpflichtet. Bei der Verbeugung verdeckt man seine Geschlechtsorgane und weist mit derselben Geste doch gerade auf sie hin, eben indem man sie so eindeutig versteckt. Immer scheint dabei durch, dass man auch anders könnte, wenn man wollte – und dass das Zusammenleben nur so lange gut geht, wie sich beide Seiten an die Friedenspflicht halten. Mit ihrem doppelten Boden ist die Verbeugung sehr japanisch: Wenn man sich genauer mit ihr beschäftigt, merkt man, dass sie unter der so harmlosen Oberfläche einen Gegensatz eröffnet, der nicht minder mächtig ist als das, was man auf den ersten Blick sieht.

Die Atemmaske wiederum mag der Tatsache geschuldet sein, dass Berlin zehnmal Platz in Tokio hätte und selbst noch Kawasaki, die neuntgrößte Stadt Japans, deutlich größer ist als München. Diese Art, sein Gesicht zu verstecken, weist aber darüber hinaus besonders augenfällig auf die allgegenwärtige Paranoia hin und verdeutlicht den unausrottbaren Glauben, allerorten von Chaos und unvorhersehbaren Gefahren umzingelt zu sein. »It‘s a jungle out there«, behauptet die Titelmelodie der US-Serie »Monk«, in der der Protagonist, ein hypernervöser Ex-Polizist, der vor allem und jedem Angst hat, am laufenden Band kniffelige Kriminalfälle löst, eben weil er besser als andere auf Kleinigkeiten achtet. »Reden wir von meiner nächsten Angst«, fordert Adrian Monk in einer Folge seinen Psychiater auf, nachdem er ihm seine diversen Ängste aufgezählt hatte, »die Angst davor, Angst zu haben«. Ähnlich verworren scheint das Geflecht aus Ängsten und Sorgen vieler Japaner zu sein. Eine der größten davon ist, in irgendeiner Weise unangenehm aufzufallen. Auch hier kommt die Atemmaske ins Spiel: Entspricht sie doch ganz und gar dem Wunsch, in der Masse zu verschwinden, indem sie einen Gutteil der individuellen Gesichtszüge verdeckt. Und doch steckt auch in ihr der Funken einer Aufforderung. Die Atemmaske kitzelt an unserer Neugier. Man fragt sich unwillkürlich, wie es unter ihr wohl aussehen mag. Ich zumindest tat das unterwegs andauernd.

Welche Geheimnisse lagen in den unauslotbaren Tiefen dieses Landes? Was mochte unter der Maske, die mir Japan seit meiner Ankunft zeigte, zum Vorschein kommen? Woher stammten überhaupt die Freundlichkeit und die Ernsthaftigkeit der Bewohner von Shikoku, worin lag die Besonderheit dieser einen von Japans 6.852 Inseln? Was machte die Gegend aus, die ich seit einer guten Woche durchstreifte?

Ich glaubte inzwischen, dass mir ein Mann etwas darüber erzählen konnte – einer, den Ayumi in ihr Herz geschlossen hatte. Überall auf Shikoku sprach man mit Respekt von ihm. Das hier war seine Insel. Überall war er anwesend: in den Gesprächen, den Tempeln, den Andenkenläden und auf jedem Pilgerhut. Er zählte zur ersten Garde unter Japans Nationalheiligen. Umso erstaunlicher war es, dass außerhalb Ostasiens kaum jemand je von ihm gehört hat.

Die Abkürzung zum Nirwana

Kūkai hieß jener Mann, zu Deutsch etwa »Meer der Leere« – aber Übersetzungen wie diese sind generell, das hatte ich inzwischen gelernt, mit Vorsicht zu genießen. Sein Name konnte folglich ebenso gut etwas ganz anderes bedeuten. Seit dem Jahr 925, fast 100 Jahre nach seinem Tod, nennt man ihn ohnehin Kōbō Daishi, das bedeutet »religiöser Meister« (oder etwas ganz anderes). Im Ausland stößt die Erwähnung seines Namens meistens auf ein Schulterzucken; auf Shikoku aber gibt es praktisch keinen Weg, den jener Mann nicht gegangen, kein Haus und keinen Stein, die er nicht in irgendeiner Weise beeinflusst hätte. So will es zumindest die Legende. Wie so oft vermischen sich dabei historisch belegbare Tatsachen mit zum Teil hanebüchenen Spekulationen und allerlei Wunderglauben. Und wie so oft ist Ersteres rasch erzählt, während es bei Letzterem spannend wird.

Als gesichert gilt, dass es Kūkai tatsächlich gab. Er wurde im Jahr 774 als Sohn eines Provinzverwalters geboren. Mit 15 begann er bei seinem Onkel Chinesisch, Konfuzianismus und Geschichte zu lernen; drei Jahre später wurde er an der Hochschule des Hofes (*daigaku-ryō*) in der damaligen Hauptstadt Nagaoka-kyō zugelassen. Mit 20 brach er jedoch sein Studium ab und wurde Novize im *Iwabuchi*-Tempel. Zwei Jahre später legte er das Mönchsgelübde ab. Im Jahr 797 veröffentlichte Kūkai sein erstes Werk, *sankyōshiki*. Das Manuskript wird inzwischen auf dem *Kōya*-Berg aufbewahrt und zählt zu Japans Nationalschätzen. Nachdem er einige Jahre asketisch gelebt und weite Wanderungen durch das Land unternommen hatte, empfing Kūkai 804 die volle Ordination und brach noch im selben Jahr nach China auf. Zu jener Zeit kam das einer Reise in die Zukunft gleich: Changan, die Hauptstadt der chinesischen Tang-Dynastie, übertraf in Größe und Aussehen alles, was damals in Japan existierte. Dort lernte Kūkai Sanskrit, verfeinerte seine Kalligrafie-Kenntnisse und stieg binnen Kurzem zum Patriarchen des esoterischen Buddhismus auf. Als er zwei Jahre später nach Japan zurückkehrte, verfasste er im Auftrag des Kaisers Briefe und Gedichte und wurde Vorsteher mehrerer Tempel.

Im Jahr 813 legte Kūkai die Grundzüge seiner Lehre schriftlich dar: eine volksnahe, sinnesfreudige, von indischen Meditationstechniken beeinflusste Version des Buddhismus. Er nannte die neue Lehre *shingon*, das ist die japanische Übersetzung des Sanskritwortes für »Mantra«. Drei Jahre darauf ließ er auf dem abgelegenen Berg *kōyasan* einen Tempel bauen. Hier verfasste er zahlreiche Schriften, sorgte aber auch für die Erschließung des Gebietes und veranlasste beispielsweise, dass in seiner Geburtsstadt ein See angelegt wurde. Der Durchbruch seiner Lehre, des Shingon-Buddhismus, erfolgte 823, als der Kaiser den neuen Glauben als eigenständige Schule anerkannte. Kūkai stieg zum Vikar auf, bekam weitere Tempel zugesprochen und wurde Lehrer des Kronprinzen. Im Jahr 828 gründete Kūkai in der neuen Hauptstadt Heian-kyō (heute Kyoto) eine Schule, in der auch Angehörige der unteren Schichten in Wissenschaft und Kunst unterrichtet wurden. In seinen letzten Lebensmonaten reduzierte er seine Nahrungs- und Flüssigkeitsaufnahme auf nahezu null. Kūkai starb im Jahr 835.

Wie bei Jakobus und Franziskus, die für europäische Pilgerwege Pate stehen, gingen auch bei Kūkai die Spekulationen erst nach seinem Tod so richtig los. Es begann damit, dass Kūkai seinen Anhängern zufolge gar nicht starb, sondern auf der Schwelle zum Tod meditierend die Buddhaschaft erreichte und in diesem Zustand bis heute verharrt. Das wiederum gehört gewissermaßen zum Standardrepertoire der großen Meister. Eine leichte Übung sozusagen. Die lange nach Kūkais Tod entstandene hagiographische Literatur schreibt ihrem Meister aber außerdem zu, den Tee nach Japan gebracht, die Kana-Silbenschrift erfunden und als Erster die Strecke des heutigen Pilgerwegs gewandert zu sein. Nichts davon hält einer historischen Überprüfung stand.

Dabei sind Kūkais belegbare Leistungen groß genug. Zu einer Zeit, da in Europa die Franken ihre Nachbarn mit Krieg und Zwangstaufen überzogen, neun von zehn Menschen ihrem Herrn zum Frondienst verpflichtet waren und man gerade erst zaghaft begonnen hatte, erste Siedlungen um Klöster herum zu errichten, im von Auseinandersetzungen und Hungersnöten gezeichneten Frühmittelalter also reiste Kūkai im diplomatischen Dienst nach China, verfasste Japans erstes Wörterbuch, brachte seine Weltsicht in über 50 Büchern zu Papier und gründete eine öffentliche Universität.

Es mag daran liegen, dass man in Europa nicht gerne an die dunklen Kapitel der Geschichte erinnert werden möchte, dass der Name Kūkai oder Kōbō Daishi dort praktisch niemandem etwas sagt. Auf Shikoku hingegen stehen überall Statuen von ihm. Sie zeigen Kūkai meistens als Bettelmönch mit gewölbtem Hut, abgewetzter Kutte und hölzerner Schale. Sein Bild hängt in zahllosen Räumen und an den Fassaden öffentlicher Gebäude. Fast immer ist es eine Kopie des einzigen Portraits von ihm, angefertigt in seinem Todesjahr.

Der Pilgerweg von Shikoku dürfte sich indessen erst im 12. Jahrhundert entwickelt haben, als asketische Mönche vom *kōya-san* herabstiegen, um den Spuren ihres Meisters nachzuspüren. Erste Pilgertagebücher datieren aus dem späten 17. Jahrhundert. Als die japanische Wirtschaft nach dem Zweiten Weltkrieg Fahrt aufnahm, erlebte auch der Pilgerweg einen gewaltigen Aufschwung. In den Fünfzigern bot das erste Busunternehmen eine Shikoku-Gruppentour an. Sie wurde so erfolgreich, dass mittlerweile die meisten Pilger per Bus unterwegs sind.

Was treibt sie dazu, 88 für sich genommen recht unscheinbare Tempel aufzusuchen? Ist es die Abenteuerlust, das Gruppenerlebnis oder die Neugier, mal einen Blick in eine von immatriellen Werten geprägte Welt zu werfen? Vielleicht etwas von allem. Dem buddhistischen *Agon Sutra* zufolge vermag der Pilgerweg von Shikoku jedoch mehr, viel mehr. Seine Tempel symbolisieren demnach die 88 bösen Leidenschaften, an denen man klebt wie an Kaugummi. Sie sind es, die uns im Diesseits und damit im Unglück halten; sie sorgen dafür, dass wir ständig suchen und permanent vorwärtshasten, ohne jedoch wirklich voranzukommen oder ein Ziel zu erreichen. So werden wir wieder und wieder geboren – bis wir irgendwann genug gelernt haben und endlich die Erleuchtung erlangen. Als Mensch geboren zu werden beinhaltet eine immense Chance und stellt gleichzeitig eine gewaltige Verpflichtung dar: Man kann und muss ein Leben lang danach streben, die 88 Begehrlichkeiten zu überwinden. Mit jedem Tempel, den man auf Shikoku in ungetrübtem Glauben aufsucht, drängt man eine der Leidenschaften zurück – bis man am Ende geläutert ist und die Befähigung erlangt hat, ins Nirwana zu gelangen.

Gut 1.000 Kilometer mögen dem modernen, Auto fahrenden und bildschirmsüchtigen Menschen hierfür etwas lang erscheinen. Tatsächlich aber handelt es sich um eine gewaltige Abkürzung. In seinem Pilgerbericht »henro boke« beschreibt der deutsche Filmemacher Gerald Koll eindrucksvoll, wie lange es ohne die Inselumrundung dauert, die Befähigung zum Eintritt ins Nirwana zu erlangen: So lange nämlich, wie ein Fels braucht, um zu Staub zu werden. Der Fels ist so groß, dass ein Ochsenkarren vier Tage benötigt, um ihn zu umkreisen. Alle hundert Jahre steigt ein Engel zur Erde herab und fliegt dabei an dem Felsen vorbei. Er berührt ihn nicht, nur der Windhauch seiner Flügel löst einen Bruchteil der Gesteinsoberfläche ab – bis der Fels schließlich zu Staub geworden ist. Da ist es doch zielführender, man besucht mal rasch die 88 Tempel von Shikoku.

Zur Sicherheit, falls es mit dem Eintritt ins Nirwana doch nicht auf Anhieb klappen sollte, dient der Tempelbesuch auch dazu, Unglück bereits im Diesseits abzuwenden. Entspricht 88 doch nicht von ungefähr der Summe der unglücklichen Jahre (*yakudoshi*): 42 für Männer, 33 für Frauen und 13 für Kinder.

Gerald Kolls Buch ist ehrlich, wunderbar selbstironisch und durchsetzt von originellen Sprachspielen. Es macht aber auch klar, wie schwer es dem Verfasser fällt, sich dem hinzugeben, was er sieht. Alles ist heutzutage entheiligt, von Pathos gereinigt und vom Thron gestoßen: Der Zeitgeist verlangt von uns, alles ironisch zu brechen. Ist das ein Fortschritt? Vermutlich. Oft genug wurde unsere Gutgläubigkeit ausgenutzt, um finsterste Gräueltaten zu decken.

Gleichzeitig aber merken wir immer deutlicher, dass uns bei allem oberflächlichen Witz etwas fehlt – ein innerer Kompass, eine Orientierung, unveränderliche Werte, die Zeitenwenden überdauern. Ja, vielleicht etwas, an das wir glauben können. Wir haben nicht vermocht, das durch Pathos, Diktatoren und Stars erzeugte Mitläufertum zugunsten einer neuen Freiheit abzuschaffen. Wir haben es lediglich ersetzt durch ein anderes Mitläufertum, das auf marktkonformer Bequemlichkeit und vermeintlicher Lockerheit basiert. Wir haben die europäische Schwere mit amerikanischer Lässigkeit überdeckt. Wo jedoch echte Werte als »altmodisch« gelten, geht man nur allzu bereitwillig auf das ein, was andere sagen. Sei öko, tu etwas gegen den Krieg, traue keinem Politiker: Die willigsten Mitläufer sind die, die meinen, sie seien absolut keine. Sie halten die Fahne der jeweiligen Mehrheit, die sich für eine Minderheit hält, in den Wind.

In bemerkenswertem Gegensatz dazu steht die Ernsthaftigkeit, mit der viele Japaner unterwegs sind. Auf keinen Fall wollen sie das Schicksal des ersten Pilgers, Emon Saburō, teilen. Saburō lebte im achten Jahrhundert mit seiner Frau und acht Söhnen auf Shikoku. Er war ein reicher, habgieriger Mann, und als ein umherziehender Mönch an seiner Haustür klopfte und um Essen bat, ließ er ihn kurzerhand hinauswerfen. Am nächsten Morgen bettelte der Mönch erneut um eine Gabe, und wieder wimmelte Emon Saburō ihn ab. Acht Mal in Folge ging das so. Beim letzten Mal riss dem Hausherrn der Geduldsfaden: Er schlug dem Mönch mit einem Wanderstock ins Gesicht. Der Mönch ließ vor Schreck die Bettlerschüssel fallen, sie zerbrach in acht Teile. Kurz darauf starben Emon Saburōs acht Söhne, einer nach dem anderen, an unterschiedlichen Krankheiten. Da schwante Saburō, wen er da so rüde von der Schwelle seines Hauses gewiesen hatte: niemand anderen als Kūkai, den großen Heiligen.

Verzweifelt reiste Saburō daraufhin dem Mönch nach, um ihn um Verzeihung zu bitten. Zwanzigmal umrundete er die Insel im Uhrzeigersinn, ohne den Mönch einzuholen. Nachdem er Shikoku ein weiteres Mal umrundet hatte, dieses Mal gegen den Uhrzeigersinn und wieder ohne auf den berühmten Gründer des Shingon-Buddhismus zu treffen, warf Saburō sich, dem Tode nahe, auf den Boden. Da erschien Kūkai, vergab Saburō und versprach, dass jener als Sohn einer reichen Familie in seiner Heimatprovinz wiedergeboren werden würde. Er legte Saburō einen Stein in die Hand und verbrannte den Leichnam direkt neben dem Weg. Nicht lange darauf wurde in der heutigen Provinz Ehime ein Kind geboren. Monatelang hielt es einen Stein in seiner Faust, niemand konnte sie öffnen. Erst als man einen Priester zu Rate zog, öffnete das Kind die Hand. »Emon Saburō ist wiedergeboren« stand auf dem Stein. Das Kind wuchs heran, und als Erwachsener vollbrachte es viele gute Taten.

Seither gilt Emon Saburō als erster Pilger – und als Beweis dafür, welch verändernde Kraft der Pilgerweg besitzt.

Trendsüchtig und veränderungsresistent

Japaner mögen die Geschichte von Kūkai und Emon Saburō. Sie gehört zu den bekanntesten Legenden des Pilgerwegs. Ihre Kraft steckt im Versprechen, dass sich, egal wie schlimm eine Sache aussieht, am Ende doch noch etwas zum Guten wenden kann.

Derartiger Trost kommt gerade in der heutigen Zeit gelegen, da Japan zwei »verlorene Dekaden« hinter sich hat. Von 1990 bis 2010 stagnierte Japans erfolgsverwöhnte Wirtschaft. Die hohe Lebensqualität der Inselbewohner wurde zwar dank einer Schuldenaufnahme künstlich erhalten. Die Tugenden, die das Land groß gemacht haben – Tradition, Unterordnung und Fleiß – genügen jedoch nicht länger als Basis für immer noch mehr ökonomisches Wachstum. Langsam dämmert es den jungen Japanern, dass sie, was auch immer sie tun, am Ende niemals so erfolgreich sein können wie ihre Eltern. Japan hat immer weniger mit dem flirrenden, kraftstrotzenden Land gemein, das man zum Beispiel von Quentin Tarantinos »Kill Bill« her kennt, in dem Uma Thurman als ansehnlicher Racheengel Dutzende Yakuza-Kämpfer mit dem Langschwert niederstreckt.

Und dennoch: Hier spielt nun einmal die Musik! Wie viele Erfindungen, eine abstruser und erfolgreicher als die andere, stammen aus dieser abgelegenen Inselanhäufung! Europa habe ihr gefallen, hatte Ayumi dazu gesagt, es sei eben »nett«. Damit hatte sie erfolgreich verklausuliert, was sie eigentlich hatte ausdrücken wollen: Verglichen mit Japan ist Europa ein beschauliches Altersheim, ein Rückzugsort, an dem man dem Trubel der Welt entfliehen kann. In Asien hingegen ist man mittendrin: Hier gibt die Jugend ganz selbstverständlich den Takt vor, auch im überalterten Japan; hier entstehen heute schon die Trends von morgen. Städte wie Tokio, Shanghai und Mumbai platzen schier vor Selbstvertrauen. Sie sehen sich im Zentrum der Entwicklung, als Keimzellen für Veränderungen. Die Zahlen geben ihnen Recht.

Das ist nun ein ganz wundervoller Widerspruch: Dass nämlich eine bis ins Mark hinein konservative und traditionsversessene Gesellschaft wie die japanische so leicht wie kaum eine andere auf Trends und technische Neuerungen reagiert. Letztere stoßen regelmäßig auf eine Masse neugieriger, lustorientierter Menschen, in höchstem Maße vernetzt und anfällig für die Meinung anderer. In *Nico Nico Douga*, dem japanischen Äquivalent zu YouTube, in dem man direkt in die Videos hineinschreibt, sind jene vor lauter Kommentaren oft kaum noch zu sehen. Japans Jugend ist wie eine Petrischale, in der Innovationen wie im Zeitraffer reifen; sie scheint der PowerPoint eines Produktmanagers entsprungen zu sein. Willig folgen Nippons Jugendliche Mode auf Mode – vorausgesetzt, diese steigert die eigene Bequemlichkeit und ist möglichst kurzlebig. Eines nämlich ist klar: Echte Veränderungen lassen sich in diesem so erfindungsfreudigen Land kaum initiieren. Kein Produkt gelangt weiter als bis zur Oberfläche. Die leicht bekleideten Protagonistinnen der Animes, die winkende Katze, Super Mario und die Karaoke-Maschinen sind lustige Spielereien, die der Zerstreuung dienen. An das aber, was uns Menschen ausmacht – Werte und Überzeugungen, Gewohnheiten und Handlungen – reichen sie nicht heran.

Vor diesem Hintergrund fragt man sich zuweilen schon, warum Japan noch immer als Hort der Weisheit gesehen wird – das Land also, zu dessen kulturellen Errungenschaften Tamagochis und Hello Kitty gehören, und in dem man in speziellen Cafés Eintritt dafür bezahlt, die dort herumstreunenden Kater streicheln zu dürfen. Überhaupt: Katzen! Wie konnte eine weiße Plastikkatze ohne Mund derart erfolgreich werden? Wie kam man darauf, dass es sich hierbei um eine immense Marktlücke handeln könnte? Woher wusste man, dass zunächst Japan und danach die halbe Welt genau auf ein solches Produkt gewartet hatten? Saß der Erfinder von Hello Kitty dereinst in seinem Kämmerlein, als ihn der Geistesblitz traf: Aber klar doch, eine grellbunte Plastikkatze, das ist es? So ähnlich scheint es tatsächlich gewesen zu sein. Bis 1974 hatte die Firma Sanrio Gummisandalen hergestellt, dabei aber bereits gemerkt, dass sich Schuhe mit niedlichen Motiven darauf besser verkauften als ohne. Sanrio entwarf daraufhin eine Katze, die so überzogen süß wie nur möglich aussehen sollte. Sie ist fünf Äpfel groß und besitzt keinen Mund, da sie mit ihrem Herzen spricht. Der Firma beschert Hello Kitty mittlerweile einen Jahresumsatz von einer Milliarde US-Dollar.

Nintendo, der Erfinder von Super Mario, stellte ursprünglich Reiskocher her. Ihren Gameboy hat die Firma mittlerweile über 100 Millionen Mal verkauft. Ähnliches gelang Sony mit der Playstation. Der japanische Künstler Daisuke Inoue ging hingegen leer aus, als er 1971 eine Maschine entwarf, die Musik ohne die Gesangsspur abspielte: Er hatte seine Karaoke, sein »leeres Orchester« (*karano oke*), nicht patentieren lassen. Ein philippinischer Erfinder, der im selben Jahr eine ähnliche Maschine entworfen hatte, bekam hingegen 500 Millionen US-Dollar zugesprochen.

Dessen ungeachtet war Japan noch bis in die Nullerjahre hinein der größte Musikmarkt der Erde. Wer als »westliche« Band etwas auf sich hielt, brachte ein Album »Live in Japan« heraus. Heutzutage ist japanische Musik mehr denn je durchgecastet und artifiziell hergestellt. Sie ist eng mit Mode und Haarpflege verwoben und so schnelllebig, dass ein Sternchen nicht selten nach wenigen Wochen vergessen ist. Zahllose Mädchen, meist um die 20 Jahre jung, schlank und recht hübsch, werden auf diese Weise verheizt.

Ebenfalls nicht unproblematisch – und wenig innovativ – sind die 24 Milliarden Einweg-Essstäbchen, *o-hashi* genannt, für die jährlich ganze Wälder gerodet werden. Die Chinesen essen seit 1500 vor Christus mithilfe von Stäbchen; um 500 nach Christus übernahm Japan diesen Teil der chinesischen Kultur. Bis dahin hatte man dort noch mit den Fingern gegessen – was man in Europa übrigens noch bis weit ins 17. Jahrhundert hinein tat. »Gott behüte mich vor Gäbelchen«, hatte noch Martin Luther gefleht, den der Dreizack der Gabel allzu sehr an den Teufel erinnerte. Erasmus von Rotterdam sprang ihm bei: »Was gereicht wird, hat man mit den Fingern oder mit Brotstücken zu nehmen. Hat uns die Natur nicht fünf Finger an jeder Hand geschenkt?«

Eine ganz andere japanische Erfindung hat hingegen im Laufe ihrer Entwicklung zahlreiche Ergänzungen und Verfeinerungen erfahren, die manchen europäischen Gast vor Befremden und Ratlosigkeit erzittern lassen. *Otohime*, die »Klangprinzessin«, erfreut Toilettenbesucher mit Wasserplätschern und Vogelgezwitscher. *Washlets* dieser Art, in den 1960ern von der Firma Toto entworfen, sind hochausgereifte Computer, die den Toilettengang begleiten. Sie verfügen über eine Wasserdüse, die das Hinterteil nach einer Erleichterung sanft massiert, über automatisch aufklappbare, beheizte Sitze und integrierte MP3-Player, zuweilen auch über eine Temperaturregelung für den Bidet-Wasserstrahl und eine Speichermöglichkeit von Benutzerprofilen. Es gibt auch Klositze, die sich, wenn man sich ihnen nähert, automatisch nach vorne neigen, um dem Gast das Aufsitzen zu erleichtern. Manche Modelle messen den Blutzuckergehalt im abgegebenen Urin, den Puls oder den Körperfettanteil und schicken die Ergebnisse, wenn sie einen Grenzwert überschreiten, direkt weiter an den Hausarzt.

Die *washlets* und die »Klangprinzessin« passen nicht schlecht zu Japan: Sie sind verspielt und technisch ausgereift, greifen die Scham vor etwas auf, das im Grunde genommen ganz natürlich zum eigenen Körper gehört, und üben unter dem Vorwand der Gesundheitsvorsorge und in perfekter Übereinstimmung mit einer weitverbreiteten Paranoia eine überwachende Kontrolle aus, von der nicht alle, die ihr unterworfen sind, sagen könnten, welchem konkreten Ziel das alles nun dient.

Die meisten Japaner, denen ich unterwegs begegnete, kamen mir eher ängstlich als initiativ und eher unscheinbar als verrückt vor. Dabei war es gut möglich, dass ich ihre höfliche Zurückhaltung schlicht missinterpretierte. Das Bestreben, in der Masse aufzugehen, nahm allerdings zuweilen groteske Formen an. So geben zum Beispiel 95 Prozent der Japaner in Umfragen regelmäßig an, zur Mittelschicht zu gehören, was statistisch gesehen Unfug ist. Es gilt eben, nicht aufzufallen, sei es durch übermäßigen Reichtum oder durch unangenehme Armut.

»L'enfer, c'est les autres«, lässt Jean-Paul Sartre die Mörder im Theaterstück »huis clos« sagen. »Die Hölle, das sind die anderen« –

zumindest, wenn man sich von ihnen definieren lässt. Wenn man sich selbst durch die Augen der anderen statt mit den eigenen wahrnimmt. Wenn man ständig Angst hat, aus der Gemeinschaft ausgeschlossen zu werden. Wenn man dem Druck entflieht und sich in virtuellen Scheinwelten austobt. Oder gar Hand an sich legt. So machte vor kurzem ein ungewöhnlicher Bestseller in Japan Furore. Das »Handbuch des Selbstmords« von Wataru Tsurumi, das Methoden miteinander vergleicht und Tipps liefert, von welchen Gebäuden man sich besonders gut und mit eindeutigem Ergebnis herabstürzen kann, verkaufte sich bisher über eine Million Mal.

Andererseits: Wenn es in Wahrheit gar kein Individuum gibt und wir nur temporäre Aggregatszustände des Weltgeistes sind, dann sind die anderen nicht länger die Hölle. Die Harmonie innerhalb einer Gruppe, also ab zwei Menschen, ist nachvollziehbar wichtig in einem Land, in dem über 100 Millionen Bewohner auf engstem Raum zusammenleben. Und ist die Regelhörigkeit nicht auch ein Zeichen echter Gleichheit, hat dadurch der Straßenkehrer nicht ein Quäntchen Macht über den Bankdirektor, der sich genauso höflich zu verhalten hat? Wird vom Topmanager nicht genauso wie vom Kassierer erwartet, dass er die andere Wange hinhält, wenn ein Argument oder, schlimmer noch, eine Meinung ihn trifft?

Angekommen in Japan

Japan liefert keine einfachen Antworten. Stattdessen fordert es dazu auf, Dinge, die uns selbstverständlich erscheinen, aus anderen Blickwinkeln zu betrachten. Es überrascht uns und stellt uns Fragen. Es lädt uns ein, unter die Oberfläche aus abstrusen Regelungen, verrückten Erfindungen und unbekannten Traditionen zu blicken.

Vermutlich spürt jeder »westliche« Besucher, vielleicht gar jeder ausländische Gast, in Japan zunächst den Reflex, sich im evident Anderen zu verlieren und aufzuzählen, was er nicht versteht. Ganze Bücher sind darüber geschrieben worden. Doch wird man Japan dadurch gerecht? Wenn man den durchschnittlichen Bierkonsum der Deutschen erheben, einen jodelnden Alpenbewohner portraitieren und die Dezibelzahl eines deutschen Ehestreits messen würde, wäre das mit Sicherheit interessant und vermutlich auch amüsant – aber hätten wir dadurch wirklich irgendetwas Relevantes gesagt? Ayumi würde das bezweifeln.

Kopfschüttelnd und übersättigt von Berichten über japanische Abstrusitäten war ich aufgebrochen in dieses Land und kopfschüttelnd hatte ich hier meine ersten Tage verbracht. Auf Osakas Einkaufsmeile, wo ich mich wie ein Salzkorn in einem Teig gefühlt hatte – bedeutungslos, hilflos hin- und hergeschleudert von Kräften, die ich nicht verstand –, wäre ich am liebsten abrupt stehengeblieben und hätte dem erstbesten Passanten laut »Buh!« ins Gesicht geschrien – einfach um irgendeine Reaktion zu provozieren. Gleichzeitig aber vermutete ich, dass genau dieses Verhalten einen Trend auslösen würde: Morgen schon würden es alle so machen, Sony würfe augenblicklich die »Buh-App« auf den Markt (»Jetzt neu: Erschrecke deine Mitmenschen noch lauter! Hol dir das »Buh« in allen Tonlagen!«), irgendein halbnacktes Sternchen würde die aufgespritzten Lippen zu einem Easy-Listening-Buh-Song bewegen, und eine Woche darauf wäre alles wieder vergessen, abgelöst von einer anderen Monstrosität.

Seltsam mutete das Fernsehen an; es war schrill, bunt, grell und gleichzeitig unbeschreiblich prüde und langweilig. Andauernd brachte es aufgebauschte Berichte aus der weiten Welt, um zu belegen, wie anders in Japan alles war. Vielleicht musste man auf diese Weise unterschwellig patriotisch erzogen werden, wenn das Land, in dem man lebte, aus sechseinhalbtausend Inseln bestand.

Warum aber musste man überhaupt eine derart rigide anachronistische Abschottung betreiben? Warum ließ man nicht mehr als ein Prozent Nicht-Japaner in diesem Land leben? Woher stammte das Misstrauen gegenüber allen Ausländern – egal ob sie länger hier bleiben oder nur mal kurz einen Pilgerweg absolvieren wollten?

Richtig locker wurden die Japaner, denen ich begegnete, nur, wenn sie nackt waren – beispielsweise im *onsen* – oder betrunken. Oder beides. Das diente ihnen als Vorwand dafür, sich ungebührlich zu benehmen. Sonst verhielten sie sich jederzeit vorhersehbar, waren kontrolliert und funktionierten. Ironie war ihnen suspekt, zum Entspannen zogen sie sich in abgedunkelte Restaurants oder übermäßig laute Spielhöllen zurück. Es war, als liefe ich nicht durch ein Land, sondern durch eine gigantische Open-Air-Firma und begegnete ausschließlich Managern und Angestellten. Das war einfach, bequem und verlässlich. Oft aber vermisste ich unterwegs die knisternde Unberechenbarkeit, die laute Direktheit und die eindeutige Lebensfreude, die ich vor allem in Südamerika so oft erlebt hatte.

Trotzdem: Vieles, was mir zunächst seltsam anmutete, war bei näherer Betrachtung gut gelöst und brachte unbestreitbar angenehme Folgen mit sich. Die spartanischen Räume, in denen ich übernachtete, waren weder kahl noch leer. Sie gaben lediglich der Vorstellungskraft Raum und waren daher individueller und erfüllter als ihre hergerichteten und zugestellten Pendants in Europa. Der permanente Druck, alles neu und anders zu machen, und das *kanzai*, das Prinzip der ständigen inneren Reinigung, mochten lediglich dazu dienen, noch besser zu funktionieren; sie hatten kein Infragestellen von Werten, kein Hinterfragen von Gegebenem zum Ziel. Trotzdem sorgten sie nicht selten dafür, dass sich Knoten lösten und neue Perspektiven ergaben – sie schafften Möglichkeiten, die vorher nicht erkannt worden waren. Und die grellbunte Oberflächlichkeit wies in Wahrheit dezent darauf hin, wie wichtig das war, was unerreichbar dahinter verborgen lag. Es war wie bei den japanischen Süßigkeiten: Wie oft musste ich mich durch drei oder vier ineinander verschachtelte Verpackungen kämpfen, ehe ich einen Keks essen durfte! Nach jeder Lage aber, die ich öffnete, erschien mir der auf diese Weise umhüllte und geschützte Inhalt exklusiver. Wie profan ist eine Tafel Schokolade gegen ein solches Keks-Juwel!

Was aber ist mit dem Duckmäusertum, der geheuchelten Höflichkeit, was ist mit den lieb gewonnenen Vorurteilen gegenüber Nippons Bevölkerung? Wie überall basiert solches Verhalten auf Prämissen, die sich im Laufe der Zeit etabliert und verändert haben. In Deutschland geht man davon aus, dass die Welt, zumindest aber die Geschäftswelt, böse ist. Zurückhaltung wird als Schwäche ausgelegt, der mit dem größten Schnabel macht Karriere. Mehr noch: Wer nach oben will, muss sich auf Kosten von anderen durchsetzen. In der Schule bringt man uns bei, unsere Meinung zu behaupten, im Beruf gilt es, sich gut zu verkaufen. Wir sind Heraklits beste Schüler; wir leben gemäß seines Diktums, dass der tägliche Krieg der »Vater aller Dinge« sei. Aus dem alltäglichen Wettstreit, so meinen wir, entstünden die besten Ideen, und unser ständiges Herumnörgeln und Nicht-genug-Kriegen treibe den Fortschritt voran.

Darin steckt mehr Wahres, als viele von uns sich selbst zugestehen wollen. Natürlich ist es sinnvoll, eine Mauer um seine Gefühle zu errichten wie Pink, der Held in Pink Floyds Monumentalepos »The Wall«. Es ist gut, auf die Unbill des Lebens vorbereitet zu werden und nicht blauäugig in die Fänge anderer zu laufen. Trotzdem aber verspüren viele, wenn sie in stillen Momenten in sich hineinschauen, bei alldem ein Unbehagen. Vielleicht mehr noch: einen Verlust. Der Zwang, gegen unsere Vorlieben und unser Gewissen zu handeln, engt uns ein. So wie wir geworden sind, wollten wir ursprünglich doch gar nicht sein! Gerne wären wir außergewöhnlicher und strahlender, gerne täten wir aktiv Gutes, statt so offensichtlich unserem eigenen Nutzen hinterherzulaufen.

Was die Erbauer und Bewahrer unserer Gewohnheiten jedoch nicht bedacht haben, ist, dass selbst unsere Prämissen Veränderungen unterworfen sind. Unser Glaubenssystem – und um nichts anders handelt es sich – kann unterwandert werden. Viele Menschen reisen heutzutage, nicht wenige verlassen dabei die ausgetretenen Touristenpfade. Das ist gefährlich für die Verteidiger des Status quo. Vielleicht gibt es bald Menschen, die die etablierten Rahmen erweitern, vielleicht gar sprengen. Unter Umständen fügen sie den ach so selbstverständlichen Gewohnheiten ein paar neue hinzu – japanisch inspirierte zum Beispiel.

In Japan gibt es keine Wörter für »Meinungsstreit«, »Überredungskunst«, »durchsetzungsstark« und »harter Hund«. Hier ist »Gutmensch« keine Beleidigung und »Versteher« kein Synonym für einen minderbemittelten Naivling. Offenheit ist in Japan keine Tugend; man erachtet sie als vulgär. Hier gilt es, mit Geduld und Taktik sein Ziel zu erreichen, ohne den anderen zu verletzen. Das kann mühsam sein und langwierig. Steht beispielsweise ein Unwohlsein im Raum, winden sich die Gesprächspartner nicht selten über Stunden hinweg um ein Problem herum. Sie nähern sich dem Kern einer Sache langsam und vorsichtig, bis sie wissen, woran sie sind. Das erfordert Feingefühl und Empathie; man muss die Bedürfnisse des anderen nicht nur erkennen, sondern auch berücksichtigen, ohne dabei sein eigenes Ziel aus den Augen zu verlieren. Schweigen bedeutet in solchen Momenten beinahe nie Zustimmung; es verdeutlicht eher einen zeitlichen Aufschub, während dem man sich eine neue Taktik zurechtlegen kann.

Generell ist man in Japan sehr offen für sensible Gruppendynamiken. Man hält sich zurück, um die Harmonie nicht zu stören; man hat das Gesamtbild im Auge. Einfühlungsvermögen wird dabei nicht nur goutiert, sondern vorausgesetzt. Das klappt prima, solange sich alle daran halten, bringt aber immense Probleme mit sich, sobald ein durch die Erziehung und Gewohnheiten sensibler und gesamtnutzenorientierter Mensch auf die Ellenbogen eines Eigennutzoptimierers stößt. Genau daher rührt wohl auch ein Gutteil der Scheu und der Unsicherheit vieler Japaner gegenüber »Ausländern«: Wer nicht gewöhnt ist, sich durchzusetzen, offen kritisiert zu werden und keine Lust am produktiven Wettstreit der Meinungen empfindet, der fühlt sich rasch zurückgestoßen. Er wähnt sich ungerechtfertigt behandelt und »kleiner« als die anderen.

Beide Prämissen, die deutsche und die japanische, sind in akuter Lebensgefahr, und das ist gut so. In Zeiten der Globalisierung müssen wir lernen, miteinander zu leben. Gewohnheiten werden sich mischen, Grundannahmen infrage gestellt, wir werden uns ändern – und das alles zusammengenommen sorgt dafür, dass wir in einer ungemein spannenden Zeit leben.

Für mich jedenfalls stand nach meinen ersten Pilgertagen fest: Eben da das Land so anders war, eben da vieles hier befremdlich auf mich wirkte, war Japan genau das, was ich brauchte. Mit meinem überschäumenden Temperament und meinem ungebremsten Bewegungsdrang, mit denen ich so viele Leute um mich herum nerve, auf der ständigen Suche nach dem Besonderen, dem Erhebenden und Einzigartigen, kurz: mit meinem naiven Spieltrieb und meiner standhaften Weigerung, ein »rationaler Erwachsener« zu werden, fühle ich mich in vielen Mittelmeerländern, in Südamerika und in weiten Teilen Afrikas sofort heimisch. Doch sollen uns Reisen eine Heimat aufzeigen? Sollen sie bestätigen, was wir ohnehin ahnen? Nein. Es steckt weitaus mehr in ihnen, mehr Kraft und wunderschönes Chaos, mehr Veränderungspotenzial, als wir uns träumen lassen. Eine Reise kann neue Aspekte in uns aufdecken; sie kann den Ausschnitt dessen erweitern, was wir von uns selbst wahrnehmen. Dafür müssen wir nur die Komfortzone verlassen und unsere liebgewonnenen Ansichten ganz bewusst in Lebensgefahr bringen.

Auch in Japan gibt es Temperament und Lebendigkeit. Das Temperament aber wird kanalisiert, die Lebendigkeit kontrolliert und die Energie auf ein Ziel hin gelenkt. Dingen und Personen wird Ehrerbietung erwiesen; man räumt ihnen Zeit ein. Mir dies ein Stück weit anzueignen, würde mich voranbringen. Inmitten von Gewohnheiten, die mir fremd sind, lerne ich mehr als dort, wo ich mich heimisch fühle, eben weil ich ein Fremder bleibe und daher meine eigenen Prämissen ständig hinterfragen und relativieren muss. Am meisten lernen kann man von denen, die anders sind als man selbst – auch wenn sie dies nur scheinbar sind. Meine vier Wochen in Japan könnten einer echten, umwälzenden Reise eher entsprechen als meine vier Monate in Südamerika.

Ich wollte es herausfinden. Ich würde mich einlassen auf dieses Land, auf seine offensichtlichen Widersprüche und seine verborgenen Geheimnisse, auf seine offenkundigen Probleme und seine spürbare Stärke. Verstehen würde ich Japan nicht, das war mir klar. Unterwegs aber, so hoffte ich, würden immer mal wieder Aspekte aufblitzen, die mir einen Blick auf das Land ermöglichen sollten, wie es wirklich war. Ich freute mich darauf, eben weil ich nicht wusste, was da auf mich zukam.

Der Pilgerweg hatte vielversprechend begonnen. *Hatchijuhatchi*, »88«: Was im Japanischen wie ein Niesanfall klingt, hatte mich bereits zu Beginn mehrfach überrascht. Während es auf dem Jakobsweg vielerorts zum guten Ton gehört, zu sagen, dass man nicht aus religiösen Gründen unterwegs sei, sondern primär »Spaß haben« und dabei »sich selbst finden« wolle, pilgert man auf Shikoku tatsächlich um des Pilgerns willen. Keine spektakuläre Halbwüste wie die spanische Meseta, keine flirrende Stadt wie Pamplona und keine aufgeplusterten Rekordjäger lenkten einen von dem ab, das zu tun man hierher gekommen war. Stille, Einkehr und Meditation fanden mitten auf den japanischen Straßen und in den begrenzt spektakulären Tempeloasen statt. Hier gab es wenig Sensationen und kaum Anlass für persönliche Bestleistungen. Wenn der Jakobsweg einer ausgefeilten Komposition gleichkommt, mindestens von Hans Zimmer kreiert, ist der Weg der 88 Tempel auf Shikoku demgegenüber ein monotoner Singsang. Und doch wird man umso tiefer hineingezogen in diesen Rhythmus der Schritte auf Asphalt, dem wiederkehrenden Takt aus Gehen, Tempel, Gehen, Tempel.

Der Jakobsweg versucht uns zu beeindrucken. Er setzt sich in Szene und wirft mit Reizen um sich, die uns staunen lassen. Der Shikoku-Pilgerweg hat nichts von alldem. Er posiert nicht und geizt enorm mit effekthascherischen Höhepunkten. Trotzdem – vielleicht auch: eben darum – wird man so rasch süchtig danach. Das gleichförmige Lied entpuppt sich als Sirenengesang; man will immer mehr davon. Morgens bei Sonnenaufgang bricht man dann auf, und abends will man noch ein wenig länger draußen sein, nur ein bisschen noch.

Was ist es, das uns da umgarnt und voranbringt, wenn es weder die Natur noch touristisch ausschlachtbare Höhepunkte sind? Ich glaube, dass es eine Ahnung ist. Dass wir in einem Winkel, der tief in uns steckt, merken, dass unser Körper genau hierfür geschaffen worden ist. Unser Körper ist nicht für das Herumsitzen gemacht. Damit tun wir ihm Gewalt an, und er rächt sich mit Sehnenschmerzen und Bandscheibenvorfällen. Er ist für die Bewegung optimiert und dazu da, uns voranzubringen. Dadurch, dass man pilgert, statt zu wandern, stellt man dem Geist konkrete Ziele vor Augen. Auf dem Weg dorthin aber öffnet man ihm einen Freiraum, weil alle Dinge jenseits des aktuellen Zieles in den Hintergrund verschoben sind. Pilgern entspricht damit dem, was uns ausmacht, stärker als alles andere. Das spüren wir unterwegs mehr, als dass wir es begreifen würden. Wir fühlen uns einfach auf eine unerklärliche Weise besonders gut. *Ki ni iru*, sagen die Japaner, »das gibt mir ein gutes *ki*«. Damit meinen sie, dass alles im Lot ist, dass man bei sich ist und merkt, dass es da eigentlich, alles in allem, ganz gut zugeht.

Jetzt, kurz vor der Provinz Kōchi, ging es meinem *ki* richtig gut. Ich war endlich angekommen auf dem Weg. Meine Gedanken waren hier und damit genau da, wo sie hingehörten.

Ganbatte kudasai, rief mir ein Pilger zu, als ich die Provinz Tokushima verließ. »Gib dein Bestes!«, hieß das wohl – oder, je nach Auslegung, auch »Halte durch!« oder »Auf geht's!« oder etwas ganz anderes.

Es war gut, hier zu sein – hier, hinter meinen Vorurteilen und auf dem Weg zu neuen Erfahrungen, die in den drei weiteren Provinzen auf mich warteten.

»The more I see, the less I know, the more I like to let it go«, wussten bereits die Red Hot Chilli Peppers, sonst eher nicht für ihre philosophischen Höhenflüge bekannt. In ihrem Song »Snow« fuhren sie denn auch folgerichtig fort: »Heeeyooo! He-eh-eh-eh-yooo …«

Das fasste es doch ganz gut zusammen.

Pilgerstempel
Tempel 2

仕付け

DISZIPLIN

Wie ich die hohe Kunst des zustimmenden Brummens lernte, warum ich zweieinhalb Stunden wortlos neben zwei Pilgerinnen herlief, und was die Kröten von Kyoto und Osaka damit zu tun haben

Provinz Kōchi, Tempel 24-39

I go forwards, you go backwards, and somewhere we will meet.

Radiohead, »Electioneering«

Morgens Christ und abends Buddhist

Auf winzigen, mit Glitzersternen bestäubten Sandalen trippelte die Braut durch den Garten des 31. Tempels. Die goldenen Fäden ihres kimonoähnlichen Kleides formten Blumen und Inschriften. Sie fingen das Sonnenlicht auf und warfen es in alle Ecken des parkähnlichen Areals. Der Ort war wie geschaffen für ein Hochzeitspaar: Hoch oberhalb der Provinzhauptstadt Kōchi lehnt sich zwischen dem Botanischen Garten und dem Wasser der »Urado Bay« ein besonders vorzeigbarer Tempel an die Spitze eines Hügels. Eine steile Treppe führt hinauf zum höchsten Punkt, von wo aus sich der Blick hinunter auf die Bucht und die dahinter liegende Stadt weitet. Etwas weiter unten schließt sich ein Garten an, der den Besucher an lustwandelnde Geistesgrößen aus vergangenen Jahrhunderten denken lässt. An einem solchen Ort Mönch zu sein dürfte die Trübsal des damit verbundenen Zölibats etwas mildern.

Das Gesicht der Frau war übertrieben weiß geschminkt, als hätte man es mit Chlor gebleicht. Der Mann neben ihr trug spitz zulaufende Schuhe, die ihm einige Nummern zu klein waren. Sein weites hellgelbes Gewand blähte sich bei jeder Drehung seines Körpers wie ein Segel im aufkommenden Wind. Sichtlich bemüht versuchte das Pärchen, dem Anlass gerecht zu werden und gemessen durch den Garten des Tempels zu schreiten. Ihr Schuhwerk gestattete ihnen indessen lediglich Trappelschritte. Dadurch wirkte die ganze Szene, als hätten sich zwei Pinguine verirrt und seien statt auf einer antarktischen Scholle auf Shikoku gelandet.

Bei aller bis kurz vor die Lächerlichkeit gesteigerter Exotik kam mir an dem Pärchen etwas bekannt vor. Ich hatte das Gefühl, diese beiden schon einmal gesehen zu haben. Wie konnte das sein?

Das Paar vollführte jetzt die mir inzwischen vertrauten Rituale. Der Bräutigam schlug die Glocke, dann rezitierten er und seine Anvertraute das Herz-Sutra. Beide verbeugten sich wieder und wieder, als hinge ihr Leben davon ab. Nach der Zeremonie blieb die Braut stehen und sah sich um. Ein Grüppchen hatte sich ihr gegenüber formiert und fotografierte die Vermählten unnachgiebig. Ein älterer Mann, vermutlich der Vater des Mädchens, nickte wohlwollend. Die Braut blickte indessen ernst umher. Unsicher fuhr sie sich mehrmals mit der rechten Hand durch die Haare, die sich an ihren Rücken schmiegten wie eine zweite Haut. Erst als sie mich sah, entspannte sich die junge Frau. Sie lächelte verschmitzt, wie nur jemand lächelt, der um ein Geheimnis weiß. Sofort darauf drehte sie sich wieder zu dem Grüppchen hin und fiel so gekonnt zurück in ihre Rolle der spirituell kurz vor der Erleuchtung stehenden Braut zurück, dass niemand, nicht einmal ihre Mutter oder ihr Vater – ihr Ehemann natürlich schon gar nicht – bemerkt hatte, dass sie mich tatsächlich gegrüßt hatte: mich, den herbeigeschneiten Alien, den Außenseiter, den Freak aus Europa!

Auch ich lächelte jetzt. Im selben Moment, in dem sich die Braut entspannt hatte, war mir eingefallen, wo ich sie und den Bräutigam schon einmal gesehen hatte. Es war kurz hinter *Dainichiji* gewesen, Tempel Nummer 28, auch dieser in privilegierter Lage oberhalb des Sträßchens von Kōnan nach Kami und direkt neben dem Tierpark von Kōchi.

Bis dahin hatte der Weg lange Zeit am Meeresrand entlanggeführt, ohne dass ein Tempel die Zeit portioniert hätte. Spätestens hier draußen, fernab von Tokushima und Kōchi, musste man seinen Rhythmus gefunden haben. Tatsächlich war ich ganz bei mir; abseits städtischer Zerstreuungen horchte ich in mich hinein. Dann führte unvermittelt dieses steile Sträßchen rechts hinauf. Ich ging die Westflanke eines bewaldeten Hügels entlang, bis ich zu einer unscheinbaren Treppe gelangte. An deren Ende erhob sich der gesuchte Tempel: der erste seit knapp 80 Kilometern. Als ich, um einen Stempel reicher, weiterzog, wähnte ich mich am Gipfel meiner spirituellen Vollkommenheit, nur noch ein paar Schritte von der Erleuchtung entfernt. Aufmunternd lächelte die Morgensonne mir zu – so kam es mir zumindest vor.

Und dann das: Rechterhand des Sträßchens drehte plötzlich jemand Musik auf. Und was für welche! Mausgleich piepsten Sängerinnen gegen wuchtige Bässe an, unterstützt von Synthesizern, die gefällige Melodien ausspuckten und alles um sie herum in Watte verpackten. Das zugehörige Schlagzeug wollte offensichtlich die Vögel im Umkreis von mehreren Kilometern vom Himmel holen. All das passte kein bisschen zusammen. Die Lautsprecher knirschten, die

Gäste johlten, Gläser wurden emporgestreckt – und mittendrin in diesem ganzen Chaos drehte sich eine Braut ausgelassen auf ihren Absätzen um die eigene Achse. Sie war es, die ganz bei sich war, nicht ich! Ihre Hände schrieben Achten in die Luft, ihr Lächeln umarmte die Welt, und ihre Augen, zu Schlitzen verengt, sandten Einladungen aus. Auch der Bräutigam tanzte elegant – zumindest verglichen mit meiner Kunstfertigkeit auf diesem Gebiet. Neben den fließenden und doch taktgenauen Bewegungen seiner Zukünftigen sah er dennoch aus, aus stapfte er mit schweren Stiefeln durch ein Moor.

Braut und Bräutigam waren abendländisch gekleidet. Die Frau hatte ein cremeweißes Kleid mit Schleppe an, ihr Mann eine Art Frack, wie ihn Pianisten im vorigen Jahrhundert getragen haben mögen. Das war vermutlich ironisch gemeint. Vielleicht war auch die gesamte Zeremonie ironisch gemeint, so schrill übertrieben die beiden die christliche Symbolik. Als folgten sie Bildern, die sie im Fernsehen gesehen hatten, hoben sie in der Pause zwischen zwei Liedern die Augen zum Himmel. Dann warfen alle Anwesenden Blumen auf das Paar, fünf Fotografen sprangen herbei und drückten auf die Auslöser, dass man Angst um die Kameras bekam. Ein Pfarrer war wohl auch dabei; zumindest sprang von Zeit zu Zeit ein Mann herbei und schwenkte ein silbernes Kreuz. So ging es eine Weile, bis eine kleine unscheinbare Frau zum Mikrofon griff und mit einer Stimme, die zwei Oktaven über dem Erträglichen lag, Anfeuerungen auf die Menge regnen ließ. Gekreische, Gejohle und wildes Klatschen waren die Folge, ehe das nächste »Lied« loswummerte und alle erneut zu tanzen begannen.

Ich weiß nicht, wie lange ich dieser ungewohnten Mischung aus Gottesdienst und Rockkonzert zusah. Es muss eine ganze Weile gewesen sein. Vielleicht stand mir das Staunen ins Gesicht geschrieben, vielleicht hatte ich für eine gewisse Zeit vergessen, den Mund zu schließen. Irgendwann drehte sich die Braut jedenfalls um und lächelte mir zu. »So läuft das hier eben«, schien sie sagen zu wollen. Ich merkte, wie mir das Blut ins Gesicht schoss. Meine Erstarrung löste sich; automatisch verbeugte ich mich, was in diesem Land bei den meisten Gelegenheiten angebracht ist, dann zog ich los, durch das Städtchen Kami hindurch und weiter, den *Kokubu River* entlang westwärts, bis ich nahe bei Kōchi den Botanischen Garten *Makino* erreichte. Kurz darauf betrat ich *Chikurinji*, den 31. Tempel.

Vieles hatte ich dort erwartet. Dass ich auf skurrile Typen treffen könnte, war mir klar. Dass jedoch das Brautpaar von heute Morgen samt der Gästeschar, neu eingekleidet und scheinbar innerlich verwandelt, mit übertrieben anmutender Ernsthaftigkeit buddhistische Heilsrituale vollführen würde, das versetzte mich zum zweiten Mal am heutigen Tag in heftiges Erstaunen. Das erste Mal hatte mich die Ausgelassenheit des Brautpaars angesichts eines christlichen Sakraments überrascht, jetzt war es die Selbstverständlichkeit, mit der die beiden anscheinend zum Buddhismus konvertiert waren.

War es das Spiel mit den Rollen, das sie antrieb? Verkleideten sie sich einfach gern und eiferten sie möglichst detailgetreu den Bildern nach, die sie von Comics und Internetvideos her kannten? Was war echt an ihrem Gebaren, was nur nachgemacht? Waren sie am Ende Schauspieler, suchten sie nach dem geeigneten Ort für einen Film über Religionen? Nein, dazu waren sie zu ernsthaft bei der Sache, sahen sich zu lange gegenseitig in die Augen, und auch die Geschenke, die ich heute Vormittag auf einem Gartentisch hatte liegen sehen, waren echt gewesen.

Benutzte das Brautpaar christliche Symbole und buddhistische Tempel als Kulisse? Waren vielleicht die Eltern der Braut Buddhisten und die des Bräutigams Christen und wollte man es allen recht machen? Ging es also nur um die Show, war es so einfach?

Immer schon hatte ich mich gefragt, ob Schauspieler, von denen man erwartete, dass sie voll und ganz in ihren Rollen aufgehen, über einen besonders starken Kern verfügen, der unwandelbar ihnen gehört, oder im Gegenteil einen besonders biegsamen Charakter aufweisen. Sollte ich mal einen von ihnen treffen, werde ich ihn fragen. Vermutlich wird er mir sinngemäß antworten, dass er es sich leisten kann, weite Teile seines Charakters an die Umstände anzupassen, eben da er weiß, dass es auf der anderen Seite Dinge gibt, die unumstößlich sein Eigen sind. Wie aber entschied er, welche Eigenschaft wohin gehört?

Und mit welchem Recht maßte ich mir an, die Ernsthaftigkeit des Brautpaars anzuzweifeln? In seinem Bestseller »Life of Pi«, zu

Deutsch mit »Schiffbruch mit Tiger« leider unzureichend übersetzt, entwirft Yann Martel seinen Protagonisten Pi Patel als gläubigen Hindu, Christ und Moslem. Tatsächlich ergänzen sich die drei Religionen auf erstaunliche Weise; die eine gleicht die Schwächen der anderen aus. In Yann Martels Roman wäre alles gut gegangen, wenn nicht drei »Offizielle« aus dem Klerus – ein Hindu-Priester, ein Pfarrer und ein Imam – dahintergekommen wären, dass ihr Schützling nicht nur ihnen gehörte. Die kleine Geschichte, mit der Martel die abenteuerliche Überfahrt seines Helden einläutet, verdeutlicht, was Religion vermag – den Menschen erhöhen, ihm Möglichkeiten aufzeigen und Hoffnung geben –, wenn man sie nicht durch kleingeistige Enge kaputtmacht. Vielleicht sieht Gott ja wirklich unseren krampfhaften Versuchen zu, Religionen aufzubauen und andere zu zerstören, und fragt sich, wie lange es noch dauern mag, bis wir kapieren, dass die Form, in der wir zu ihm beten, weniger bedeutet als der Inhalt.

War das Brautpaar nur bequem, pickten sich die beiden aus den spirituellen Angeboten die Rosinen heraus, die ihnen gerade in den Kram passten? Oder meinten sie es vielmehr beide Male ernst, legten sie mehr Wert auf das Verbindende statt das Trennende ihrer Religionen, gingen sie in den Spuren von Pi Patel? Dann wären sie dem überwiegenden Rest der Menschheit ein gutes Stück voraus.

Ein letztes Mal nickte ich der Braut zu, anerkennender jetzt als zuvor, und ein letztes Mal grüßte sie wortlos zurück. Wieder war es eine Geste, die bereits im nächsten Augenblick auch keine Geste hätte gewesen sein können, sondern höchstens ein kurzes Aufblicken, ein Heben der Augenbrauen, eine minimale Drehung des Kopfes in meine Richtung. Dann stieg ich forschen Schrittes die Tempeltreppe hinab, eilte den Hügel abwärts, gelangte über die *Aoyagibashi*-Brücke in die Provinzhauptstadt und stand kurz darauf am Bahnhof von Kōchi.

So ist es, unser Leben. Buddhist oder Christ, Buddhist und Christ. Pilger und Autor und Gast und Tourist: alles Etiketten, die man sich anheftet oder die, wenn man das nicht tut, andere einem aufkleben. Von Zeit zu Zeit aber tut es gut, ein paar von ihnen herunterzukratzen, neue zu finden und auf den Wunden anzubringen. Sich locker zu machen und neue Horizonte zu suchen – da hatte das multireligiöse Brautpaar von Kōchi alles richtig gemacht. Vielleicht können wir nicht immer bestimmen, wo wir gerade stehen, dachte ich, als ich den Bahnhof von Kōchi erreicht hatte. Mittlerweile war es spät am Abend. Aber wir können immer entscheiden, welchen Zug wir von dort aus nehmen: einen, der uns weiterbringt, einen, der uns zurückfährt oder einen, der stehen bleibt.

»Hic Kōchi«, dachte ich, »hic salta«.

Verblendete Kröten und eine überdimensionierte Brücke

»Hier ist Kōchi, hier springe«: Ursprünglich bezog sich diese Aufforderung nicht auf Shikoku (und auf einen schwitzenden Pilger), sondern auf Rhodos. Äsop fordert in seinem Stück »Der Fünfkämpfer als Prahlhans« einen Athleten, der mit seinen auf Rhodos erbrachten Leistungen angibt, auf, hier und jetzt zu beweisen, was er kann. »Hic Rhodus, hic salta« – so übersetzt zumindest Erasmus von Rotterdam die berühmte Aufforderung in seiner »Adagia«.

In Kōchi, auf Shikoku, in Japan würde ich springen müssen: Ich würde Gewohnheiten hinterfragen und Denkschemata erweitern. Ich würde es anders machen müssen als die Kröten von Osaka und Kyoto.

Die Kröten? Oh ja. Jeder Japaner kennt diese Geschichte. Man erzählt sie sich so:

Dereinst wohnte in Osaka eine Kröte, die reich und gelehrt war. Als sie von den Kyotoer Kunstschätzen hörte, bekam sie Lust, diese zu sehen und machte sich auf den Weg. Sie wanderte bis zum Berg Tenno, der sich auf halbem Weg zwischen Kyoto und Osaka erhebt. Dort machte sie Rast. Es dauerte nicht lange, ehe eine weitere Kröte erschien. Sie war den langen Weg von Kyoto hierhergekommen und wollte weiter nach Osaka. Die beiden klagten einander ihr Leid: So weit waren sie gegangen, so hoch gestiegen, und hatten doch erst die Hälfte ihrer Reise hinter sich.

»Lass uns Rücken an Rücken stehen«, schlug die Kröte aus Osaka schließlich vor, »so können wir uns aneinander aufrichten und von hier oben aus den Ort sehen, zu dem wir wollen«. Gesagt, getan: Sie richteten sich Rücken an Rücken auf; die Kröte

aus Osaka drehte den Kopf gen Kyoto, die aus Kyoto hingegen gen Osaka. Da nun aber Kröten ihre Augen hoch oben auf dem Kopf tragen, sahen sie, als sie sich emporrichteten, in Wahrheit rückwärts. Die Kröte aus Osaka blickte also nicht auf Kyoto, sondern auf ihre eigene Stadt hinab, und die Kröte aus Kyoto erblickte ebenfalls nichts anderes als ihren Ausgangspunkt.

»Seltsam«, meinte die Kröte aus Osaka schließlich, »alle Welt sagte mir, dass Kyoto wie eine Blume leuchte, dabei sieht sie kaum anders aus als Osaka«.

»Und Osaka, die berühmte Stadt der Künste«, erwiderte die andere, »gleicht Kyoto wie ein Ei dem anderen«.

Enttäuscht ließen sich die Kröten zurück auf alle Viere fallen. »Wenn das so ist, kehre ich um und gehe in meine Heimatstadt zurück«, sagte die eine.

»Dort unten ist nichts zu holen«, befand die andere, »da bleibe ich doch lieber bei dem, was ich kenne.«

Und beide gingen den langen Weg zurück, den sie gekommen waren.

Ähnlich wie jenen Kröten ergeht es uns nur allzu oft. Wer seine Augen nicht richtig benutzt, fällt oft ein falsches Urteil – eines, das dazu führt, dass er nicht weiterkommt, sondern zurückfällt: dorthin, von wo er gekommen ist.

Die Geschichte der beiden verblendeten Kröten – in Deutschland wäre das fatale gegenseitige Emporziehen vielleicht dem Aufschlagen der BILD-Zeitung, dem Einschalten von RTL oder dem Streifzug durch Facebook & Co. vergleichbar – las ich in einer zerfledderten englischsprachigen Märchensammlung, die jemand im Raucherzimmer des Business Hotel hinterlassen hatte. Es war das letzte Zimmer, das ich zu jener späten Stunde in Kōchi noch hatte auftreiben können. Vielleicht wäre ich besser beraten gewesen, die buddhistisch-christliche Braut um eine Unterkunft zu bitten, doch dafür war es jetzt zu spät.

Kaum angekommen, riss ich das Hotelfenster auf, trotzdem brannte mir der Gestank der Zigaretten, die in diesem Raum seit Jahrzehnten angezündet, geraucht und ausgedrückt worden waren, in

Hals und Augen. Direkt unterhalb meines Fensters ratterte alle zwanzig Minuten ein Zug in den Bahnhof hinein oder von dort hinaus. Das Zimmer war günstig, sehr günstig. Jetzt wusste ich, warum. Es wurde eine unruhige Nacht.

Am nächsten Morgen stand ich kurz nach der Sonne auf und begab mich schnurstracks zum Bahnhof, wo ich – »*sensei, sumimasen*«! (»Entschuldigung, dass Sie hier einkaufen müssen, Meister!«) – im »7-eleven« drei Sushi-Röllchen erwarb, außerdem ein mit Creme gefülltes Törtchen, eine Packung Kekse, einen kalten und einen sehr heißen Kaffee und anderthalb Liter Wasser. Ich verzehrte alles an Ort und Stelle. Dann zog ich los, zurück zu Tempel 31.

Dieses Mal kletterte ich nicht die Treppe zum Heiligtum hinauf, sondern glitt die Südseite des Hügels herab und folgte dann dem *Shimoda River* in östlicher Richtung. Dass mich die Sonne dabei blendete, hatte sein Gutes, denn Kōchi bestach das Auge nicht durch übermäßige Schönheit. Im Gegenteil: Die einzige größere Stadt im Süden von Shikoku war gekennzeichnet durch geordnete, rechtwinklige, überall ähnlich aussehende Straßenzüge. Grau war sie, arbeitsam mutete sie an, und bieder.

Das Seltsamste – und das traf ebenso auf die beiden anderen Ballungsgebiete der Insel zu, auf Tokushima und Matsuyama – war, dass Kōchi eine Stadt am Meer war, der man diesen Umstand nicht ansah. Sogar als ich nach dem 32. Tempel eine geschlagene Stunde lang direkt am Ufer des Ozeans entlangging, fehlte vollkommen das Gefühl, am Meer zu sein. Wo waren die gefälligen Buchten, die bevölkerten Strände, wo die dem Wasser freudig zugewandten Häuser? Es gab sie nicht. Keine Uferpromenaden säumten das Wasser, nirgendwo wurden sonnenhungrige Badenixen von Krimskrams-Verkäufern charmant belästigt. Nicht einmal Hotelkomplexe gab es, weder hässliche noch avangardistische; es gab keine Bars und keine Wohnmobile. Alles, was ich sah, war die zweckmäßige Straße unter mir, vor mir, hinter mir – ein Streifen Asphalt, der zufällig dem Meer am nächsten lag.

Ich meine: dem Meer! Das war doch etwas, das zu erfahren man in Deutschland willig lange Staus und unverschämte Preise in Kauf nahm. Hier hingegen folgte auf die Straße lediglich schwarzer Beton, hie und da auch eine alte Fabrikhalle, ein Container, ein paar verrostete Rohre; dann kam das Wasser. Wussten die Bewohner von Kōchi nicht, was für ein Privileg es war, am Meeresrand zu wohnen, eben da sie das Wasser permanent vor Augen hatten? Galt es ihnen nur als Brutstätte möglicher *tsunamis*? War es für sie nichts weiter als eine Art Rohstoff, den man ausbeuten und leerfischen konnte?

Erst auf einer sich südwärts anschließenden Brücke mit vier Spuren für Autofahrer und einem Witz von Gehsteig für Fußgänger, die verrückt genug waren, hier, fast 50 Meter oberhalb der Wasseroberfläche, entlangzugehen, konnte ich einen Blick auf das mich umgebende Wasser werfen.

Rechts hinter mir hatte sich das Meer ins Land hineingefressen. Wie ein Keil war es in die Insel gefahren. Links vor mir lag endlich ein Strand, *katsurahama*, beliebt bei mondsüchtigen Liebespaaren und berühmt für die in der Nähe stattfindenden Hundekämpfe.

Der weitere Pilgerweg wand sich durch ein Hafengelände. Rechterhand reihten sich Fabrikanlagen aneinander. Ölverschmierte Arbeiter und Netze flickende Fischer sahen mir hinterher. Das Meer lag, hinter Mauern gesperrt, von Werften verdeckt, ganz in der Nähe auf der Lauer. Tatsächlich folgte der Weg dem Saum des Ozeans bis in die Details hinein. Ich bog nach rechts und nach links ab und hatte mehrmals das Gefühl, im Kreis gelaufen zu sein. Bei alldem konnte ich das angrenzende Wasser jedoch die meiste Zeit lediglich erahnen. Steinig und uneben war der Boden; Zigarettenstummel und Fischreste, Papierschnipsel und von Schuhsohlen gefallener Schmutz lagen auf dem Asphalt. Ich hatte das Gefühl, durch eine überdimensionierte Fabrikhalle zu gehen.

Endlich gelangte ich zu einem Fluss. Der Weg wurde zielstrebiger; er folgte dem Wasser westwärts zum Tempel *Sekkeiji*, einer Zen-Oase inmitten der monströsen, sich von allen Seiten andrückenden Industriehässlichkeit.

Vermutlich ging es hier um das Jahr 800, als Kūkai der Legende zufolge den Tempel gegründet hatte, durchaus beschaulich zu. Vielleicht hatte das Gebäude damals inmitten von Wäldern und Wiesen gelegen. Im Lauf der Jahrzehnte und Jahrhunderte aber war eine gigantische, durch nichts und niemanden aufzuhaltende Maschinerie drumherum gewachsen. Sie hatte das Land in ihren Besitz genommen. Unablässig produzierte sie seither Dinge, um den Hunger von immer mehr Menschen zu befriedigen. Alle wollten Fisch essen und Limonade trinken, sie wollten Lichter anschalten, Klimaanlagen nutzen, Fernsehen schauen, Autos fahren und Onlinespiele spielen.

In Japan, wo der Bevölkerungsdruck an den Küsten hoch und die Auswirkungen der Umweltverschmutzung unmittelbar spürbar sind, arbeitet man immerhin seit einigen Jahren daran, die Kurve zu kriegen. »Grüne Energie« lautet ein Zauberwort der japanischen Industrie. Man spricht von Hybridautos, organischen Verpackungen und recyclebaren Häusern. Wie so oft setzt man auch dabei auf technische Lösungen und hofft auf deren rasche Umsetzung.

Hierher, südlich von Kōchi, waren die Segnungen eines solchen ökologischen Fortschritts indessen noch nicht vorgedrungen.

Ich musste mir eingestehen, dass ich hier, in Kōchi, doch ein wenig von meiner Motivation zurückließ. Zeitweilig fühlte ich mich schon wie Haruurara, das wohl bekannteste Pferd Japans. Über einhundert Rennen hatte diese Stute hintereinander verloren. Als sie 2003 jedoch zum Schlachter gebracht werden sollte, sorgte die Anteilnahme vieler Japaner dafür, dass Haruurara stattdessen ein Medienstar wurde. Man hatte eben den Eindruck, dass die Stute bei den Rennen immer ihr Bestes gegeben hatte. Deshalb gibt es bis heute T-Shirts mit ihrem Abbild und dem Text »Never give up«. Glücksbringer, die ein Haar aus Haruuraras Schweif enthalten, erzielen horrende Preise.

Aufgefangen von zwei Sekundenzeigern

Erst als ich Kōchi hinter mir gelassen hatte, wirklich und vollständig hinter mir, weitete sich die Landschaft allmählich. Erste Wiesen stießen von rechts und links an den Weg. Reisfelder und Gemüsegärten, zwischen Feldwegen ausgespannt, dehnten sich aus. Beleidigt zogen sich die Häuser zurück. Ich schritt aus und achtete nicht darauf, dass meine Füße bei jeder Bewegung in den Schuhen quietschten wie junge Ferkel. Einmal mehr watete ich durch Pfützen, denn es hatte erneut zu regnen begonnen. Hartnäckig seilten sich Wassertropfen von den grauschwarzen Wolken ab. Die Temperaturen fielen in den einstelligen Bereich. Vor mir, hinter mir und unter mir tanzten Wassertropfen eine fetzige Polka auf dem Asphalt. Und ich versuchte, den Takt zu halten, vorwärts zu gehen im Rhythmus der Elemente.

Selbst die Fliegen waren vom Wetterwechsel überrascht worden. Ich sah sie zu Dutzenden in den Pfützen umhertreiben, eine makabere Brailleschrift, die immer neue Buchstaben formte. Als ich die Stadt durchstreift hatte, war es noch sonnig gewesen. Jetzt aber war das Wasser da: Beidseitig des Weges bildete es Rinnsale, es schmatze und gluckste bei jedem meiner Schritte.

Mit Umschwüngen dieser Art musste ich rechnen; immerhin befand ich mich auf einer gebirgigen Insel, die umflossen wurde von einem launenhaften Ozean. Erfreut merkte ich, dass ich den erneuten Gefühlsausbruch des Wetters – die weinenden Wolken, den wütenden Wind, die Wucht wogender Wasserwirbel – weitgehend zur Kenntnis nahm, ohne allzu viel Energie darauf zu verschwenden, mich darüber aufzuregen. Ich war nun einmal hier, ich wollte diesen Weg zu Ende gehen, bis zu seinem Anfang wollte ich gelangen; was kümmerten mich die Umstände, unter denen dies geschah? Vielleicht – aber das wurde mir erst am Tag darauf klar – war ich hier, kurz hinter Kōchi, doch ein Stück weit angekommen in Japan: einem Land, das wie kaum ein anderes vom Wasser geprägt ist.

Japan, das ist in erster Linie eine kühne Behauptung: jene nämlich, dass man sechseinhalbtausend Inseln zu einer Kultur zusammenfassen kann. In Wahrheit aber regiert hier einzig und allein der Ozean. Von seinem Wohlwollen hängt es ab, ob die Inselbewohner genug zu essen haben, ob die Felder an ihren Küsten Gewinne einbringen oder im Handumdrehen vernichtet werden, ob die Sonne scheint oder ob irgendwo ein Gewitter niedergeht, dass man meinen könnte, das Meer sei von den Wolken aufgesaugt worden und strebe nunmehr mit aller Macht zur Erde zurück.

Japan ist in jeder Hinsicht nah am Wasser gebaut. Seine Bewohner sind Wasserwesen: schwer greifbar, verschwommen agierend, lavierend, immer hin und her neigend und bei alldem rätselhaft schön. Für Außenstehende wie mich, ja vielleicht selbst für ihre Landsleute, sind sie kaum je dingfest zu machen. Ständig ändern sie die Form ihrer Meinungen, passen ihr Gebaren den Umständen an.

Eben darum benötigen die Japaner vielleicht so viele Regeln: Wie Wasser sollen sie in Formen gehalten werden. Die ständige Überfütterung mit erwünschten Verhaltensweisen, der absurde Druck von klein auf, die permanente soziale Kontrolle über Anerkennung und Scham: Was ist das anderes als der Versuch, zu verhindern, dass zugedachte Formen gesprengt werden? Ist es vielleicht gerade andersherum, als es uns permanent, mal unter- und mal überschwellig, von den außerjapanischen Nachrichten eingetrichtert wird? Hat man auf jener Inselgruppe nicht vielmehr so viele Regeln ersonnen, weil man den Bewohnern zutraut, sich ansonsten gänzlich anarchisch zu verhalten, während man anderswo – beispielsweise in Süditalien – weniger Vorgaben braucht, da sich die Leute ohnehin an die Gegebenheiten anpassen, selbst wenn sie so tun, als seien sie spontane Lebemänner und unberechenbare Liebhaberinnen? Stimmt die Sache mit den vielen Regeln hier und den wenigen Regeln dort überhaupt, oder ersetzt man mancherorts die fehlenden staatlichen Vorgaben einfach durch sozial erwünschte oder geächtete Verhaltensweisen?

Ich wusste es nicht. Eines aber wurde mir auf dem Weg von Kōchi nach Matsuyama klar: »Panta rhei«, Heraklits Diktum »Alles fließt«, traf auf Japan in besonderer Weise zu. Um mich herum zerflossen Formen. Ungewohnte Geräusche robbten heran und verebbten wieder: Eine Harke fuhr in den Boden, eine Holzbrücke ächzte, als ich über sie hinwegschritt, große reiherähnliche Vögel erhoben sich vom Weg und glitten hinab in die Reisfelder. Ich war umgeben von Chimären, Illusionen und Trugbildern. Ein vermeintliches Verkehrsschild entpuppte sich als durchweichte Pappe, ein Kilometer konnte fünf Minuten dauern oder eine halbe Stunde. Was unmittelbar in meiner Nähe zu sein schien – ein Stück Treibholz beispielsweise, ein Fahrradfahrer vor mir oder der Beginn eines überschaubaren Waldstücks –, konnte schon hinter der nächsten Kurve so weit weg sein, als habe es in meiner Nähe niemals auch nur existiert.

Alles um mich herum floss ineinander. Von Zeit zu Zeit flatterten farbige Stoffe, deren Symbolik ich nicht verstand, an Fahnenmasten im Wind. Aus Schaufenstern winkten sinnfrei Katzen aus Plastik. Daneben saßen dickbäuchige Götterfiguren, vor denen man sich, das hatte man mir versichert, in Acht nehmen musste.

Und dann der Weg, unter und vor und hinter mir. Er war überall; er kam von überall her und führte überall hin. Pausenlos verlangte er, dass ich ihm huldigte mit Hunderten, Tausenden, Millionen Schritten. Das war die Währung, auf die wir uns geeinigt hatten, und er nahm sie gierig entgegen. Noch war ich solvent, noch konnte ich meine Schritte nach Herzenslust verprassen.

Wie aber sollte ich diesen Reigen fremder Eindrücke aushalten können, die ineinander übergingen, Koalitionen eingingen und sich wieder voneinander lösten? Ich meine: als Deutscher, der daran gewöhnt ist, dass alles eckig und kantig ist, in Schubladen verpackt und bis ins Detail hinein geregelt? Auf dem Pilgerweg hingegen konnte ich die Fusionen, die die Dinge eingingen, nicht einmal ahnen. Und doch waren sie da, nur um im nächsten Augenblick erneut die Form zu ändern oder ganz aus meinem Blickfeld zu verschwinden. Wie steckte man das weg, den ständigen Wechsel von Feldern und Wäldern, die endlose Kette der Städte, die Bäume und Zäune, die man erst im letzten Moment wahrnahm, kurz: das Ineinanderfließen der Räume, als schäume das ganze durchweichte Land sich zu immer neuen Formen auf? Bewegte ich mich überhaupt noch vorwärts, war ich noch auf dem Weg – oder floss die Landschaft um mich herum?

Es wurde Zeit, dass sich etwas änderte. Und das tat es, auf denkbar schöne Weise. Es begann damit, dass ich durch den Vorhang der herabfallenden Regentropfen hindurch zwei weißgraue Pilgerhüte wahrnahm, die weit vor mir auf und ab wippten. Noch waren sie kaum mehr als eine weitere Fata Morgana im Regendunst, doch mit jedem Schritt, den ich vorwärtsging, traten sie deutlicher in Erscheinung. Noch ehe ich mir dessen ganz bewusst war, ahnte ich bereits, dass es sich bei den Personen, die sich unter den Hüten befanden, um zwei Pilgerinnen handelte. Das lag weniger an ihrer Gestalt, die in der Mitte etwas breiter und nach oben hin ein wenig schmaler war als jene ihrer männlichen Pendants. Nein, es war mehr als das, und es konnte gar nicht anders sein: Zu elegant und fließend waren die Bewegungen der Pilgerinnen, zu gut kannten sie ihren Körper. Im Gegensatz zu vielen Männern, die wie ein Klotz herumstehen oder sich mit eckigen Bewegungen bemerkbar machen, haftete ihnen etwas Leichtes an. Fast, so schien es, schwebten sie grazil wenige Millimeter oberhalb des

Bodens dahin. Es gelang ihnen wie vielen Frauen und nur wenigen Männern, eine Ahnung zur Gewissheit zu formen: Sie gehörten hierher. In genau diesem Moment war es die natürlichste Sache der Welt, dass sie hier waren. Hier und nirgendwo anders waren sie zuhause. Kein Mann kann diese Selbstverständlichkeit des eigenen Daseins so gekonnt zum Ausdruck bringen. Meist stehen Männer wie ich ja in der Gegend herum, als seien wir irgendwo abgestellt worden. Wir wissen nicht, wie wir unsere Körper einsetzen können, wir kennen sie nicht gut genug. Wir können uns nicht ausdrücken durch Gesten und Bewegungen, durch Stimmlagenwechsel und Kleider – oder bestenfalls können wir herumstammeln, wo Frauen mit und durch ihre Körper Gedichte rezitieren. So flattern unsere Blicke umher, wenn eine Frau in unsere Nähe kommt, unsere Hände suchen nach Hosentaschen, und die Unsichersten von uns versuchen, sich möglichst groß und stark zu geben.

Wie dem auch sei. Jedenfalls war mir rasch klar, dass ich zwei Pilgerinnen vor mir hatte. Das war gut, weil es einem Mann, der allein in einem fremden Land herumstreift, grundsätzlich gut tut, auf zwei junge Frauen zu treffen. Außerdem, das sollte ich bald erfahren, konnten mir meine neuen Bekannten einige Aspekte Japans aufzeigen, von denen ich bis dahin nichts gewusst hatte.

Es begann damit, dass die beiden Grazien mit der Bestimmtheit eines Sekundenzeigers vorwärtsgingen. Als würden sie angeschoben von einem Takt, den nur sie beide vernahmen, setzen sie ein Bein vor das andere. Im Gleichschritt zur Erlösung: Keine der beiden sprach ein Wort. Sie nahmen keine Notiz von mir. Wenn die eine sich ein Stück weit von der anderen entfernte, machte die andere jeweils einen für sich genommen kaum spürbar größeren Schritt und war nach einer Minute wie durch Zauberhand wieder gleichauf mit ihrer Nachbarin. Niemals verlangsamten die beiden Pilgerinnen zwischen zwei Tempeln ihren Schritt, niemals legten sie auch nur für einen Moment eine andere Haltung an den Tag als dieses aufrechte, disziplinierte und stolz anmutende Vorwärtsschreiten. Hätte ich den Frevel begangen, ihnen eine Pause vorzuschlagen, wäre ich nicht überrascht gewesen, wenn sie mich, ohne ihre Schritte zu verlangsamen, gemeuchelt und in den nächsten Graben geworfen hätten. Nichts und niemand durfte diese beiden aus dem Takt bringen. Das »klack, klack« ihrer Wanderstöcke war so unbestechlich wie der Rhythmus eines Trommlers auf den Sklavenschiffen der Antike. Das beeindruckte mich; aber machte es auch Spaß? Ging so Pilgern auf Japanisch?

Oh ja, es bereitete mir bald Freude, so geplant und verengt voranzukommen – das merkte ich, als ich mich dem Takt der beiden anschloss und ebenso gezielt und wortkarg Schritt vor Schritt setzte. Zuerst kam ich mir seltsam dabei vor, als sei ich soeben einer ungewöhnlichen Pilgerarmee beigetreten und müsste ab sofort darauf achten, nur ja nicht aus dem Gleichklang der Schritte und der Haltungen auszuscheren. Mit der Zeit aber merkte ich, dass ich gar nicht gefesselt wurde, sondern dass mir die periodische Wiederkehr meiner Schritte und der der Pilgerinnen in Wahrheit neue Räume eröffnete. Konnte ich doch erst jetzt, da ich nicht mehr darauf achten musste, was meine Beine taten, meine Gedanken von der Leine lassen.

Sie dankten es mir! Übermütig wie junge Hunde sprangen sie über die Wiese rechts des Weges, von der jetzt, da der Regen aufgehört hatte, nach Heu duftender Dampf aufstieg. Sie blickten durch die Fenster ins Restaurant, an dem wir drei vorbeistapften wie Metalltiere an den Schießständen der Rummelmärkte. An den Gerüchen, die aus dem Inneren des Gebäudes quollen, weideten sie sich, ohne meinem Körper auch nur den Hauch einer Drehung in die Richtung der dortigen Köstlichkeiten zu gönnen. *Udon*, malten sie sich aus, dickbäuchige Nudeln, die zwischen den Stäbchen zu halten eine Kunst ist, *tempura*, frittiertes Gemüse auf Reis, garniert mit knusprigen Algenblättern. Schon war ich vorbei, und meine Gedanken hechteten mir hinterher, überholten mich flugs, schnupperten am kühlen Wind in meinem Gesicht, der die letzten perlenden Regentropfen abtrocknete. Sie lauschten dem Quietschen des Hutes, das unweigerlich ertönte, sobald ich meinen Kopf drehte, dem Schmatzen des regennassen Hemdes bei jeder Armbewegung und den doppelten Seufzern meiner Schuhe, wenn ich sie auf den Asphalt setzte und kurz darauf wieder anhob.

Ja, die zweieinhalb Stunden, die ich mit zwei namenlos und stumm gebliebenen Pilgerinnen verbrachte, wurden die bislang glücklichsten des Pilgerweges. Was ich erlebte, war Meditation, eine Art Schweben, vermutlich ein medizinisch signifikanter Zustand nahe an allem, was manisch ist oder narzisstisch oder schizophren, jedenfalls sehr angenehm. Eine Welle der Glückseligkeit schob mich vorbei an triefend nassen Obsthainen, schlanken, biegsamen Bambusbäumen und adretten Häusern, vor denen kleine schicke Menschen mit runden Gesichtern standen und lächelten, als seien sie und nicht ich gerade glücklich bis kurz vor dem Überschnappen.

Was von außen betrachtet wie eine perfide Selbstgeißelung anmutete, entpuppte sich als innerliche Befreiung – und am Ende merkte ich kaum, dass unsere Dreiergruppe vierzehn Kilometer zurückgelegt hatte. Unser Abschied geschah nahezu ebenso formlos und rätselhaft wie unser Kennenlernen, das streng genommen keines gewesen war. Als wir den 36. Tempel erreichten, nickten mir die beiden Pilgerinnen langsam, wie in Zeitlupe zu – verschwörerisch, so schien es mir, als sei auch ihnen bewusst, dass sie mich vor kurzem in ein Geheimnis eingeweiht hatten. Vielleicht waren sie aber auch nur froh, den seltsamen Kauz, der sich da so beharrlich an ihre Fersen geheftet hatte, endlich loszuwerden. Kurz darauf verloren wir uns im Treiben des Tempels aus den Augen.

Dass Disziplin Spaß macht, ja, dass sie nicht etwa das Gegenteil von Freiheit ist, sondern eine ihrer Bedingungen, war eine sehr japanische Erkenntnis. Warum? Weil die Japaner, die ich bisher kennenlernen durfte, Anhänger des Machbaren waren, Freaks des Konkreten.

Das war natürlich ziemlich uncool. Die »Abschaffung der Armut« zu fordern oder ganz generell für »ein bisschen Frieden« zu sein, macht deutlich mehr her. Es setzt aber eine »Hoppla-hier-komm-ich«-Einstellung voraus, die nicht zu der mitfühlenden Zurücknahme eigener Bedürfnisse passt, die auf Shikoku noch immer weit verbreitet ist. Und schon gar nicht zu diesem Wegabschnitt, der mit die längsten Strecken zwischen den einzelnen Tempeln vorsieht. Hier, im zweiten Abschnitt, dem Bereich der Disziplin, merkt man, dass die Rituale in den Tempeln – eben nur Rituale sind. Sie teilen den Weg in sinnvolle Abschnitte ein. Das Erhabene aber erhebt sich manchmal gerade dazwischen – zum Beispiel, wenn man auf zwei sehr japanische Pilgerinnen stößt.

Ohne etwas zu sagen, ja: ohne ihre Gewohnheiten der Tatsache anzupassen, dass ich zu ihnen gestoßen war, hatten mir die Pilgerinnen eine neue Perspektive eröffnet. Sie hatten eine Wandlung angestoßen, und das war eine gute Sache. Schon jetzt, zwei Wochen nach meinem Aufbruch von Tokushima, sah ich viele Dinge anders als zuvor. Genau das erhoffte ich mir von diesem Weg. Dass er stark genug dafür war, wusste ich inzwischen – ich hatte es unterwegs mehrfach erfahren. Einige Male schon hatte mich dieser Pilgerpfad in den ersten Wochen zu überraschen vermocht. Er war ein Katalysator für Veränderungen, ein Augenöffner, der vehement forderte, sich grundlegend zu wandeln.

»Wir können die Türen nur öffnen, hindurchgehen müssen die Leute selber«, soll Jim Morrison dereinst gesagt haben, zumindest wenn man Val Kilmer im etwas überkandidelten Film »The Doors« glaubt.

Vielleicht ist das so – und vielleicht erfüllt der Pilgerweg von Shikoku damit letzten Endes eine ähnliche Funktion wie der visionäre Handleser, der einen habgierigen Alten in einem japanischen Märchen foppte, um ihn am Ende auf einen neuen und besseren Weg zu führen.

Der habgierige Alte und sein Fächer

Einst lebte im Süden Japans ein berühmter Handleser. Seine Vorhersagen trafen stets ein, sein Haus war ständig voller Kunden. Von weither reisten die Menschen an, um sich ihre Zukunft vorhersagen zu lassen. Das wurmte den Geldverleiher des Dorfes, der neidisch auf alles Glück war, das nicht ihm, sondern einem anderen beschieden war. Der Geldverleiher war berüchtigt dafür, einem armen Teufel, der nicht bezahlen konnte, noch die letzte Decke vom Leib zu reißen. Wer sich aus Not in seine Klauen begab, musste das irgendwann bitter bereuen.

Dieser Geldverleiher ging nun hinüber zum Handleser. Er wollte den berühmten Wahrsager einer Lüge überführen und hoffte, ihn so vor allen Leuten lächerlich zu machen. Im Haus des Handlesers angekommen, legte er einen Fächer auf den Tisch.

»Mein Herr«, sagte er und bemühte sich, seine Stimme möglichst arglos klingen zu lassen, »dieser Fächer begleitet mich schon ein Leben lang. Ich möchte wissen, wie lange er noch durchhält,

ehe er zerbricht.« Der Wahrsager holte eine Lupe hervor und besah sich das gute Stück von allen Seiten. Dann richtete er das Glas auf das Gesicht seines Besuchers – und fuhr zurück. Eine so böswillige Fratze hatte er noch nie gesehen. Er überlegte lange, ehe er antwortete: »Es ist so: Dieser Fächer hält bis zum ersten Tag des zweiten Monats im kommenden Jahr. An genau jenem Tag wird er zerbrechen.«

»Was du nicht sagst!«, herrschte ihn der Gelverleiher an. Er lächelte siegessicher. »Dann sage mir jetzt noch, wie lange ich zu leben habe.«

Nachdenklich fuhr der Wahrsager die Handlinien seines Besuchers nach. »Es ist so«, sagte er dann, »Sie leben bis zum dritten Tag des dritten Monats im kommenden Jahr – und keinen Tag länger.«

Hastig verabschiedete sich der Habgierige von dem Handleser. Na, warte nur, dachte er bei sich, wenn mit meinem Fächer am ersten Tag des zweiten Monats im kommenden Jahr alles in Ordnung sein wird – und was soll schon passieren –, dann soll das ganze Dorf erfahren, dass du nichts als ein Scharlatan bist.

Zuhause wickelte der Geldverleiher seinen Fächer sorgfältig in ein samtenes Tuch und verschloss ihn in einer Truhe, die er im hintersten Winkel seines Zimmers aufbewahrte. Er war sich seiner Sache nun sicher. Mittags, wenn er zum Essen nach Hause kam, zog er sich kurz in sein Zimmer zurück und schaute nach dem Fächer. Er freute sich, ihn sicher verstaut in der Truhe vorzufinden. Täglich vollführte er von nun an dieses Ritual, und jedes Mal, wenn er nachschaute, lag das für ihn so wertvoll gewordene Stück wohlbehalten in der Truhe.

Dann kam der erste Tag im zweiten Monat des folgenden Jahres. Frühmorgens verließ der Alte das Haus, um seinen Geschäften nachzugehen. Doch schon nach zwei Stunden nagte der Zweifel an ihm. War der Fächer auch wirklich sicher verstaut? Der Geldverleiher begab sich alsbald zurück in sein Zimmer, schlug das samtene Tuch zurück – und atmete erleichtert auf: Der Fächer war noch immer unversehrt. Forschen Schrittes ging der Alte erneut aus dem Haus – nur um eine Stunde später mit bleichem Gesicht zurückzukommen und erneut nach dem Fächer zu sehen. Wieder war alles in Ordnung. Das nächste Mal kam er bereits nach einer halben Stunde zurück. Der Fächer lag unangetastet in der Truhe.

Die Frau des Geizhalses aber stellte sich Fragen. Ihr Mann legte an diesem Tag ein seltsames Gebaren an den Tag. Was trieb ihn nur um? Als er das nächste Mal in seinem Zimmer verschwand, beobachtete sie ihren Gatten durchs Schlüsselloch. Sie sah, wie ihr Mann ein Bündel aus der Truhe nahm, das samtene Tuch auseinanderschlug und den Inhalt sehr genau beobachtete. Er drückte ihn sogar an sich. Leider konnte seine Ehefrau nicht erkennen, um was es sich handelte. Schon hatte ihr Mann das Ding in seiner Hand wieder verpackt und zurück in die Truhe gelegt. Als er das Haus wieder verlassen hatte, schlich sich seine Ehefrau in das Zimmer.

»Mein Mann hat doch etwas zu verbergen«, mutmaßte sie. »Ich will wissen, was dort in der Truhe ist.« Sie nahm das Päckchen heraus, schlug das samtene Tuch zurück – und blickte herab auf einen kunstvoll gestalteten Fächer mit dem Bildnis eines wunderschönen Mädchens.

»Das gibt's doch nicht!«, rief sie entrüstet. »Hat sich der alte Narr also wirklich in ein Mädchen verliebt und ist jetzt so liebestoll, dass er nicht einmal mehr richtig arbeiten kann! Immer muss er das Bild anschauen von dieser … dieser … pah!«

Wütend warf die Frau den Fächer zu Boden, trat darauf, bis er zerbrach und warf die Teile anschließend ins Kaminfeuer. Kurz darauf kam ihr Mann nach Hause. Er stürzte sofort in sein Zimmer. Dort hörte ihn seine Frau aufheulen. »Er ist fort!«, schrie ihr Mann, »der Fächer ist fort!«

»Allerdings«, sagte seine Frau scharf. »Dein Fächer fehlt dir also? Ich habe ihn zerbrochen und ins Feuer geworfen. Andauernd hast du das Bild von dem jungen Ding darauf angeglotzt. Sogar arbeiten wolltest du nicht mehr. Schämst du dich gar nicht, du Lustmolch?«

»Aber darum geht es doch gar nicht!«, rief der Geldverleiher verzweifelt. »Der Handleser hatte mir geweissagt, dass mein

Fächer genau am heutigen Tage zerbrechen werde. Jetzt ist er tatsächlich kaputtgegangen. Was soll ich nur tun?«

»Das ist doch kein Grund, so herumzuschreien. Es ist doch nur ein Fächer. Wir können einen neuen kaufen.«

»Nein, nein, du verstehst gar nichts. Nichts verstehst du! Der Handleser hatte auch gesagt, dass ich am dritten Tag des dritten Monats sterben werde. Bis dahin ist es nicht mehr lang, mit mir geht es zu Ende.«

Der Geldverleiher sperrte sich in seinem Zimmer ein. Er warf sich auf den Boden und weinte. Erst am nächsten Vormittag kam er wieder heraus. Er ging erneut seinen Geschäften nach, war aber kaum noch bei der Sache. Wenn ich sowieso bald sterben werde, dachte er, was brauche ich dann noch so viel Geld? Die Leute hassen mich doch, weil ich sie immer so bedränge.

Erst kaum merklich, dann immer stärker änderte sich der habgierige Alte. Seiner Frau kaufte er ein neues Kleid. Er ging zu einem besonders armen Kunden und sagte: »Zahl, sobald du das Geld hast«. Und als ihn eine junge Familie aufsuchte, lieh er ihr ein stattliches Sümmchen, ohne Zinsen dafür zu verlangen. Die Leute im Dorf wunderten sich wohl über die unverhoffte Wandlung des alten Geldverleihers. Sie waren aber dankbar und stellten ihm daher keine Fragen.

Eines Tages fand der verwandelte Geldverleiher in einer öffentlichen Toilette ein Bündel Geldscheine. Der arme Kerl, der so viel Geld verloren hatte, würde bestimmt bald hierher zurückkommen, dachte der Alte. So setzte er sich in den Schatten eines Baumes, der direkt neben dem Toilettenhäuschen wuchs. Er musste nicht lange warten. Ein junger Mann hastete bald in das Häuschen, rumorte darin herum und trat niedergeschlagen wieder heraus. Er trat zum Baum, in dessen Schatten der Geldverleiher saß, nahm ein Seil aus einer Tasche und warf es über einen Ast. Erschrocken sprang der Alte auf.

»Um Himmels willen, was machst du denn da?«, rief er ihm zu.

»Oh, mein Herr«, jammerte der junge Mann, »ich habe ein ganzes Bündel Geldscheine verloren, das meinem Dienstherrn

gehört. Jemand muss es an sich genommen haben. Selbst wenn ich mein Leben lang arbeiten würde, könnte ich eine solche Summe niemals wieder zurückzahlen. Ich bin selbst an allem schuld, am besten beende ich mein Leben hier.«

Er stöhnte laut und bedeckte sein Gesicht mit den Händen. Der Alte aber lächelte verschmitzt. »Mein Freund«, begann er und zog das Geldbündel aus seiner Tasche, »meinst du vielleicht dieses Geld hier?«

Der junge Mann schrie auf. Er bedankte sich wieder und wieder, als ihm der Alte das Geld zurückgab, und eilte unter Verbeugungen davon. An jenem Abend war der alte Mann zum ersten Mal seit langer Zeit wirklich glücklich.

Das aber konnte nicht darüber hinwegtäuschen, dass es auf den Tag zuging, den der Handleser als Todestag des Geldverleihers definiert hatte. Als jener Tag schließlich gekommen war, zog der Alte feine Kleider an. Wenn er heute schon sterben sollte, dann wenigstens mit Würde. Er beschloss, nichts mehr zu essen, zog sich auf sein Zimmer zurück und wartete dort auf den Tod. Am Morgen bekam er Kopfweh und dachte schon, dass sein letztes Stündlein geschlagen habe. Kurz darauf aber waren die Schmerzen verflogen. Nachmittags hörte er vor dem Haus ein lautes Geräusch, das er für eine Explosion hielt. Er hoffte, dass das Warten nun endlich in Ende habe und er von einem fehlgeleiteten Geschoss in die Luft gesprengt werden würde. Bald darauf merkte er, dass lediglich ein Mülleimer umgefallen war. Spät am Abend schließlich fiel die Kerze um – jene, die er angezündet hatte, um die Dramatik dieses Tages zu unterstreichen. So verbrenne ich nun also, dachte der Alte, dann erst merkte er, dass die Flamme erloschen war, noch ehe die Kerze auf dem Boden gelandet war. Er verbrachte eine unruhige Nacht, doch selbst noch am nächsten Morgen war er gesund.

Aufgebracht ging er hinüber zum Handleser. Dieser sah ihn zwar zur Tür hereinkommen; er schien sich aber nicht mehr an ihn zu erinnern.

»Hast du mich etwa vergessen, du blinder Seher?«, herrschte der Alte ihn an. »Die Lebensdauer meines Fächers hattest du mir

präzise vorhergesagt. Was du aber über mich prophezeit hattest, ist blanker Unsinn.«

Da hob der Wahrsager den Kopf und blickte seinem aufgebrachten Gegenüber lange in die Augen. »Jetzt, da du zornig bist, erinnere ich mich an dich. Denn als du letztes Mal zu mir gekommen bist, hast du ausgesehen wie ein Dämon. Dein Herz war eng, in deinen Augen lagen Zwietracht und Neid. Jetzt aber, ja: Jetzt strahlt dein Gesicht Freude und Güte aus. Irgendetwas Bedeutsames muss in der Zwischenzeit passiert sein. Sag mal, du hast doch nicht etwa fremden Leuten Gutes erwiesen?«

Da blickte der alte Geldverleiher beschämt zu Boden. »Mag sein, mag sein«, grummelte er, »trotzdem aber ist deine Prophezeiung nicht eingetreten. Sonst könnte ich heute nämlich gar nicht hier bei dir sein.«

»Ganz im Gegenteil«, lächelte der Handleser, »was es doch ausmacht, sich die eigene Sterblichkeit bewusst zu machen! Du bist zu einem anderen Menschen geworden, ganz wie ich es dir gesagt hatte. Damit hat sich auch dein Schicksal verändert. Geh getrost nach Hause zu deiner Frau. Du wirst 120 Jahre alt werden.«

Es kam, wie der Wahrsager es vorhergesagt hatte: An dem Tag, an dem der Alte zu Hause auf den Tod gewartet hatte, war seine Wandlung zu einem besseren Menschen abgeschlossen. Der Geldverleiher ging nach Hause, schlief sich aus und erreichte tatsächlich das gesegnete Alter von 120 Jahren.

Die erhellenden Antworten von Hayato

»こんにちは«, sagte der Mönch in Tempel 36 und blickte mich erwartungsvoll an. »おいくつですか?«, fragte er mich dann, und genau das verstand ich auch, nämlich: gar nichts. Aufs Geratewohl antwortete ich, dass ich kein Japanisch spreche. Ich sei Deutscher, doitsu. »Tempel« sagte ich, und »88« und »Regen«, und dann »danke, danke«. Mein Gegenüber war verwirrt. Später sollte ich erfahren, dass mich der Mönch lediglich nach meinem Alter gefragt hatte.

Als er die Vergeblichkeit seiner sprachlichen Bemühungen einsah, zeigte der Mönch mit einer beinahe schon weiblich filigranen Hand auf mein Pilgerbuch und machte eine auffordernde Bewegung. Eine Feierlichkeit hatte sich seiner bemächtigt. Ich ließ mich von ihr anstecken und reichte dem Geistlichen das gewünschte Papier mit beiden Händen, wobei ich mich so tief verbeugte, dass sich das Pilgerbuch über meinem Kopf befand. Ehrfurchtsvoll blätterte der Mönch Seite für Seite um, ehe er zu der für seinen Tempel vorgesehenen kam. Er strich das Papier glatt. Dann zog er einen Pinsel durch eine Lache aus Tusche und entwarf mit sicherer Bewegung, gewissermaßen aus dem Handgelenk heraus, eine Kalligrafie, deren Bedeutung ich nicht verstand. Ich sah aber wohl, dass sich jede Kurve und jede Gerade an dem ihr zugedachten Platz befand. Kein Strich geriet dem Mönch zu dünn oder zu dick. Das Ergebnis strahlte eine seltene Harmonie aus. Zum Abschluss blies der Mönch über sein Werk und deutete auf den bereitliegenden Fön, mit dem ich die Tusche trocknen konnte. Schon reichte ihm der nächste Pilger sein Büchlein.

Dieses Ritual hatte ich inzwischen dutzendfach erlebt. Ich hatte eine alte Frau gesehen, deren Finger zu zittern aufgehört hatten, sobald sie den Pinsel ergriffen hatte. Ein blutjunger Mönch, kaum der Pubertät entronnen, hatte sein 30-Sekunden-Kunstwerk gemalt und mir daraufhin drei Schokoriegel zugesteckt. »Für den nächsten Anstieg«, hatte er gemeint und dabei verschmitzt gelächelt. Kurz darauf durfte ich mein Pilgerbuch einem Mädchen überreichen, das ich mir gut in einer Disco oder als Sängerin einer R&B-Band vorstellen konnte. Einige Tempel später hatten zwei ins Gespräch vertiefte Mönche zum Schein darum gestritten, wer von ihnen die Kalligrafie in mein Heftchen zeichnen durfte. In jedem Tempel aber hatten die Nonnen und Mönche alles ruhen lassen, womit sie sich bis dahin beschäftigt hatten, und es geschafft, mir das Gefühl zu geben, dass es jetzt gerade, in diesem einen Moment, das Wichtigste der Welt war, Striche und Punkte und Kurven und Geraden aus Tusche auf ein Blatt Papier zu malen.

Bestand ihr Leben daraus? Aus Kalligrafien und Ritualen, aus ständiger Innenschau und der Ausblendung alles Weltlichen? Waren sie zufrieden damit, oder wagten sie irgendwann einen Ausbruch?

Wurden sie dann Rocksänger oder Motorradfahrer, Politiker oder Weltreisende? Hatten sie denn nie, wirklich nie Lust, mal alles herauszuschreien, was in ihnen toben musste? Sich mal ordentlich volllaufen zu lassen oder einmal, nur einmal, etwas wirklich Unanständiges zu tun? Ich meine, dieses ganze höfliche Dauerlächeln und sanftmütige Zunicken, dieses kontrollierte Sprechen und anmutige Vorwärtsschleichen einfach mal sein zu lassen und herauszufinden, wie sich das anfühlte: das Freche, Verbotene? Aber vielleicht taten sie das alles ja bereits. Vielleicht wussten alle außer mir, dass noch der am seligsten lächelnde, provokativ ruhige Mönch und die zurückhaltendste, scheu nach unten blickende Nonne eine ganz andere Seite hatten. Vielleicht tobten sie sich ja am Wochenende in der Pachinko-Spielhölle aus oder besuchten Techno-Paraden. Wer wusste das schon? Mittlerweile traute ich den Menschen, denen ich begegnete, vor allem den ganz stillen, unscheinbaren, so ziemlich alles zu.

Je tiefer ich in die japanische Kultur einzutauchen meinte, desto weniger verstand ich von ihr. An die Stelle meines mir Halt gebenden Halbwissens – die sind da alle klein, essen rohen Fisch und haben sich immer in der Gewalt – traten Einwände und Widersprüche, die mit jedem Schritt, den ich auf dem Pilgerpfad unternahm, größer statt kleiner wurden. Je länger ich in Japan unterwegs war, desto fremder wurde mir alles. Was war das nur für eine Insel, auf der um Sakralbauten mit so klangvollen Namen wie »Tempel des beleuchteten Seehafens« und »Tempel der zehn Freuden« herum hässliche Fabriken wucherten und himmelhohe Schlote die Luft unablässig mit Rauch verpesteten? Was war das für ein Land, in dem mir ein Pilger ehrfürchtig erklärte, was ich da am Wegrand sehe, sei das aus Stein gemeißelte Ebenbild eines *jurojin*, eines Gottes mit weißem Rauschebart und einer Schriftrolle, auf der die zu erwartenden Lebensjahre jedes Lebeweses notiert seien – und keine zehn Schritte weiter winkte mir eine hohle Plastikkatze aus einem Schaufenster heraus zu? Ich dürfe das nicht so eng sehen, bedeutete mir der Pilger. Man stelle hier eben konkrete Ansprüche an die Gottheiten, es gehe um Glück und Reichtum in diesem Leben. Leiste ein Gott in dieser Hinsicht nicht genügend, so ersetze man ihn flugs durch einen anderen – oder eben durch eine Katze aus Plastik.

Es gebe ja genügend Gottheiten, Halbgötter und Talismane zur Auswahl, meinte er dann. Werdende Mütter wendeten sich gerne *jizo* zu, einem kleinen Gott mit Stock und Juwel. Arme vertrauten eher dem *hotei*, dessen bauchige Tasche niemals leer werde. Vor dem *kappa* müsse man sich hingegen in Acht nehmen. Der sei zwar kaum größer als ein Junge und erinnere mit seinen Schwimmhäuten sehr an einen Frosch. Er sei jedoch bekannt für seine üblen Streiche. Seine Macht beziehe er von einer Vertiefung auf dem Kopf, in der immer Wasser sein müsse. Man könne ihn nur überlisten, indem man sich mit Unschuldsmiene vor ihm verbeuge. Falle der *kappa* darauf herein, so verliere er bei seiner Verbeugung das Wasser und damit seine Macht. Wenn er den Trick hingegen durchschaute, risse er seinem Opfer die Leber durch den Anus aus dem Körper.

Was für ein netter »Streich«! Wer dachte sich nur so etwas aus? Glaubte der Pilger, was er da sagte? Vergeblich suchte ich in seinem Gesicht nach einem Anzeichen von Ironie. Merkte er nicht, wie absurd mir das erscheinen musste?

Vielleicht tat er das. Andererseits dürften Außenstehende wohl auch aufhorchen, wenn ich erzählte, dass man bei uns an einen Gott glaubt, der zuließ, dass man seinen Sohn an ein Kreuz nagelte, und dessen Körper wir jeden Sonntag verspeisen.

Am Abend traf ich den Pilger in einem *ryokan*, einer besseren Herberge, wieder. Ich freute mich, ihn zu sehen. Sprach er doch passabel Englisch und wusste anscheinend allerhand Dinge über Japan, die mir verborgen geblieben waren, obwohl ich inzwischen schon fast drei Wochen auf dem Pilgerweg unterwegs war.

Hayato, sagte der Pilger, und erst als er sich verbeugte, merkte ich, dass er sich gerade vorgestellt hatte. Drei Jahre habe er in San Francisco verbracht, meinte er, dort habe er zunächst für Honda und dann für Lexus Autos an den Mann gebracht. Gerne könne er beim heutigen Abendessen ein wenig für mich übersetzen.

Hayatos Angebot sollte sich als Glücksfall erweisen. Nach drei gründlichen Duschen und einem Bad in brühend heißem Wasser betrat ich Punkt 18 Uhr den größten Raum der Herberge und sah mich 25 älteren Japanern gegenüber, die mir neugierig entgegenblickten.

»Ähm, *konichi-wa*«, bemerkte ich dümmlich. Ich wusste nicht wohin mit meinen Händen. Außerdem war mir unklar, ob ich die Hausschuhe ausziehen sollte oder nicht. Etwa die Hälfte der Anwesenden hatte Schuhe an, die andere aber keine. Zum Glück trat kurz darauf die Herbergsmutter, deren siebzigjähriges Gesicht nicht recht zu ihren Bewegungen einer Fünfunddreißigjährigen passte, auf mich zu. »*Shabu-shabu*«, meinte sie, und noch bevor ich mir ausmalen konnte, ob das vielleicht das japanische Pendant zum Boogi-Woogie war und ein Tänzchen von mir verlangt wurde, deutete sie auf eine silberne Schüssel auf der Mitte des Tisches. Als ich umständlich im Schneidersitz davor Platz genommen hatte, stellte sie einen tiefen Teller vor mich hin. »Greif zu!«, forderte Hayato mich auf, »glaub mir, das wirst du mögen.«

Shabu-shabu bedeutet, zusammengefasst, dass man Fleischstückchen und Gemüse in siedendes Wasser wirft und anschließend versucht, das Gewünschte mit langen, besonders unhandlichen Stäbchen wieder herauszuangeln. Man könnte meinen, dass *shabu-shabu* nur erfunden worden ist, um ausländischen Japanbesuchern möglichst viele Gelegenheiten zu geben, sich so richtig zu blamieren.

Trotzdem schlug ich mich beim heutigen Fondue-Abend »à la japonaise« erfreulich gut. Das behauptete zumindest Hayato, der fleißig zwischen mir und dem Rest der Anwesenden vermittelte. Ich hatte ihn im Verdacht, meine bescheidenen Beiträge kräftig auszuschmücken; vielleicht erfand er gar Dinge hinzu. Die Tischgesellschaft geriet jedenfalls regelmäßig aus dem Häuschen, sobald ich etwas sagte. Innerhalb weniger Minuten waren mein Status und meine Motivation, den Pilgerweg zu gehen, geklärt. Mitgebrachte Postkarten mit Motiven aus München und Stuttgart machten die Runde; man gab sie andächtig seinem Nebenmann weiter.

Nachdem feststand, dass von diesem *gaijin* vorerst keine Gefahr drohte, entspannte sich die Runde. Sake wurde gereicht, Fleisch brachte das siedende Wasser zum Schäumen, Gelächter füllte den Raum. Die Lautstärke schwoll an, als hätte man einen Regler aufgedreht. Ich lehnte mich zurück, machte es mir im Sound dieser Zwitschersprache bequem und warf hie und da etwas, das Hühnchen sein könnte, ins Wasser.

»*Ronpari*«, sagte Hayato dann unvermittelt.

»Bitte was?«

»Na, der Mann, der dir gegenübersitzt. Fällt dir was an ihm auf?«

»Ähm, also er hat recht große Hände, und bislang hat er nur Gemüse und noch kein Fleisch gegessen …«

»Thomas-san, meinen Glückwunsch. Du hast dich schon ganz gut unserer Sitte angepasst, das Offensichtliche nicht zu erwähnen. Hier aber, heute Abend, essen und trinken wir unter Pilgern.«

»Also gut: Ja, der Mann schielt.«

»Eben, er ist ein *ronpari*. Mit einem Auge schaut er nach London, mit dem anderen nach Paris.«

Hayato krümmte sich vor Lachen. Ähnliches hatte ich unterwegs oft erfahren: Hinter dem normierten Auftreten und der zur Schau gestellten Regelhörigkeit steckte nicht selten ein eigenwilliger Geschmack, eine unerwartete Vorliebe oder ein abstruses Hobby. Vermutlich konnten sich die meisten Japaner, denen ich unterwegs begegnete, so uniform geben, eben weil sie tief in ihrem Inneren um ihre Einzigartigkeit wussten. Nahmen sie doch alles – Gegebenheiten und Vorschriften, Musik und Moden – hin, ohne dass es ihr Wesen berührte. Es war wie ein Spiel: Man schlüpfte gerne in unterschiedliche Rollen. Zugleich befanden sich meine Mitpilger damit ganz auf der Linie buddhistischer Achtsamkeit. Sie verhielten sich genau entgegengesetzt zum Ideal der BILD-Zeitung. Während deren Macher die Leser am liebsten entflammten und von einer Empörung zur nächsten jagten, nahmen die Pilger auf Shikoku die Dinge wahr, ohne sie zu bewerten. Sie gaben ihnen keine Chance, dem Kern ihres Wesens nahe zu kommen. Auflehnung und Leidenschaft blieben ihnen fremd. Nur abends, in geselliger Runde, da schienen sie aufzudrehen. Dann konnte ihr zuweilen für mich ungewohnter Humor zur Geltung kommen.

»Gar nicht übel für einen *gaijin*«, kommentierte Hayato meine Essenskünste.

»Danke. Inzwischen habe ich gelernt, dass der *wasabi* auf *sashimi* gehört, und dass man die Misosuppe schlürfen und sich immer wieder Reis nachholen darf.«

»Genau. Noch ein paar Wochen, und man könnte fast mit dir Abendessen gehen.«

»Wochen? Fast?«

»Hm, ja. Die japanische Küche hält noch einige Gaumenfreuden bereit, die auf unsere Gäste erfahrungsgemäß erst einmal seltsam wirken. *Fugu* zum Beispiel, kennst du das? Das ist der hochgiftige Kugelfisch. Er schmeckt am besten, wenn Reste des Nervengifts auf den Lippen kitzeln. Oder *unagi*, das ist Aal in Sojasoße, den wir mit süßem Sake bestreichen und über heißen Kohlen zubereiten. Und hast du mal *natto* probiert?«

»Oh Gott, du meinst diese schleimigen, vergorenen Sojabohnen, die nach salzigem Hustensaft schmecken?«

»Siehst du. Wir lieben das nun einmal. Schon seltsam, dass ihr das nicht mögt, wohingegen eine Mischung aus fermentiertem Reis und essigsaurem Fisch einen globalen Siegeszug angetreten hat.«

»Igitt, was meinst du jetzt schon wieder?«

»Na, Sushi!«

»Ach so, ja, das ist lecker. Reis ist aber auch wirklich eines der urjapanischen Nahrungsmittel, oder? «

»Schon, aber unsere heimische Produktion reicht inzwischen nicht mehr aus, um unseren Bedarf zu decken. Darum importieren wir Reis aus China und mittlerweile sogar aus den Vereinigten Staaten. Eigentlich essen wir viel mehr Nudeln als Reis. In Japan gibt es über 200.000 *Ramen*-Restaurants. Wenn ich es mir recht überlege, essen wir einfach generell viel und gerne.«

»Vor allem diese dicken Nudeln aus Weizen, *udon*, nicht wahr? Die haben es mir angetan. Aber darf ich dich mal was anderes fragen?«

»Pass auf, Thomas-san, treffen wir eine Abmachung. Ihr Ausländer werdet ja immer gleich so stocksteif, wenn ihr in unser Land kommt. Heute Abend aber darfst du mich alles fragen, was dir auf dem Herzen liegt. Einverstanden?«

»Gerne. Also, warum grummelt ihr immer so?«

»Bitte? Was meinst du denn damit?«

»Na, hör doch mal hin. Da ist doch dieses andauernde Gebrumme und Gestöhne, wenn jemand etwas sagt.«

»Ach das. Mir fällt das gar nicht mehr auf. Das ist *aizushi*.«

»Aha. Schon wieder Sushi?«

»Nicht ganz. Man gibt bei *aizushi* zustimmende Geräusche von sich, um dem anderen zu signalisieren, dass man ihm zuhört und gerne hätte, dass er weiterspricht.«

»Will man das denn wirklich?«

»Das spielt keine Rolle. Ein guter Zuhörer lässt nicht erkennen, ob er dem Sprechenden wirklich zustimmt, das nennt sich *honne*, oder ihm nur der Harmonie willen beipflichtet, das heißt dann *tatemae*. Der Sprecher soll nicht erfahren, welche Art der Zustimmung er erfährt.«

»Hayato-san, aber woran merkt ein Sprecher dann, wenn er gerade zu viel spricht?«

»Thomas-san, er bemerkt das an den Gesten und der Mimik der Zuhörer, an der Stimmung im Raum.«

»Wirklich? Ich weiß aber zum Beispiel nicht, ob dir meine Fragerei jetzt gerade total auf die Nerven geht und du vielleicht nur aus Höflichkeit antwortest.«

»Es ist gerade noch auszuhalten. Nein, im Ernst, mir macht das Spaß. Was willst du noch wissen?«

»Also gut, dann eine andere Frage: Was soll die Manie mit den ganzen Automaten?«

»Stimmt, das ist jetzt wirklich japanisch, mehr als die Sache mit dem Reis. In unserem Land stehen nämlich über sechs Millionen Automaten, die Getränke und Instant-Essen auswerfen. Denk dir nur, sogar mitten im Wald und auf dem Gipfel des Fujijama sind welche! Im Sommer werden sie gekühlt und im Winter beheizt. Das entspricht wohl unserem Wunsch, jederzeit und überall an Essen und Trinken zu kommen. Es gibt auch Medikamente, Handyaufladestationen und Regenschirme. Ich finde das übrigens ungemein praktisch. Wie furchtbar, dass es das bei euch nicht gibt!«

»Bei uns würden Kinder und Jugendliche solche Automaten ganz schnell beschmieren oder aufbrechen. Aber sag mal – jetzt, da alle Fragen erlaubt sind: Stimmt es wirklich, dass manche dieser Maschinen getragene Mädchenunterhosen anbieten, gemeinsam mit einem Bild der Trägerin?«

»Ich habe noch keinen solchen Automaten gesehen. Das ist wohl eher eine Erfindung der Medien, die sehr gut zum Bild des dauerverrückten Japaners passt. Allerdings gibt es mancherorts gegen Knopfdruck Sexheftchen zu kaufen. Aber die findet man ja auch bei euch am Kiosk, oder? Manche Automaten sprechen auch mit einem.«

»Wirklich, sie sprechen? Was sagen sie denn?«

»Meistens etwas wie: ›Geht es Ihnen gut? Sie hatten aber einen anstrengenden Tag! … ‹ Solche Dinge eben. Diese Automaten-Abart ist aber vor allem in den Metropolen heimisch. Hier auf Shikoku gibt es eher handfeste Pilgernahrung.«

»Hayato-san, wie passt diese ganze Lebensfreude, auf die ich unterwegs immer wieder stoße, eigentlich dazu, dass Shikoku für den Tod steht?«

»Thomas-san, da scheint mal wieder eine ganze Menge Bedeutung bei der Übersetzung vom Japanischen ins Englische verlorengegangen zu sein. *Shi*, also die Zahl vier, erinnert ausgesprochen an den Tod – das stimmt schon. Und die weiße Farbe der Pilger auch. Bei Begräbnissen tragen wir weiß, darum solltest du einer japanischen Flamme, falls du eine solche haben oder erwerben solltest, möglichst keine weißen Blumen schenken! Merk dir das! Überall auf dem Pilgerweg wirst du auf Grabsteine treffen. Wenn wir aber hier auf Shikoku vom Tod sprechen, dann meinen wir damit meistens etwas ganz anderes, nämlich Transformation, Erlösung, Nirwana. Das ist dann weniger eine Angst als ein Versprechen. Wovor wir Angst haben, das ist, gewissermaßen, nicht zu sterben: uns nicht zu verwandeln, sondern immer aufs Neue im Kreislauf des Lebens gefangen zu sein. Vielleicht kannst du es so interpretieren: Ein echter Pilger, der nicht nur umherwandert, ist eben bereit, jederzeit zu sterben, das heißt: sein altes Ich abzulegen – weil er mit sich im Reinen ist. Ist das nicht nachvollziehbar?«

»Doch, damit kann ich etwas anfangen. Aber warum seid ihr im Alltag dann – bitte entschuldige – so gehemmt und arbeitet euch zu Tode?«

»Aber das stimmt doch gar nicht!«

»So? Wie viele Urlaubstage habt ihr denn im Jahr?«

»Zwischen zehn und 15.«

»Siehst du, da haben wir mehr als doppelt so viele.«

»Das ist aber lediglich eine Seite der Medaille. In Japan wurde nämlich 1948 ein Gesetz erlassen. Es besagt, dass, wenn ein Feiertag auf einen Sonntag fallen sollte, der darauffolgende Montag automatisch ein Feiertag wird.«

»Ah, das ist wirklich praktisch.«

»Nicht wahr? Außerdem sind wir recht kreativ, wenn es darum geht, Anlässe für Feiertage zu erfinden. So gibt es bei uns zum Beispiel den Respekt-für-das-Alter-Tag am 15. September und den Tag der Kultur am 3. November. Auf unser Lebensalter hochgerechnet arbeiten wir ohnehin nicht gar so viel, wie unser Ruf vielleicht vermuten lässt. Wusstest du, dass derzeit etwa ein Sechstel aller über Hundertjährigen der Welt in Japan leben? Das sind über 60.000 Menschen. Diese Leute hatten in ihrem Leben mehr Freizeit als Arbeit.«

»Tja, so gesehen …«

Wieder einmal ging eines meiner Vorurteile über Japan und seine Einwohner über Bord. Ein Blick in die Runde genügte, um zu demonstrieren, was Hayato gesagt hatte. Unser Abendessen erinnerte mich mittlerweile an ein Stammesritual. Ich war umgeben von Sechzig- bis Neunzigjährigen, die nichts, aber auch gar nichts mit ihren resignierten halbtoten Altersgenossen in Deutschland zu tun hatten. Statt in Altersheimen vor sich hin zu vegetieren, saßen sie im Schneider- oder Fersensitz vor ihren Tellern, schmausten und ließen den Reiswein kreisen. Dabei fachsimpelten sie lautstark, verglichen Unterkünfte und tauschten Erlebnisse aus. Jeder von ihnen ging täglich seine 20 bis 30 Kilometer; die meisten hatten den Pilgerweg schon mindestens einmal absolviert. Ihre von Alkohol und dem Dampf der *Shabu-shabu*-Schüsseln geröteten Gesichter strahlten Agilität aus. Wenn sie aufstanden, um sich noch Reis zu holen, taten sie das mit einer fließenden Bewegung und mit einer Geschmeidigkeit, auf die manch jugendlicher Nerd in Europa neidisch sein konnte. Je später der Abend wurde, desto jugendlicher verhielten sich meine Esskameraden. Dennoch würden sie, da war ich mir sicher, morgen eine Stunde vor mir auf dem Weg sein.

Mir gegenüber befand sich eine Frau, die mit Sicherheit 75 Jahre alt war. Beinahe wie ein Kind hatte sie sich mit angewinkelten Knien auf den Boden gesetzt. Unablässig legte sie Gemüse in das brodelnde Wasser unseres gemeinsamen Topfes, dabei lächelte sie mir jedes Mal halb entschuldigend, halb gütig zu.

»Das ist Sachiko«, sagte Hayato, der meinem Blick gefolgt war. »Sie ist zum achten Mal auf dem Pilgerweg. Nicht schlecht, was? Da haben wir noch einiges vor, wenn wir zu ihr aufschließen wollen.«

Die Dame, die da so höflich-nonchalant Gemüse aß und meine Postkartenmotive mit anerkennendem Brummeln kommentiert hatte, diese unscheinbare Frau hatte also bereits über 10.000 Kilometer zu Fuß zurückgelegt. Wie machten die Japaner das nur? Warum alterten sie so gut und blieben dabei erkennbar gesund? Lag es an der allumfassenden Reinlichkeit, dem gesunden Essen oder an der permanenten Mäßigung, der sie sich unterwarfen? War gar die Abwesenheit jedweder öffentlichen Leidenschaft der Grund dafür? Ich wusste es nicht, und heute Abend würde ich es auch nicht mehr herausfinden, denn Hayato hielt mir mit einem Strahlen in den Augen die Flasche hin.

»Von hundert Arzneien ist Sake die beste!«

Dankbar nahm ich an und betrachtete dies als eines jener berüchtigten Zeichen, dass mein Gegenüber jetzt erst einmal nicht mehr mit Fragen gelöchert werden wollte. Ohnehin hatte sich Hayato mir gegenüber bereits sehr unjapanisch weit geöffnet. »Gäste und Reiher sind am schönsten, wenn sie sich erheben«, lautet ein in jeder Hinsicht bemerkenswertes japanisches Sprichwort. Da war es wohl gut, Hayatos Offenheit nicht über Gebühr zu strapazieren.

»*Kanpai*, Hayato-san. Danke für deine erhellenden Antworten.«

»*Kanpai*, Thomas-san. Möge deine weitere Reise gelingen.«

Vielleicht wurde ich allmählich von einem störenden Fremdkörper zu einem schwer verdaulichen Ferment, dachte ich, als ich nach dem Abendessen zu meinem Zimmer hinaufstieg. Nicht wirklich erwünscht, aber zumindest auszuhalten.

Auch die japanische Art der Unterkunft hatte ich mittlerweile zu schätzen gelernt. Was mir zu Beginn noch enttäuschend vorgekommen war – die konsequente Kargheit des Raumes, die durch keinen Schmuck und keine Geräusche zurückgenommene Leere, die harten Reismatten und der spartanische Futon, den ich ausbreiten konnte, wo es mir beliebte –, all das empfand ich inzwischen als willkommenen Kontrapunkt zum geselligen Gelage ein Stockwerk tiefer. Zufrieden schlief ich ein. Und am nächsten Morgen klopfte ich wie selbstverständlich mein rohes Ei in den dampfenden Reis.

Phone calls have never been easier

Lediglich mit dem Zeitplan der Herbergsinhaber hatte ich nach wie vor zu kämpfen. Daran sollte ich mich im Übrigen während meiner gesamten Pilgerreise nicht gewöhnen. Um Viertel nach Fünf in der Früh hatte die Dame des Hauses an meiner Zimmertür gerüttelt. Um halb sieben waren die rüstigen Rentner, mit denen ich tags zuvor noch zu Abend gegessen hatte, längst auf und davon. Hayato hatte sich bereits vor dem Frühstück verabschiedet; für den heutigen Tag hatte er sich eine lange Wegstrecke vorgenommen. Nur ich lungerte noch in der Nähe der Unterkunft herum.

Dem gelungenen Abend musste eine Enttäuschung folgen. Meine gestrige Hochstimmung musste einen kleinen Kater nach sich ziehen. So viel hatte ich mittlerweile vom Prinzip der allumfassenden Harmonie und des steten Ausgleichs der Elemente und Stimmungen verstanden. Diese Aufgabe sollte den japanischen Telefonanlagen zufallen. Seit meinem Aufbruch von Tokushima war es mir nicht vergönnt gewesen, meine Liebsten zu Hause in irgendeiner Weise zu kontaktieren. Bestimmt machten sie sich Sorgen um mich. Dabei sollte es eigentlich im Hochtechnologieland Japan, in dem das Smartphone an den Fingern der Jugendlichen angewachsen zu sein schien, wirklich nicht schwer sein, mal kurz zu Hause anzurufen.

War es aber. Gerade bei Dingen, die anderswo nicht der Rede wert waren, spielte Japan seine Insellage aus und zeigte sich von seiner bockigsten Seite. Hier rächte sich ganz besonders, dass die meisten japanischen Waren mittlerweile für den heimischen Markt produziert wurden. Mit einer ausländischen Karte Geld abheben konnte man beispielsweise nur in Postfilialen und bei speziell ausgezeichneten Automaten. 95 Prozent der bereitstehenden Maschinen nahmen dagegen nur inländische Karten an. Das war nun wirklich auf unangenehme Weise rückständig.

Es gab aber noch eine Steigerung, was den Schwierigkeitsgrad von eigentlich selbstverständlichen Dingen betraf: ins Ausland telefonieren.

Es hatte damit begonnen, dass ich noch in Osaka zwei Telefonkarten erworben hatte. »Making international phone calls has never been easier«: Das klang vielversprechend, erwies sich jedoch bald als leere Satzhülse. In Tokushima und in Kōchi hatte ich die Karten jeweils nacheinander in den Schlitz öffentlicher Telefonanlagen gesteckt. Nichts war geschehen. Zwischen den Tempeln 16 und 17 hatte einer dieser Automaten einen piepsenden Warnton von sich gegeben. Als der eine halbe Minute angehalten hatte, war ich rasch weitergegangen. Das fünfte oder sechste öffentliche Telefon hatte die zweite Karte immerhin als solche erkannt. Rasch hatte ich den auf der Karte angebrachten 16-stelligen Code abgerubbelt und eingegeben. Dreimal hatte es getutet, dann war die Leitung tot gewesen. So klappte das also nicht.

Ich probierte die in jedem Raum bereitstehenden Telefone in den Business Hotels. Doch sobald ich die 0049 für Deutschland eingab, verweigerten die Apparate jede weitere Kooperation. Also suchte ich die besseren Hotels in Bahnhofsnähe auf. Dort, in den Vier-Sterne-Kästen, im Zentrum größerer Städte, musste doch hin und wieder ein Gast aus dem Ausland – dem Ausland! – übernachten. Und manche dieser Gäste wollten doch bestimmt mit Übersee telefonieren. Darauf musste man doch vorbereitet sein, oder?

Man war es nicht. Als ich mein Anliegen vortrug, blickte man mich in den ersten beiden Hotels an, als hätte ich soeben zugegeben, auf den Boden der Hotellobby gepinkelt zu haben. Im dritten schließlich bat ich eine junge Dame, die gelangweilt an der Rezeption stand, darum, mir die Telefonvorwahl für Deutschland zu verraten. Das hätte ich besser nicht getan. Die Angestellte nickte mir zu, als wolle sie mir verdeutlichen, dass jetzt endlich alles in Ordnung käme. Dann zog sie sich zurück und kam eine gute Viertelstunde lang nicht mehr zum Vorschein. Ich hörte sie im Nebenraum, wo sie sich mit zwei weiteren Angestellten beratschlagte. Irgendwann kam sie dann doch zurück, doch nur, um den Hotelinhaber herunterzuklingeln. Kurz darauf trat dieser aus dem Aufzug. Er reichte mir bis knapp unters Kinn, verbeugte sich insgesamt 18 Mal – ich habe mitgezählt – vor mir und zog sich dann mit der Rezeptionistin und den beiden Angestellten zu weiteren Beratungen zurück. Mittlerweile war eine gute halbe Stunde vergangen.

Unruhig wechselte ich in der Hotellobby von einem Bein auf das andere. Ich fühlte mich unwohl und irgendwie schuldig, ein Ausländer zu sein. Offensichtlich hatte ich eine Herkulesarbeit verlangt; vielleicht telefonierte der Chef des Hauses bereits mit dem Auswärtigen Amt oder klingelte sich zum deutschen Botschafter in Japan durch. Unter Umständen musste die Nummer auch noch vom Inlandsgeheimdienst bestätigt werden, bestimmt wollte der dann mithören. Kein Wunder: Da wollte doch tatsächlich jemand telefonisch einen Ort erreichen, der sich außerhalb des japanischen Territoriums befand!

So ähnlich muss es wohl abgelaufen sein, denn nach weiteren zehn Minuten kam das vierköpfige Team zu mir zurück und stellte sich im Halbkreis vor mir auf. Wie einen Jadeschatz reichte mir der Hotelinhaber einen länglichen Zettel. Darauf standen 22 Zahlen. Was zum Teufel war das?

»Die Vorwahl für Deutschland«, sagte der Hotelboss – genau im gleichen Ton, in dem ein Ansager »The President of the United States of America« sagte. Mir blieb der Mund offenstehen.

»Danach wählen Sie bitte die Ortsvorwahl«, sagte der Hotelinhaber derweil ungerührt. »Das funktioniert aber nur von einem öffentlichen Telefon aus. Und nur mit Münzen. Sie können ausschließlich Festnetznummern anrufen. Es könnte zudem etwas teuer werden. Am besten nehmen Sie genügend Geldstücke mit«.

Zwei Tage später begab ich mich mit einem randvollen Geldbeutel in eine Telefonkabine und wählte die längste Zahlenkolonne, die ich jemals in eine Telefonanlage eingetippt habe. Beim ersten Mal geschah schlichtweg nichts. Beim zweiten tutete es dreimal aus dem Apparat, ehe das Schweigen einsetzte. Das kannte ich schon. Beim dritten Versuch aber veränderte sich das Tuten plötzlich; es klang nun wie das weit entfernte Husten eines Tuberkulosekranken. Dann hörte ich unvermittelt über das Grundrauschen hinweg die Stimme meiner Mutter. Zeitgleich verlangte der Apparat, dass ich Geld nachwarf. Ich sagte »hallo« und dass es mir gut gehe, dass ich mich in Kōchi befand, und dass sie bitte meiner Frau mitteilen sollte, dass alles in Ordnung war. Dann waren umgerechnet vierzehn Euro verschwunden.

Nach diesem Erlebnis telefonierte ich seltener. Ich begnügte mich damit, E-Mails zu schreiben. Das war indessen kaum einfacher zu bewerkstelligen: Die Tastatur brachte japanische Schriftzeichen zustande, wunderbar anzuschauen, aber für meine Zwecke kaum zu gebrauchen. Ich musste parallel zu meinem E-Mail-Fenster eine deutsche Website öffnen und von dort einzelne Wörter kopieren, die ich dann in den E-Mail-Editor einfügte. Die auf diese Weise zustande gekommenen Texte klangen hölzern und abgehackt; für acht Zeilen benötigte ich etwa eine halbe Stunde.

Natürlich war auch das ein Zeichen – eine Aufforderung, mich wirklich mit Haut und Haar auf Japan einzulassen und die Brücken nach Europa vorerst einzureißen. Bis zur Landung in München sollte ich jedenfalls keine Gelegenheit mehr bekommen, meine Frau zu sprechen.

Ein Tiger tritt aus der Deckung ...

Dass ich auf dem gesamten Pilgerweg nicht telefonieren und nur mit Mühe E-Mails schreiben durfte, dass sich Japan dermaßen einigelte und seine Dienstleistungen so offensichtlich auf den heimischen Markt ausrichtete, könnte eine Spätfolge der Ereignisse des 8. August 1945 sein. An jenem Tag, keine 48 Stunden nach Abwurf der Atombombe auf Hiroshima, überfiel Russland trotz eines Nichtangriffspakts das geschwächte Kaiserreich. Diesen Schock haben viele Japaner noch Jahrzehnte später nicht überwunden.

Vielleicht muss man das Geschichtsbuch sogar noch ein Stück weiter zurückblättern, um zu verstehen, warum Japan so vorsichtig und distanziert Brücken ins Ausland schlägt. Eine Mitschuld daran mag der amerikanische Flottenkommandeur Matthew Perry tragen. Im Jahr 1853 landete er mit einem Geschwader »schwarzer Schiffe« in der Bucht von Edo und verlangte, dass Japan seine Häfen für den Handel öffnete. 1858 zwangen die USA Japan dann einen äußerst unfairen Handelsvertrag auf. In der Folge zogen westliche »Handelsgesellschaften« große Mengen Gold und andere Rohstoffe aus Japan ab. Erst im Jahr 1911 konnte Nippon die »ungleichen Handelsverträge« abschütteln. Manchem Landesbewohner gelten sie bis heute als Beweis dafür, dass »von außen« nichts Gutes nach Japan kommen kann.

Oder die Neigung, sich von anderen Ländern abzuschotten, entstand bereits im Jahr 1259, als die Mongolen über Japan herfielen. Zumindest versuchten sie es hartnäckig: Zweimal schickten sie eine Flotte gen Nippon, und beide Male wurden ihre Schiffe von einem Taifun zerstört. Die Japaner nannten diese Naturgewalt, die ihre Insel mehrmals vor einer Invasion bewahrte, *kamikaze*, »göttlicher Wind«. Darauf beriefen sich denn auch die japanischen Kriegspiloten im Zweiten Weltkrieg, als sie ihre Flugzeuge auf amerikanische Schiffe herabstürzen ließen, um auf diese Weise einen zerstörerischen »göttlichen Wind« zu verursachen, der die Invasion fremder Mächte hätte aufhalten sollen.

Vor dem Hintergrund dieser kriegerischen Auseinandersetzungen mag Nippons Zurückhaltung gegenüber anderen Ländern nachvollziehbar sein. Und doch ermöglichte eben erst die Abschottung die für das Kaiserreich so unvorteilhaften Handelsverträge: Aufgrund des mangelnden Austauschs entwickelte sich Japan damals entscheidend langsamer als seine Gegner. Letzten Endes wurde das Kaiserreich immer besiegt, da es seinen Feinden technisch unterlegen war – sei es den Kanonen der amerikanischen Kriegsflotte oder den Atombomben der Alliierten im Zweiten Weltkrieg.

In Wahrheit ist – auch wenn einige bornierte Nationalisten dies bis heute bezweifeln – Japan grundsätzlich besser gefahren, als es Handel betrieb und dadurch den technischen Fortschritt entscheidend voranbrachte. Bereits am 23. September 1543 erreichten drei schiffbrüchige portugiesische Kaufleute an Bord eines chinesischen Schiffes die Insel Tanega. Vier Jahre später traf der spanische Jesuit Francisco de Xavier, später als »Franz Xaver« berühmt geworden, im damals noch portugiesischen Malakka einen Japaner aus Satsuma namens Yajirō. Franz Xaver war fasziniert von den Erzählungen Yajirōs. Die Insel Hokkaido hieß zu jener Zeit noch Ezo, was für den Jesuiten beinahe wie »Jesu« klang. Zugleich wertete Franz Xaver die Tatsache, dass Yajirō den christlichen Schöpfergott gleichsetzte mit *Dainichi*, einem Erleuchteten der esoterischen Shingon-Schule, als Beweis, dass in Japan Missionierung offenbar nottat. Im Jahr 1549 erreichte der Jesuit, vom indischen Goa kommend, Kagoshima. Dort wurde er als einer von mehreren »indischen Mönchen« freundlich empfangen; seine Lehre aber fand kaum Anhänger. Nicht anders erging es ihm in Kyoto. Erst als Franz Xaver, dem Ratschlag eines Freundes folgend, sich an die Herrschenden wandte, dabei möglichst ritterlich auftrat und bald auch (Waffen-)Handel betrieb, stellte sich ein begrenzter Erfolg ein: Japan öffnete mehrere Häfen für den Handel mit den Portugiesen; von jedem getätigten Geschäft bekamen die Jesuiten ein Zehntel des Wertes. Einige japanische Fürsten ließen sich taufen oder kollaborierten mit den christlichen Missionaren. Bald bauten die Jesuiten Festungen oberhalb wichtiger Küstenabschnitte; mehrmals standen sie den Japanern bei kriegerischen Auseinandersetzungen zur Seite.

Die Folgen der Öffnung des Landes ließen nicht lange auf sich warten. Der Handel blieb überschaubar, doch er florierte. Japan importierte Seide, Baumwolle und Zucker, verkaufte Silber, Kupfer und Nahrungsmittel. Viele Japaner ließen sich in Südostasien nieder, wo sie *nihonmachi*, »Japan-Städte«, gründeten. Tatsächlich reisten japanische Diplomaten und Staatsbeamte in jener Zeit bis nach Spanien, Italien und Mexiko. Um 1600 tauchten nachweislich japanische Abordnungen in Rom und London auf. In den Niederlanden lebten mehrere Halbjapaner. Der Traum, der Japan einige Jahrhunderte später so viel Leid zutragen sollte, schien sich im frühen 17. Jahrhundert zu erfüllen: Japans Wirtschaft nahm Fahrt auf, und das Land schickte sich an, seine Lieblingsrolle einzunehmen – die der Führungsmacht in Ostasien.

Damit einher ging jedoch eine Entwicklung, die sich einige Jahrhunderte später auf äußerst ungute Weise bis hin zum Zweiten Weltkrieg wiederholen sollte: Japan schottete sich politisch mehr und mehr ab. Die Regierung betonte die Einzigartigkeit alles »Japanischen«. 1637 verbot sie das Christentum. Sie installierte die *daimyo*, lokale Fürsten, die den Willen der Zentralgewalt auch in entfernten Gebieten durchsetzen sollten. Um sich ihrer zu versichern, wurde deren Frauen und Kindern verboten, die damalige Hauptstadt Edo, heute Tokio, zu verlassen. So bleib die Familie als Pfand in der Nähe der Regierung. Später sollte diese Epoche bekannt werden als die »Politik des geschlossenen Landes«.

In den folgenden zwei Jahrhunderten erstarrte die Gesellschaft. Die Zugehörigkeit zu einer bestimmten Schicht war angeboren und bestimmte, ob jemand Bauer, Handwerker oder Samurai wurde. Allen Japanern wurde es bei Todesstrafe verboten, nach Übersee zu reisen oder internationalen Handel zu treiben. Zwei Jahrhunderte lang, von 1650 bis 1858, blieb Japan weitgehend isoliert vom Rest der Welt. Lediglich einigen Chinesen und Niederländern wurde unter strengsten Bedingungen ein Gastrecht eingeräumt.

Zu Beginn führte der damit einhergehende Protektionismus tatsächlich zu einer wirtschaftlichen Blüte. Die Künste eroberten den öfferntlichen Raum. Haiku entstanden, außerdem die filigranen Keramiken und Stoffmuster, die bis heute bewundert werden. Nach und nach aber fiel Japan hinter die sich rasant entwickelnden Westmächte zurück. Während Nippon mit sich selbst beschäftigt war und Blumen auf Stoffe setzte, hatte man anderswo moderne Waffen erfunden. Man hatte Telegrafenmasten aufgestellt und ließ Eisenbahnen zwischen schnell wachsenden Städten fahren.

Der britische Schriftsteller David Mitchell, der zuvor mit dem »Wolkenatlas« die Vorlage zu Tom Tykwers Film-Meisterwerk geliefert hatte, lässt uns in seinem epochalen Roman »Die tausend Herbste des Jacob de Zoet« einen Blick in jene Zeit werfen. Mitchell versetzt seinen Helden ins Jahr 1799. Japan ist seit anderthalb Jahrhunderten nahezu hermetisch abgeschlossen. Kein »Westler« darf ins Land, kein Japaner ausreisen. Nur ein paar niederländische Händler unterhalten eine unscheinbare Festung. Sie befindet sich im Hafen von Nagasaki, auf einer Insel namens Dejima. Hier stößt Mitchell eine Geschichte epischen Ausmaßes an, die an der Oberfläche zwischen Abenteuerroman, historischem Werk und Liebesschnulze changiert, sich in Wahrheit aber vor allem um die Frage dreht, wie man in fremden Gefilden das moralisch Richtige tut. Der Autor selbst, ein schüchterner, stotternder Bücherwurm, folgte in jungen Jahren einer Japanerin und blieb acht Jahre lang in Hiroshima hängen, wo er Englisch unterrichtete. Wie schon beim »Wolkenatlas« erzählt Mitchell auch bei den »Tausend Herbsten des Jacob de Zoet« die Geschichte aus mehreren Perspektiven. Dadurch gerät sie ziemlich in Fahrt; unterschiedliche Blickwinkel und Erfahrungshorizonte werden sichtbar.

Einer der Protagonisten, der Arzt Dr. Marinus, ähnelt einem historischen Vorbild: Engelbert Kaemper aus Lemgo im damaligen

Fürstentum Lippe-Detmold, ebenfalls als Arzt auf Dejima tätig, legte in seinen Schriften das Fundament der heutigen Japan-Folklore. Er idealisierte das Land als Gegenbild zu einem sich in Kriegswirren aufreibenden Europa. Ein kluger Herrscher habe Japan jahrhundertelang abgeschlossen und dadurch eine Friedenszeit ermöglicht, dank der das ganze Land eine »Schule der Höflichkeit« und der Harmonie durchlaufen habe. Für Kaemper wurde Japan zum Vorbild für Europa, wie es beispielsweise Immanuel Kant im Jahr 1795 in seinem Essay »Zum ewigen Frieden« proklamiert hatte.

Die Wahrheit sah anders aus. Als Kaempers Schriften 1811 ins Japanische übersetzt wurden, war das Land von Feinden umzingelt. Die Russen waren unruhige Nachbarn, die Engländer kreuzten vor der Küste Koreas, die Amerikaner lagerten auf Nagasaki. Japans Abschottung erhielt fortan paranoide Züge. Als 1825 ein Samurai auf der Insel Takara einen englischen Matrosen erschoss, der eine Kuh vertreiben wollte, erließ die japanische Regierung ein »Gesetz zur Vernichtung aller ausländischen Schiffe«. Ein Gesetz! Es wurde folglich zur Pflicht jedes Inselbewohners, die Schiffe der Besucher anzugreifen.

Auf die 1858 erzwungene Öffnung Japans für den Handel und die sich anschließenden »ungleichen Verträge« reagierte der neue Kaiser, Meiji, entschlossen. Adlige und Samurai hatten dem Kaiserhaus eine neue Machtposition gesichert. Sie wollten den *tennō* als Gegengewicht zu den erstarkten Westmächten installieren. Der auf diese Weise gestützte Kaiser unterwarf das Land 1868 einer Modernisierung, deren Radikalität mit den Reformen Atatürks in der Türkei und deren Tragweite mit den visionären Ideen eines Simon Bolívar verglichen werden können. Innerhalb weniger Jahre wurden das Ständesystem abgeschafft, Niederlassungs- und Berufsfreiheit garantiert und Bürgerrechte erteilt. Eine moderne Wehrpflichtigenarmee entstand. Den darauffolgenden Aufstand der Samurai, die das Privileg verloren hatten, als Einzige Waffen zu tragen, beendete die Regierung innerhalb weniger Wochen. 1889 proklamierte Kaiser Meiji eine Verfassung. Ratgeber war dabei unter anderem Hermann Roesler, ein deutscher Rechtsprofessor an der Kaiserlichen Universität zu Tokio. Auch darum erinnern manche Inhalte an preußische Vorbilder.

Fünf Jahre später stand der *tennō* vor seinem größten Triumph: Die »ungleichen Verträge« wurden revidiert.

Möglich wurde diese unglaubliche Erfolgsgeschichte durch weitsichtige Maßnahmen, die nicht selten abseits der schrillen Veränderungen umso nachhaltiger wirkten. Ein Beispiel dafür war die Erschließung der kargen Nordinsel Hokkaido. Als die Regierung 1886 dort kostenlos Land für Siedler zur Verfügung stellte, zogen noch im selben Jahr über fünfzigtausend Japaner auf die Insel und machten diese quasi im Handumdrehen zur »Reiskammer« Japans. Zuvor hatte die Regierung das gesamte Land neu vermessen lassen und für bewirtschaftete Felder eine Grundsteuer festgelegt, die der Landbesitzer – und nicht mehr der, der es bearbeitete – an die Zentralregierung zu entrichten hatte. Mit diesen Steuereinnahmen finanzierte das Meiji-Regime den größten Teil der frühen Modernisierungsmaßnahmen.

Vor allem aber wurde unter Kaiser Meiji die jahrhundertelange Isolation des Landes abgeschafft. Schon 1871, als Deutschland unter Bismarck einen Nationalstaat entwarf, reisten Mitglieder des japanischen Kabinetts 20 Monate lang um die Welt. Ihr Ziel: so viel Wissen wie möglich zurück in die Heimat zu bringen. Nicht zuletzt darum konnte bald darauf in Japan die erste Eisenbahn in Betrieb genommen werden; sie verband Tokio mit Yokohama. Japan entwickelte ein Postsystem nach englischem Vorbild, eine von Frankreich beeinflusste Verwaltung, beim Militär- und Bildungswesen nahm man Anleihen von Preußen. Innerhalb weniger Jahrzehnte hatte man eine funktionierende Industrie aufgebaut, die allgemeine Schulpflicht eingeführt und die Gesellschaft gründlich entrümpelt.

1875 führte man die Pflicht ein, dass jeder Japaner einen Familiennamen tragen musste. Bis dahin war dieses Privileg lediglich den Samurai und dem Hofadel vorbehalten gewesen. Diese »Samuraisierung« trug entscheidend dazu bei, dass die Japaner sich trotz der gigantischen Umwälzungen als homogenes Volk in einem starken Nationalstaat fühlten. Eines der deutlichsten Zeichen, dass die Meiji-Reformen Früchte trugen, war, dass Iwasaki, ein waffenschwingender Samurai aus Shikoku, das Gewerbe wechselte und ein Unternehmen gründete: Mitsubishi.

Natürlich gab es auch hier Einschränkungen, und man kann die Geschichte der Meiji-Reformen aus mehreren Blickwinkeln betrachten. Aus heutiger Sicht mag es beispielsweise rückständig erscheinen, dass sich die vielbeschworene »Gleichheit« damals ausschließlich auf Männer bezog, die älter als 25 Jahre alt waren und mindestens 15 Yen Steuern zahlten. Nur diese Gruppe war berechtigt, die Regierung zu wählen. Bei der ersten Wahl 1890 gab es daher nicht einmal eine halbe Million Wahlberechtigte; das entsprach etwa einem Prozent der japanischen Bevölkerung. Doch immerhin: Ein Anfang war gemacht.

... bekommt die Krallen gestutzt ...

Japan aber wollte mehr, viel mehr. Nicht länger sollte das Land am Gängelband der Westmächte vorgeführt werden, wie es durch die »ungleichen Verträge« der Fall gewesen war. Ab 1895 »expandierte« Nippon, wie es so schön in den japanischen Geschichtsbüchern heißt. Konkret bedeutete das, dass die japanische Armee reihum alle Nachbarstaaten unterjochte, ganze Länder annektierte, deren Einwohner zu Vasallen des Kaiserreichs deklarierte und die überfallenen Länder ausplünderte. Noch 1895 unterwarf die hochgerüstete japanische Armee weite Teile Chinas und machte Taiwan zur Kolonie. In der Nacht vom 8. auf den 9. Februar 1904 griffen japanische Kriegsschiffe den russischen Hafen Port Arthur an und zerstörten einen großen Teil der russischen Fernostflotte. Von Korea aus rückten japanische Bodentruppen in die Mandschurei vor. Nach blutigen Landschlachten siegte Japan 1905 über Russland. Der erste moderne Krieg der Weltgeschichte, der mithilfe industriell erzeugter Waffensysteme ausgefochten worden war, hatte mit einem Sieg Japans geendet. Ein deutscher Kriegsreporter sah darin bereits »Europas Götterdämmerung«.

1910 erfolgte die Annexion Koreas. Als Japan ein Jahr später die Zollfreiheit zurückerhielt und damit die letzten Spuren der »ungleichen Verträge« abschüttelte, hatte Kaiser Meiji alles erreicht, was er sich jemals vorgenommen hatte. Er starb 1912. Kurz darauf trat Japan an der Seite der Entente gegen Deutschland in den Ersten Weltkrieg ein. Nach dem Sieg wurden dem japanischen Kaiserreich deutsche Gebiete in Ostasien und im Pazifik zugesprochen. Alles in allem kann mit Fug und Recht behauptet werden, dass Japan statt Befreier nun ebenfalls Kolonialmacht geworden war.

1929 traf Japan die Weltwirtschaftskrise mit voller Macht. Erstmals seit Jahrzehnten mussten die siegesgewohnten und erfolgsverwöhnten Japaner Einbußen hinnehmen. Das Land wies über vierzigtausend Arbeitslose auf und musste sich aus mehreren Kolonien zurückziehen. Die Stimmung heizte sich daraufhin auf, das Volk fanatisierte sich. 1931 wurde Premierminister Hamaguchi Osachi ermordet, im Jahr darauf meuchelten Offiziere seinen Nachfolger Inuki Tsuyohi. Die Armee griff nach der Macht, die Parteienregierungen waren zu Ende. 1933 trat Japan aus dem Völkerbund aus. Von hier an ähnelt die Geschichte Japans der von Deutschland auf frappierende Weise. Man könnte meinen, dass die beiden zehntausend Kilometer voneinander entfernten Länder ihr Vorgehen bis in die Details hinein abgesprochen hätten.

Aus einem grenzenlosen Nationalismus, geboren aus der Demütigung durch die »ungleichen Verträge« – das Äquivalent zur »Schande von Versailles« –, erwuchsen in Japan wie in Deutschland der Glaube an die eigene Überlegenheit, das Feindbild Kommunismus und ein ausgeprägter Expansionsdrang. Hier wie dort wurde man größenwahnsinnig und setzte seine Ansprüche nach innen mit Repression und nach außen mit Krieg durch.

Die japanische Regierungsdoktrin sah vor, dass China und Korea unter japanischer Kontrolle stehen mussten, damit die Hauptinseln geschützt waren. 1937 griff die japanische Armee daher erneut China an, das sich unter Chiang Kaishek vier Jahre lang erbittert verteidigte. 1940 attackierte Japan die niederländischen, französischen und englischen Kolonien in Südostasien. Das Kalkül des Kaiserreichs: Da sich diese Länder gerade im Krieg gegen Deutschland befanden und ihre Kräfte daher in Europa bündeln mussten, sollten die Kolonien rasch zu erobern sein. Diese Rechnung schien vorerst aufzugehen: Neue Rohstoffe, vor allem Öl und Kautschuk, flossen nach Japan, zugleich wurden Versorgungslinien Richtung China unterbrochen, was die Regierung unter Chiang Kaishek schädigte.

Das japanische Kaiserreich setzte jetzt alles auf eine Karte. Mit dem Angriff auf Pearl Harbour, bei dem ein großer Teil der US-amerikanischen Flotte zerstört wurde, entwickelte sich der Zweite Weltkrieg erst zu einer weltumspannenden Auseinandersetzung. Nur Stunden später griffen japanische Truppen die Philippinen an. Diese fielen innerhalb weniger Monate. Im Folgenden eroberte die japanische Armee praktisch ganz Südostasien: Sie marschierte in Hongkong ein, unterwarf Malaysia und Singapur und unterjochte Indonesien. Kurz darauf besiegte Japan die Niederländer und die Engländer und rückte bis nach Burma vor. Einmal mehr schien sich der große Plan von *daitōa-kyōei-ken*, der »großasiatischen Wohlstandssphäre« unter japanischer Herrschaft, zu erfüllen – zeitgleich zu den »Blitzkrieg«-Erfolgen Hitlerdeutschlands.

Und ebenso wie die Deutschen herrschten die Japaner in den eroberten Gebieten mit unerbittlicher Grausamkeit. Nationale Wirtschaften brachen zusammen, die besiegten Völker wurden zu Zwangsarbeitern für das Kaiserreich degradiert. Sie mussten Japanisch lernen und ihrer eigenen Sprache und Kultur abschwören. Überall kam es zu Verschleppungen und Hinrichtungen. Vor allem auf den Philippinen wurden zahllose Zivilisten durch japanische Militärs ermordet. In Japan selbst wurde die Siegesserie hingegen von einer Woge der Sympathie getragen. Die Massenmedien standen praktisch ausnahmslos im Dienst der Kriegspropaganda. Ein nationalistisch aufgepeitschtes Volk trug eine fanatische Armee von Krieg zu Krieg.

Die Wende kam, für Japan völlig überraschend, als die Armee im Jahr 1942 ein an sich völlig unbedeutendes Atoll erobern wollte. Monatelang hatte Japan in einem Durchmarsch Land um Land unterworfen. Den Kampf um das Mydway-Atoll, als Vorstufe zur Eroberung von Samoa und den Fidschi-Inseln gedacht, verlor die Armee des Kaiserreichs dagegen gegen die USA. Warum? Weil die Amerikaner kurz zuvor den japanischen Funkcode entschlüsselt hatten. Als die Vereinigten Staaten Japans Eroberung des Kleinstatolls stoppten und dabei mehrere japanische Flugzeugträger zerstörten, wendeten sie dadurch das Blatt – auch wenn Japan das noch lange nicht einsehen konnte. Drei Jahre lang lieferte sich die Armee des Kaiserreichs verlustreiche Rückzugsgefechte, in deren Verlauf sie schließlich alle eroberten Gebiete aufgeben musste.

Im August 1942 gelang es den Vereinigten Staaten, ein unter japanischer Kontrolle stehendes Flugfeld auf den Salomonen unter Kontrolle zu bringen. Von hier aus attackierten sie immer wieder japanisch eroberte Gebiete und drängten die Invasoren systematisch zurück. Als 1943 Italien kapitulierte, wurden alliierte Truppen nach Ostasien abkommandiert. Das Spiel lautete jetzt: Alle gegen Japan!

1944 eroberte die indisch-britische Armee Burma zurück; im selben Jahr verlor das Kaiserreich Neuguinea an die USA. Im Oktober landete die US-Armee auf den Philippinen, im März 1945 erreichten ihre Truppen Manila.

Die japanische Armee verlor ihre Gebiete beinahe ebenso rasch, wie sie sie wenige Jahre zuvor erobert hatte. Sie verteidigte sich indessen verbissen und ging bis zur Selbstaufopferung: Auf den Philippinen setzten die Japaner erstmals *kamikaze*-Flugzeuge ein, deren Piloten die Maschinen auf alliierte Kriegsschiffe stürzen ließen. Es sollte nichts nützen. Ab Dezember 1944 bombardierten die USA japanisches Kernland. Im März 1945 eroberten sie Okinawa. Die Kämpfe um diese Insel waren besonders grausam und brachten den Vereinigten Staaten die bislang größten Verluste des Krieges gegen Japan. Japanische Selbstmordpiloten ließen *kamikaze*-Flieger wie Wassertropfen vom Himmel regnen.

Trotzdem war Japans Niederlage 1945 offensichtlich geworden. Im Frühsommer lagen 60 japanische Städte in Schutt und Asche. Tokio war zerstört worden. Ein letzter »Volkssturm« – die Propaganda befahl den Japanern, das Heimatland notfalls mit Bambusspeeren zu verteidigen – brachte nicht den erhofften Befreiungsschlag. Im Juli 1945 hatte Japans Luftwaffe praktisch aufgehört zu existieren. Die Bevölkerung war aus den Städten geflohen und über das Land verstreut worden; Hungersnöte brachen aus. Am 26. Juli 1945 forderten die Alliierten Japan in der Potsdamer Erklärung zur bedingungslosen Kapitulation auf. Die Japaner taten sich schwer mit einer Antwort, da die Erklärung das Fortbestehen des Kaiserhauses nicht garantieren konnte.

Es mochte an diesem Zögern gelegen haben, vielleicht auch an den herben Verlusten, die vor allem die USA hatten einstecken müssen, oder am Ausmaß des fanatischen japanischen Nationalismus. Eine Rolle spielte mit Sicherheit die Geographie Japans: Das bergige Hinterland und die buchtenreichen Küsten erschwerten eine Eroberung der bevölkerungsreichen Insel Honshu. Jedenfalls waren die Alliierten bestrebt, den erbitterten Krieg rasch und unzweideutig zu beenden. Man wollte ein Fanal setzen, das selbst dem letzten japanischen Rassisten klarmachen musste, dass dieser Krieg nicht mehr gewonnen werden konnte. Am 6. August 1945 warf ein US-amerikanischer Pilot die Atombombe über Hiroshima ab. Zweihunderttausend Menschen starben oder wurden schwer verletzt; bis heute sind die Spätfolgen messbar.

Vielleicht noch schwerer als die Hiroshima-Bombe traf es Japan, dass gerade mal zwei Tage nach dem Abwurf, am 8. August 1945, sowjetische Truppen das geschwächte Land trotz eines bestehenden Nichtangriffspakts attackierten. Einen Tag später, am 9. August, warfen die USA die Atombombe auf Nagasaki ab; es gab über einhunderttausend Tote und Verletzte. Die japanische Regierung konnte nun die katastrophale Kraft dieser »neuen Bomben« nicht mehr herunterspielen, wie sie es nach dem Abwurf über Hiroshima noch getan hatte.

Doch trotz zweier Atombomben, eines ganz und gar zerstörten Landes, der hungernden Bevölkerung und den Angriffsdrohungen von Russen, Amerikanern und Briten setzte Kaiser Hirohito erst am 14. August sein Siegel unter die Kapitulationserklärung. Hochrangige japanische Offiziere hatten dies bis zuletzt zu verhindern versucht.

Am Morgen des 15. August 1945 hörten die erstaunten Japaner zum ersten Mal in ihrem Leben die Stimme ihres Kaisers, der sie aufforderte, das »Unerträgliche zu ertragen« und die Waffen niederzulegen. Am 2. September 1945 wurde die offizielle Kapitulationsurkunde an Bord des US-Kriegsschiffes »Missouri« in der Bucht von Tokio unterzeichnet.

... und entwirft sich neu: Er ist jetzt ein Löwe!

Ebenso wie Deutschland war auch das bis zuletzt uneinsichtige Japan von einer alliierten Übermacht besiegt worden. Die Geschichte der beiden Länder blieb auch nach der jeweiligen Niederlage erstaunlich synchron. Hier wie dort hatte kaum jemand ein so rasches ökonomisches Wiedererstarken erwartet. Ermöglicht wurde das »Wirtschaftswunder« durch Reformen, die Deutschland und Japan von den Alliierten, allen voran den USA, aufgezwungen wurden. In Japan wurde eine parlamentarische Demokratie eingeführt, die auf einem allgemeinen und gleichen Wahlrecht fußte. Die Kriegsgewinner setzten die Trennung von Religion und Staat durch; sie sorgten für eine umfassende Erziehungsreform, zerschlugen Großgrundbesitz und stellten führende Politiker und Militärs unter Anklage. Vielleicht beharrt man in diesem Land auch darum so vehement auf der »japanischen Einzigartigkeit«, weil man sich zwei Mal in der neueren Geschichte radikal ändern musste: einmal durch die Meiji-Reformen und das zweite Mal unter Einwirkung der Alliierten.

Bald, sehr bald, wendete sich das Blatt erneut. Bereits im Jahr 1949 suchten die Vereinigten Staaten neue Verbündete gegen Mao Zedongs aufblühendes Rotchina. 1951 unterzeichneten Japan und die USA einen Friedensvertrag, der unter anderem ein baldiges Ende der amerikanischen Besatzung vorsah. 1954 wurde Paragraf 9 der neuen japanischen Verfassung uminterpretiert: »Das japanische Volk verzichtet auf alle Zeiten auf den Krieg als souveränes Recht der Nation und auf die Androhung oder Ausübung von Gewalt als Mittel zur Beilegung internationaler Streitigkeiten. Um das Ziel des vorherigen Absatzes zu erfüllen, werden nie Land-, See- oder Luftstreitkräfte, wie auch andere Kriegsmittel, unterhalten.« Eine Armee zur Selbstverteidigung sei hingegen erlaubt, gab man Japan zu verstehen. Dieses Hintertürchen ließ man sich nicht entgehen: Heute unterhält Japan über eine Viertelmillion Soldaten und verzeichnet einen der größten Wehretats der Welt.

1956 wurde das Land dennoch in die Vereinten Nationen aufgenommen. Man sah vor allem die Vorteile einer Kooperation mit dem Besiegten: Japan exportierte hochwertige Produkte, die bald in der ganzen Welt gefragt waren. Das japanische Personalmanagement, das unter anderem eine Einstellung auf Lebenszeit vorsah, förderte das Wirtschaftswunder. 1968, nur 23 Jahre nachdem das Land praktisch dem Erdboden gleichgemacht worden war, wies Japan das zweitgrößte Bruttosozialprodukt der Welt auf. Im selben Jahr erhielt mit Kawabata Yasunari erstmals ein Japaner den Literatur-Nobelpreis. 1970 holte man die Weltausstellung nach Osaka, und zwei Jahre später schoss man einen japanischen Satelliten in den Weltraum. Die »Japan Foundation« fördert seit 1972, ähnlich wie das Goethe-Institut in Deutschland, die Sprache und Kultur im Ausland.

Die Parallelen zwischen Deutschland und Japan setzen sich bis heute fort: Beide Länder dominieren die Region, zu der sie gehören, ökonomisch; ihre Einwohner gelten als strebsam, aber auch als spröde und obrigkeitshörig. Beiden macht die demografische Entwicklung zu schaffen: Es gibt, wirtschaftlich betrachtet, zu wenig junge und zu viele alte Menschen, und dieses Problem wird sich in Zukunft tendenziell verschärfen.

Damit sind wir bei der japanischen Flucht vor der Realität in Scheinwelten. Vielleicht gibt es nirgendwo sonst auf der Welt so viele Freaks, Monster und Helden wie in Japan. Die wohl bekannteste Fantasiegestalt aus dieser Riege ist so groß wie ein Wal (*kujira*) und so stark wie ein Gorilla: *gojira* eben, englisch ausgesprochen »Godzilla«. Seit Ishiro Honda den Affenwal 1954 erfunden hat, durfte Godzilla schon 28 Mal Tokio zerstören und kommt damit auf mehr Leinwandauftritte als James Bond. Filmhistoriker deuten die Geschichte, in der eine unbekannte Gefahr von »außen« nicht aufgehalten werden kann, als Verarbeitung der japanischen Niederlage im Zweiten Weltkrieg.

Dabei ist Godzilla vor allem außerhalb Nippons bekannt geworden. In Japan selbst folgt man eher den Abenteuern von *Ultraman*, eines unscheinbaren Mannes, der sich für drei Minuten in einen Riesen verwandeln und Energiestrahlen mit den Händen abfeuern kann. In der Tat verweist *Ultraman* viel eher als Godzilla auf das Potenzial, mit dem mich viele Japaner, auf die ich unterwegs stieß, immer wieder beeindruckten.

Mein persönlicher Favorit für den japanischen Helden ist indessen *Anpanman*. Nicht nur phonetisch bietet er Hochgenuss. Auch lukullisch hat *Anpanman* seinen Konkurrenten einiges voraus. Besteht er doch aus Mürbeteig, der mit einer leckeren Paste aus roten Bohnen gefüllt ist.

Im Wattebausch des Riesen

»Die Nacht ist ein Katapult, sie schießt uns in die Städte«, behauptet der Hamburger Sänger Bosse und fährt fort: »Ich breche auf in unbequeme Räume. Und ich halte mich auf den Roboterbeinen …«

Mir erging es kaum anders, als ich spät abends Tosa erreichte, ein Städtchen, das schön sein könnte. Liegt es doch genau auf einer Landspitze, die das Flüsschen *Hage* mit dem ungleich größeren *Niyodo River* bildet. Wäre da nur nicht die Autobahn, auf der selbst zu dieser Stunde noch Autos und Lastwagen im Sekundentakt Richtung Kōchi donnerten. Tapfer unterquerte ich die brüllende Betonschlange, dann kletterte ich einmal mehr einen Hügel empor, um *Kiyotakiji* zu erreichen, den 35. Tempel des Pilgerwegs. Japan besteht zu 80 Prozent aus Hügeln und Bergen, da war es nur fair, auch hier immer wieder auf sie zu stoßen.

Als ich am folgenden Morgen aus dem Fenster eines Business Hotels sah, erschrak ich beinahe, so grundlegend hatte sich die Stimmung verwandelt. Das war nicht das erste Mal. Shikoku mochte solche Scherze. Beinahe täglich zeigte mir die Insel ein neues Gesicht, als hätte sie zuvor nur eine jeweils andere Maske getragen. Und immer, wenn ich dachte, dass ich Japan nun aber wirklich einen Schritt nähergekommen war, präsentierte sich mir das Land ganz anders, als ich es mir vorstellte.

An der Kreuzung zweier Schnellstraßen, noch in Hörweite der Autobahn, hatte ich am vorigen Abend eine zweckmäßige Bleibe gefunden. Ich hatte damit gehadert, dass das einzige noch freie Zimmer einmal mehr von jahrelangem Zigarettenqualm zeugte. Das Fenster hatte sich nicht öffnen lassen, und im Flur stand nicht einmal einer jener Essensautomaten, die man ansonsten an allen Ecken und Enden des Landes fand. Nicht missmutig, aber doch ernüchtert und hungrig war ich aufgewacht.

Und dann das: In der Nacht musste ein Riese vorbeigekommen sein. Genau hier, wo zwei Flüsse unablässig Schlamm und Holz talwärts schoben, hatte er einen Wattebausch verloren. Ich meinte den Nebel mit Händen greifen zu können, so dicht war er an das Hotel gerückt. Keine fünf Minuten später war ich draußen.

Der Weg führte mich in die Hügel hinein. Nebelschwaden, dick wie Pythonschlangen, zogen über die Felder. Sie wickelten sich um Baumstämme, schnupperten an Häusern und legten eine Decke über alles, was weiter als fünfzig Meter von mir entfernt war. Wem gehörten die Stimmen und Geräusche, die ich von dort vernahm? Ich malte mir Feen mit Flügeln und vielköpfige Fabeltiere aus. Meist waren es dann doch Wanderer, zuweilen auch eine Bäuerin, und einmal drei Pilgerinnen, die purpurfarbene Pullover über ihrer weißen Pilgerkluft trugen. Offenbar hatten sie gedacht, dass niemand sie im Nebel bei diesem kleinen Fauxpas erwischte. Oder hatten sie Angst gehabt, so »ganz in Weiß« vollends in der Umgebung zu verschwinden?

Eine gute Stunde lang glitt ich durch die weißgraue Pracht. Auf dieses Gesicht Japans hatte ich mich gefreut. Es war ein Bild des Landes, das ich mir oftmals ausgemalt und schließlich hierher mitgenommen hatte. Jetzt war ich in dieses Bild hineingetreten und darin unterwegs.

Alle Konturen waren weichgezeichnet, alle Geräusche mit Geheimnissen ummantelt. Es kam mir vor, als schritte ich im Atem eines Wales voran. Ich war erleichtert, dass sich endlich eines der Klischees, die in meinem Kopf herumspukten, als wahr erwies: das von Japan als rätselhaft schönem Land, dessen grundlegende Gesetze uns auf wunderbare Weise verborgen bleiben. Genau so hatte es Alessandro Baricco in seinem Meisterwerk »Seide« beschrieben, als er den französischen Händler Hervé Joncour wieder und wieder die Reise gen Osten antreten ließ. Auf der Suche nach Seidenraupen und der Erfüllung einer unmöglichen Liebe blieb Joncour an Japan kleben wie in einem Spinnennetz – und merkte erst nach dem Tod seiner Frau, welch überraschende Rolle sie bei alldem gespielt hatte. Da es niemals konkret wurde, da es immer von einem Seidenschleier bedeckt zu sein schien, unter frühmorgendlichen Nebeln begraben, eben darum blieb Bariccos Japan ein Traumland, eine willkommene Projektionsfläche für die Hoffnungen und Sehnsüchte eines französischen Seidenhändlers.

Ich konnte inzwischen nachvollziehen, wie es Hervé Joncour ergangen sein mochte. Alles um mich herum, so schien es mir, folgte seinem vorherbestimmten Weg. Alles griff ineinander oder fügte sich in perfekter Harmonie zu bereits Vorhandenem.

Das heißt: nicht ganz. Einen Fremdkörper gab es: den Gast aus Europa, der das alles beobachtete und interpretierte! Wenn sie mich sahen, hielten Pilgerinnen und Pilger, Wanderer und Kleinbauern kurz inne in dem, was sie gerade taten. Manche erschraken gar, wenn ich aus dem Nebel trat. Andere waren lediglich irritiert. Ich war das Staubkorn in ihrem Getriebe. Sie begannen, sich ähnlich unnatürlich zu verhalten wie die Jugendlichen in den YouTube-Videos, die Dinge erkennbar nur darum taten, weil sie wussten, dass gerade eine Kamera auf sie gerichtet war. Manche rangen sich dazu durch, mir einen »Guten Morgen« zu wünschen oder fragten, ob ich den Weg finden würde nach Susaki, der nächsten größeren Station auf dem Pilgerweg.

Ich konnte nicht herausfinden, ob sie mich als zwar unerwartete, letzten Endes aber nicht ganz unangenehme Unterbrechung ihrer Routine betrachteten, oder ob ich tatsächlich allen, denen ich unterwegs begegnete, ein Dorn im Auge war – weniger wegen dem, was ich tat, sondern vielmehr, weil ich als *gaijin* das Potenzial besaß, aus Ahnungslosigkeit etwas ganz und gar Ungehöriges anzustellen. Wahrscheinlich malten sie sich aus, was durch meine Anwesenheit alles passieren konnte: Würde ich herumschreien, in fremden Sprachen sprechen, oder zackigen Schrittes einen Riss setzen ins harmonische Gefüge, das diese Insel so wohlig umgab? Noch wahrscheinlicher war das, was sie sich ausmalen mochten, weitaus schlimmer und gefährlicher als das, was ich – manches davon ohne es auch nur zu bemerken – tatsächlich anstellte.

Das verkappte Pärchen

Wie hoch die Hürden zwischen Japanern und Ausländern sein können, davon erzählt die belgische Bestsellerautorin Amélie Nothomb »Mit Staunen und Zittern«. Als Praktikantin beim Unternehmen Yumimoto rutscht sie mit jedem Fettnäpfchen, in das sie tritt, in der Hierarchie hinunter, bis sie schließlich Toiletten putzt. Mit gewohnter Lust daran, ihren Figuren Schaden zuzufügen, schreibt Nothomb ihr früheres Ich von einer Buchhalterin zur Kopierdame und von dort zur Putzfrau herunter. Bei aller gelungenen Komik und Übertreibung weist sie darauf hin, wie wenig Frauen in der japanischen Gesellschaft gelten und mit welcher Selbstverständlichkeit Regeln bis hin zur Selbstaufgabe selbst dann befolgt werden, wenn sie offensichtlich niemandem nutzen.

Allerdings wäre Japan nicht Japan, wenn es diese Erkenntnisse nicht bereits im nächsten Moment über den Haufen werfen würde. Hier ging, das wusste ich mittlerweile, vieles Hand in Hand, was von einem rational-logisch geschultem Deutschen wie mir als Gegensatz verbucht und in unterschiedlichen Schubladen eingeordnet wurde.

Eine dauerlächelnde Pilgerin glitt aus dem Nebel, dicht gefolgt von einem jungen Mann. Vom Alter her könnten die beiden ein Paar sein, irgendetwas aber stimmte nicht mit ihnen. Als sie näher an mich herankamen, merkte ich, was das war. Der junge Pilger folgte jeder noch so kleinen Bewegung seiner Nachbarin, als sei sein Blick an ihren Gesten festgeklebt. Sein ganzes Wesen verschwand förmlich in diesem Blick. Er drängte es zurück, um Platz zu machen für ihres. Immer wenn die Pilgerin etwas sagte, öffnete auch der junge Mann unwillkürlich den Mund. Offensichtlich wollte er mit seiner Nachbarin anbandeln, darauf wies seine gesamte Körperhaltung hin.

Wer hatte hier Macht über wen? Warum konnte sich die Pilgerin eine solche Kaltschnäuzigkeit leisten? Und warum hatte der Pilger so erkennbar Angst davor, das Gespräch auf eine intimere Ebene zu heben? In Deutschland, wo man sich als Mann bei derlei Gelegenheiten erstmal zum Vollhorst zu machen hat und nicht selten eine Kette aus Demütigungen entlang geschickt wird, könnte ich die extreme Schüchternheit des Jungen noch nachvollziehen. Aber hier? Mehrfach war mir von Mitpilgern versichert worden, dass der schlimmste Korb, den man sich einfangen konnte, in etwa so klang: »Natürlich, gerne, doch ausgerechnet heute Abend habe ich bereits etwas vor. Vielleicht können wir ja nächste Woche …«

Aber wahrscheinlich war es einmal mehr gerade das: Wo man einander so vorsichtig behandelte wie Porzellantässchen, öffnete man der Fantasie umso mehr Raum. Was könnte nicht alles passieren! Die Angebetete könnte einen Lachanfall bekommen, mit dem Finger auf einen zeigen, die Polizei rufen … Wer wusste das schon?

Überall in Japan wird so penetrant gewarnt, dass man versucht ist, die Hinweise, wenn sie mal wirklich wichtig sind, als Teil der Alltagsroutine abzutun. Christoph Neumann spricht in seinem Buch »Darum nerven Japaner« vom »Warnungs-Overkill«. Natürlich erreichen die inflationären Hinweise oft genau das Gegenteil dessen, was sie sollten. Trotzdem hält man eisern an ihnen fest – selbst noch im Angesicht einer echten Katastrophe. »Bitte laufen Sie jetzt weg!«, tönte es aus den Lautsprechern, als die *tsunamis* bereits so nah waren, dass jede Flucht zu spät war.

Der junge Mann tapste also gehemmt neben seiner Flamme her, unfähig, seine Gefühle ihr gegenüber in Worte zu fassen. Ein Franzose hätte längst ein Gedicht aufgesagt, ein Italiener einen schlüpfrigen Witz gerissen, ein Spanier seine Telefonnummer herübergereicht und ein Ami auf seinen Monatsverdienst hingewiesen, um das Eis zu brechen. Der junge Japaner trottete hingegen, in seiner Sehnsucht gefangen, neben der Dame seines Herzens her. Vielleicht hatte etwas in ihm gar Angst, dass sich seine Angebetene, würde er tatsächlich eine Brücke zu ihr schlagen können, als weniger begehrenswert und perfekt entpuppte, als er sie sich ausmalte. Die Pilgerin wiederum merkte, dass ihr Begleiter ihr gegenüber seltsam befangen war. Sie reagierte darauf mit jener höflichen Distanz, die immer ein Hintertürchen offenließ, durch das der Junge, wenn er seinen Mut zusammenkratzte, doch noch schlüpfen konnte. Das aber tat er nicht – zumindest nicht während der dreieinhalb Stunden, die wir nebeneinander wanderten.

War das kindisch? Vielleicht. Es mochte aber auch einfach kindlich sein, wie man es im Land der Mangas und der Animes, der Karaoke-Bars und der winkenden Plastikkatzen erwarten konnte. Wie lange mochten die beiden schon miteinander unterwegs sein? Ich stellte mir vor, dass es Tage waren, Wochen, vielleicht gar Monate, in denen sie aneinander klebten, unfähig, die Distanz zwischen ihnen zu verkleinern oder zu vergrößern.

Vielleicht waren die beiden auch mit größerer Geduld gesegnet, als dies bei mir der Fall ist. Im Gegensatz zur Grundannahme der meisten Europäer, dass es irgendwo eine einzige Wahrheit gebe, der man durch Logik auf die Schliche kommen kann und der es näherzukommen gilt, ist diese vermeintlich so eindeutige Wahrheit für viele Japaner etwas Fließendes, sich Wandelndes, zumindest aber etwas Dynamisches – und damit etwas, das je nach Gespräch und Situation interpretiert werden muss. Bevor ein Argument geäußert wird, zieht man die Hintergründe des Gegenübers, seine Ansichten und seine aktuelle Lage in Betracht. Es gilt, die eigenen Ziele und die Beziehung mit dem anderen dauerhaft in Einklang zu bringen. Einem, sagen wir, Berliner Busfahrer fiele das eher nicht ein.

Welche Vorgehensweise ist besser? Bei der einen, der direkten, stößt man sein Gegenüber unter Umständen vor den Kopf und vielleicht auch mit der Nase auf eine Erkenntnis, die ansonsten verborgen geblieben wäre. Man kann zunächst vielleicht schmerzhafte, mittelfristig aber wohltuende Veränderungen auslösen. Das Gesprächsergebnis ist meist eindeutig und verdeutlicht zudem die herrschende Hierarchie. Bei der anderen, der sich windenden, übt man mit jedem Argument, auf sein Gegenüber Rücksicht zu nehmen und eine Lösung zu finden, die alle Seiten zufriedenstellt. Man kann sicher sein, dass die persönliche Wertschätzung durch ein inhaltliches Argument niemals in Frage gestellt werden wird. Ehe der andere auf Schwächen hinweist, betont man diese besser selbst. Das Ergebnis mag flüchtig sein, alle befinden sich weiterhin auf der Suche und wissen, dass die gefundene Lösung nur vor dem momentanen Hintergrund die vielleicht beste ist. Bereits morgen, in einem Jahr, oder wenn eine weitere Person hinzukommt, könnte eine andere Lösung besser passen als die bisherige. Ist es vor diesem Hintergrund nicht nachvollziehbar, dass das Brautpaar im Tempel von Kōchi auf Nummer sicher gehen wollte und sich nach der christlichen gleich noch einer buddhistischen Zeremonie unterwarf?

Das verkappte Pärchen, von dem ich mich heute Nachmittag verabschiedete, würde ich am liebsten zum *Dorome Festival* schicken, das alljährlich im April in dieser Gegend stattfand. Dort musste ein Mann 1,8 Liter, eine Frau 0,9 Liter Sake so rasch und stilvoll wie möglich trinken. Eine Art Oktoberfest auf Japanisch. Vielleicht würde das die Kommunikation ein wenig auflockern.

Ein Crescendo rauschender Felder begleitete mich, als ich dem Pilgerweg zum 37. Tempel folgte. Es war einer der härtesten Abschnitte: Da sich in der Präfektur Kōchi nur 16 Tempel befinden, diese sich jedoch über ein Drittel der Inselfläche verteilen, liegen zuweilen über achtzig Kilometer zwischen ihnen.

Hier, an der rauen Südküste, dem Kap *Ashizuri*, stürzen sich seit Jahrhunderten immer wieder Selbstmörder von den Klippen. Ich dagegen hatte in dieser ungeschliffenen Gegend Kraft gefunden. Etwas an mir war anders geworden. Ich sah den Weg, die Insel, das Land mit anderen Augen. Ich hatte mich daran gewöhnt, überall auf weiß gekleidete Pilger zu stoßen und wusste, was sie durchmachten, erhofften und erlebten. Einer von ihnen war nun ich, so hatte ich mich entschieden.

Selbst an den gefällig am Wegrand aufgestellten Automaten ging ich mittlerweile flotten Schrittes vorbei. Waren sie in Wahrheit nicht Verlockungen, die testeten, wie sehr man bereits Pilger geworden war, wie ernst man es nahm mit der Askese und der Demut? Da vorn rückte schon der nächste in mein Blickfeld. Ha, mich kriegt ihr nicht, ich weiß Bescheid!

Vielleicht strahlte ich inzwischen gar so etwas wie eine innere Zufriedenheit aus. Man bemerkte es und reagierte entsprechend. Einmal, auf einer kerzengeraden Strecke, hielt unvermittelt ein Taxi neben mir. Schon wollte ich abwinken, war ich doch erkennbar als Fußpilger unterwegs. Da reichte mir der Fahrer ein Amulett durch das geöffnete Fenster. Englisch zu sprechen fiel ihm nicht leicht, dennoch wünschte er mir Kraft für den weiteren Weg und verlieh seiner Hoffnung Ausdruck, das Amulett möge mich beschützen, wenn es einmal hart auf hart käme.

Keine zwei Stunden später, als sich der Weg durch die Vororte einer Stadt schlängelte, kam mir ein weißer Kleinbus entgegen. Bisher war der Weg so gut ausgeschildert gewesen, dass es beinahe zu einfach war, ihn zu finden. Oft hatten vier oder fünf Pfeile an einem Strommast geklebt. Hier hingegen musste meiner Karte zufolge eine Abzweigung sein. Es gab sogar drei, welche aber war die richtige? Unschlüssig stand ich vor dem Strauß an Möglichkeiten, der mir da so plötzlich entgegengehalten wurde. Da hörte ich einen dezenten Ruf hinter mir. Ich drehte mich um und sah, dass die Fahrerin des weißen Kleinbusses ausgestiegen war. Sie winkte in die Richtung des Weges, der leicht rechts von der bisherigen Straße abwich. Ich verstand, nickte kurz, verbeugte mich lang und ging dann in den Weg hinein. Erst nach einigen Schritten dämmerte mir, was gerade geschehen war. Die Fahrerin des Kleinbusses hatte mich gesehen und sofort geahnt, dass ich an dieser Stelle des Weges auf eine Schwierigkeit stoßen könnte. Vermutlich wohnte sie in der Gegend. Sie hatte angehalten und war prophylaktisch ausgestiegen, um zur Stelle zu sein, falls ich Hilfe benötigte. Und sie hatte mir geholfen, mit einem leisen Ruf und einer Geste; so einfach konnte das sein. Das war schon die hohe Schule des Einfühlungsvermögens.

Dass ein Zustand höchst erstrebenswert ist, der zulässt, dass man anderen hilft, und sei es mit Kleinigkeiten, daran erinnern uns für alle Zeit die Wünsche des Steinhauers. Dieses Märchen wird in Abwandlungen in ganz Japan und darüber hinaus erzählt.

Die Wünsche des Steinhauers

Im Süden Japans lebte einmal ein Steinmetz, der sich täglich plagen musste, denn sein Handwerk war extrem anstrengend. Was er jedoch zustande brachte, war so gut, dass es sich herumsprach. So verdiente er genug, um ohne Not leben zu können.

Der Steinmetz arbeitete am Fuß eines Felsens, der mehrere Hundert Meter hoch war. Aus diesem schlug er Brocken heraus und formte sie zu Grabsteinen, zu Türschwellen oder zu kleinen Kunstwerken.

In der Nähe des Felsens wohnte ein Berggeist, der, so erzählte man sich, die Wünsche all jener erfüllte, die er mochte. Eines Tages hatte der Steinmetz einen besonders großen Gartenstein bei einem reichen Bürger abgeliefert. Dabei hatte er gesehen, wie groß das Anwesen seines Auftraggebers war. Der wiederum hockte darin und konnte es sich gut gehen lassen, während er selbst, der Steinmetz, schwer arbeiten musste. »Ach«, entfuhr es ihm, als er wieder zuhause war, »könnte ich es doch nur so gut haben wie dieser reiche Mann!«

»Dein Wunsch soll dir erfüllt werden«, schallte plötzlich eine dumpfe Stimme, die aus dem Felsen zu kommen schien. »Ab morgen wirst du reich sein!«

Der Steinmetz fuhr zusammen. Er meinte, dass ihm irgendjemand, vermutlich ein paar Kinder aus dem Dorf, einen Streich gespielt hatten. Sie hatten vermutlich seinen Stoßseufzer gehört und wollten ihn nun ordentlich hereinlegen, indem sie die alte Legende vom Berggeist aufgriffen, der hier hausen und zuweilen die Wünsche derer erfüllen sollte, die er dessen für wert befand.

Trotzdem ließ sich der Steinmetz am nächsten Morgen von der Arbeit ablenken. Es war ein heißer Tag, er hatte an dem Gartenstein recht gut verdient und beschloss, früher als sonst Feierabend zu machen. Zuhause angekommen, staunte er nicht schlecht: Wo einst seine spartanische Hütte gestanden hatte, dort prangte jetzt ein stattliches Haus, umrahmt von einem Garten. Das Anwesen war mit allem eingerichtet, was für ein behagliches Dauerwellness-Leben nötig war!

Es haust also wirklich ein Berggeist an diesem Fleck Erde, dachte der Steinmetz zufrieden. Er warf sein Handwerkszeug in die hinterste Ecke des Kellers, dann ging er hinauf, badete und legte sich in das weiche Daunenbett. »Nicht schlecht«, dachte der ehemalige Steinmetz, und gab sich ganz dem süßen Nichtstun hin. Bald schon kam ihm sein früherer Beruf wie ein böser Traum vor. Hatte er wirklich im grimmigen Angesicht der Sonne tagein, tagaus Steine aus einem Berg geklopft? Er mochte es kaum glauben. Wie hatte er nur so lange eine derart niedere Tätigkeit ausführen können! Jetzt hingegen war er vom Maschinen- auf das Oberdeck gewechselt, er war direkt von der Wüste in ein Schlaraffenland katapultiert worden.

Doch wie es so geht, kommt ein Wunsch selten allein. Bedürfnisse sind Herdentiere, jedem von ihnen folgt ein Geschwader weiterer Wünsche und Erwartungen.

Einmal also saß der Ex-Steinmetz auf der Veranda seines Hauses. Er blickte auf seinen Garten herab und fächelte sich, es war ein schwüler Sommertag, mit einem Fächer Luft zu. Da sah er, wie auf der nahen Straße ein Dutzend Diener eine Sänfte vorbeitrugen. Ein Fürst musste darin sitzen, ein Shogun, vielleicht sogar der Kaiser selbst, denn vier der Diener taten nichts anderes, als dem Herrscher mit prachtvollen Fächern, fünfzehnmal größer als jener des Ex-Steinmetzes, Luft zuzufächeln. Wer dem kleinen Trupp begegnete, sei es ein Bauer, Händler oder Handwerker, warf sich sofort auf den Boden, um dem Herrscher seine Ehrerbietung zu erweisen.

»Ja«, dachte der Ex-Steinmetz missmutig, »dieser Herrscher da hat es gut. Der muss nicht zu Fuß gehen, er muss sich nicht einmal selbst Luft zufächeln, und alle Welt wirft sich vor ihm in den Staub. Was soll ich dagegen mit meinem kleinen Fächer anfangen? Nein, eigentlich möchte ich auch ein solcher Herrscher sein!«

Er hatte das wohl vor sich hingemurmelt, denn kaum hatte er seinen Gedanken zu Ende gebracht, ertönte wieder die bekannte Stimme. »Du hast es dir gewünscht«, sagte sie, »also bekommst du es auch. Mach die Augen zu!«.

Der ehemalige Steinmetz gehorchte, und als er die Augen wieder aufmachte, sah er, dass sein Haus verschwunden war. An seiner Stelle erhob sich jetzt ein herrlicher Palast, Dutzende Meter lang und mehrere Stockwerke hoch. In jedem Zimmer stand ein Diener, der ihm jeden Wunsch von den Augen ablas. Wollte der Ex-Steinmetz und ehemalige Hausbesitzer nach draußen, so trugen ihn seine Diener in einer Sänfte, die mit purpurfarbenen Vorhängen umhüllt war. Sie fächelten ihm Luft zu, und wer ihnen entgegenkam, warf sich unverzüglich auf die Knie. »So lässt es sich leben«, grunzte der Ex- Steinmetz und ehemalige Hausbesitzer zufrieden.

Anfangs machte ihm seine neue Macht viel Spaß. Nach ein paar Monaten aber wurde er des ewigen Einerleis überdrüssig. Alle gehorchten ihm aufs Wort, niemand wagte ihm zu widersprechen, und es würde ewig so behaglich und langweilig weitergehen. Was konnte man da tun? Nun, er war nicht auf den Kopf gefallen und wusste, dass es weitaus Größere, Mächtigere gab als einen lokalen Herrscher. Als er sah, wie die Strahlen der Sonne Leben spendeten, zugleich aber auch die Felder und die Flure verbrannten, ja selbst ihn, den Herrscher, nicht schonten und sein aufgedunsenes Gesicht trotz Sänfte, Schirme und Fächern bräunten, da glaubte er, dass die Sonne das gewaltigste Wesen der Erde sein musste. Eines Abends stellte er sich vor seinen Palast und sagte betont laut: »Herrscher zu sein, das ist ja schön und gut. Ich aber will mehr, viel mehr. Wenn möglich, möchte ich gerne die Sonne sein«.

»Wenn es weiter nichts ist«, hörte er bald darauf die vertraute Stimme, »so möchte ich dir deinen Wunsch gerne erfüllen«. Schon stand der Ex-Steinmetz und ehemalige Hausbesitzer und Nicht-mehr-Herrscher als Gestirn am Himmel und schleuderte mit dem größten Vergnügen seine Strahlen hinab auf die Erde. Er verbrannte die Wiesen, fackelte die Ernte ab und zündete Wälder an. In seinem Übermut war er wie ein Kind mit einem neuen Spielzeug. Und genau wie jenes schon bald seines Spiels überdrüssig wird und sich nach neuen Herausforderungen umsieht, genauso ging es bald auch dem Ex-Steinmetz und ehemaligem Hausbesitzer und Nicht-mehr-Herrscher.

Als er an einem Herbsttag recht lustlos seine Strahlen um sich warf, schob sich eine Wolke zwischen ihn und die Erde. Schon erreichte er diese nicht mehr. »Was soll denn das?«, schrie er auf. »Ich bin die Sonne, das mächtigste Wesen im ganzen Universum! Und da kommt diese winzige Wolke daher, und schon ist mein Spiel zu Ende? Das gibt's ja wohl nicht! Dann ist sie ja mächtiger als ich. Da möchte ich doch lieber eine Wolke sein.«

»So sei es«, hörte er da eine beinahe schon vergessene Stimme zu ihm herauftönen. Schon im nächsten Augenblick schwebte der Ex-Steinmetz und ehemalige Hausbesitzer und Nicht-mehr-Herrscher und zeitweilige Sonnenstern als Wolke zwischen Himmel und Erde dahin. »Ha«, triumphierte er, »jetzt habe ich endlich meine Bestimmung gefunden. Das ist doch ganz famos.«

Er freute sich, der Sonne Streiche spielen zu können, indem er ihre Strahlen auffing. Jetzt sah er auch, wie dank des Schattens, den er auf die Erde warf, dort unten alles aufblühte und gedieh. Jetzt fehlt nur noch Wasser, dachte er, und öffnete seine Schleusen. Hei, wie das herunterprasselte und fauchte und zischte! Hätte er noch ein Fäustchen gehabt, so hätte er sich hineingelacht, als er von seinem Aussichtspunkt herabsah und bemerkte, wie die Menschen hin und her rannten und sich vor ihm zu schützen versuchten. Wie die Vögel sich versteckten vor seiner Macht und selbst die Bäume sich unter der Last seiner Regentropfen beugten. Immer stärker ließ er es regnen. Güsse sandte er hinab zur Erde, bis die Wassermassen in donnernden Kaskaden von den Bergen stürzten und die Flüsse durch die Städte flossen.

Alles, ja alles gehorchte ihm jetzt. Nur ein einzelner Felsen, hoch aufgerichtet, stand unverrückbar in den Fluten, und sosehr sich der Ex-Steinmetz und ehemalige Hausbesitzer und Nicht-mehr-Herrscher und zeitweilige Sonnenstern auch anstrengte, so sehr er es brausen und tosen ließ, jenem Felsen konnte er nichts anhaben. Stolz ragte dieser bis fast zur Wolke empor. Ja, der Ex-Steinmetz und ehemalige Hausbesitzer und Nicht-mehr-Herrscher und zeitweilige Sonnenstern meinte gar ein spöttisches Lachen zu hören. Da ergriff ihn eine unfassbare Wut, und er schüttete den ganzen Rest seines Wassers über dem Felsen aus. Es half alles nichts: Der Fels wankte nicht; er wich nicht; und die erschöpfte Wolke musste schließlich ihr Wüten einstellen.

»Ich habe mich geirrt«, gab der Ex-Steinmetz und ehemalige Hausbesitzer und Nicht-mehr-Herrscher und zeitweilige Sonnenstern zu. »Ich hatte wirklich gedacht, dass die Wolke das stärkste und mächtigste Wesen im ganzen Universum sei. Und jetzt bietet mir dieser Felsen da unten die Stirn und sorgt dafür, dass mir hier oben die Puste ausgeht! Ein Felsen, ganz ähnlich dem, den ich jahrelang bearbeitet habe! Also gut, dann will ich also ein Fels werden.«

»Gesagt, getan«, vernahm er die geliebte und verhasste Stimme von unten. »Du bestimmst über dein Schicksal. Halt dich gut fest!«

Der Ex-Steinmetz und ehemalige Hausbesitzer und Nicht-mehr-Herrscher und zeitweilige Sonnenstern und vormals wütende Wasserwerfer wurde herabgeschleudert zur Erde. Er wurde in den Boden gerammt und ragte im nächsten Augenblick weithin auf. Von hier überblickte er Täler und Felder. Stolz stand er da, denn er wusste, dass weder die Strahlen der Sonne noch der stärkste Regen ihm etwas anhaben konnte. Jetzt endlich war seine Macht vollkommen. Nichts und niemand konnte ihm Schaden zufügen oder ihn gar von der Stelle bewegen.

Nichts und niemand? Wirklich niemand?

Eines Morgens hörte er es an seinem Fuße schaben und kratzen. Bald darauf durchzuckte ihn ein Schmerz, und als er herabblickte, sah er einen Menschen, einen winzigen Menschen, der mit einem Keil und einem Hammer kleine Stücke aus dem Felsen schlug.

»Das darf doch nicht wahr sein«, jammerte der Ex-Steinmetz und ehemalige Hausbesitzer und Nicht-mehr-Herrscher und zeitweilige Sonnenstern und vormals wütende Wasserwerfer. »Jetzt bin ich mächtiger als die Sonne, stärker noch als der wütendste Regenguss, und dann kommt so ein Menschlein daher und nimmt mich auseinander, ohne dass ich mich dagegen wehren kann! Nein, nein, das kann so nicht weitergehen. Ich möchte lieber dieser Mensch sein.«

»So werde jetzt, was du vorher gewesen bist«, hörte er die Stimme des Berggeistes ganz in seiner Nähe.

Und der Fels wurde wieder zum Steinmetz, der vom Sonnenaufgang bis zum Sonnenuntergang Brocken aus dem Gestein brach und sie nach seinen Vorstellungen formte. Wenn es regnete, wurde er nass, und wenn ein Herrscher in einer Sänfte vorbeigetragen wurde, warf er sich in den Staub. Der Steinmetz aber war von seinen Wünschen geheilt. Er hatte eingesehen, dass in jedem und in allem etwas steckte, das stärker und mächtiger war, als man dachte. Und dass, egal wer oder was man war, immer etwas zu wünschen übrigbleiben würde, da es in dieser Welt nun einmal nichts Vollkommenes gab.

Freiheit durch Disziplin

Die Wünsche des Steinhauers sorgen dafür, dass dieser einen großen Bogen schlägt. Am Ende kommt er dort heraus, wo er angefangen hat – aber erfahrener, weiser und darum glücklicher. Was sonst erhoffen sich die Pilger auf Shikoku von dem Weg, auf dem sie unterwegs sind?

Dabei war es letztlich egal, in welcher Richtung man die Insel durchquerte. Immer wieder kamen mir, als die Grenze zur Provinz Ehime näher rückte, Pilger entgegen. Manche von ihnen blieben stehen und schauten mich an. Einer – er war bestimmt 70 Jahre alt und ging doch geschmeidig vorwärts, seine Bewegungen waren im Fluss, keine davon war abgehackt, keine führte eine begonnene Aktion nicht zu Ende – lächelte mich so lange an, dass ich bereits unruhig wurde. Dann setzte er sein Gepäck, ein Witz von Rucksack, kaum größer als ein Handtäschchen, auf dem Boden ab. Er kramte einen Apfel heraus und überreichte ihn mir gemeinsam mit einer Kaskade von Verbeugungen. Da war ich längst der Meinung, dass dieses ständige Verbeugen in Wahrheit ein Volksprogramm war, von der Regierung initiiert, um Rückenschäden vorzubeugen.

Sofort war mir klar, was von mir erwartet wurde. Das immerhin war ein Fortschritt gegenüber meinen linkischen Gehversuchen in der Provinz Tokushima. Ich setzte nun meinerseits den Rucksack ab, stellte ihn neben den seinen, ein Elefant neben einer Maus. Ich holte einen aufwändig verpackten Schokoriegel heraus und überreichte ihn dem jugendlichen Greis mit aller Ehrerbietung, derer ich fähig war. »*O-settai*«, sagte ich und formte mit Daumen und Zeigefinger meiner rechten Hand einen Ring, um zu beweisen, dass alles in Ordnung war.

Der Effekt war erstaunlich. Das Gesicht des Alten glättete sich. Er nickte langsam und packte den Schokoriegel zuoberst in seinen Rucksack. Als er sich, selbstverständlich mit anderthalb Dutzend Verbeugungen, formvollendet von mir verabschiedete und seiner Wege zog, ließ er einen Blick zurück, der lange in mir nachhallen sollte. Es war der Blick eines Menschen, der angekommen war bei sich selbst, der alles gesehen, alles bedacht hat und nun ganz im Augenblick sein konnte. Sollte ich 70 Jahre alt werden, möchte ich solche Blicke aussenden.

Der Abschnitt, der der »Disziplin« gewidmet war, neigte sich seinem Ende zu. Er hatte sich wider Erwarten als der schönere erwiesen und mir gezeigt, dass Disziplin und Freiheit alles andere als ein Gegensatz sein müssen. »Freiheit durch Disziplin«: Viele Künstler werden diese Maxime verstehen.

Was die nächsten beiden Abschnitte bringen würden, davon hatte ich keine Ahnung. Auf das »Erwachen« hatte ich mich gefreut gehabt, auch mit der »Disziplin« konnte ich etwas anfangen. Aber »Erleuchtung«, und dann noch »Nirwana«? Das waren doch reichlich schwammige Begriffe, die oft von Batikhemden tragenden Veganern im Mund geführt werden, und von denen eigentlich kaum jemand weiß, was sie letztlich bedeuten. Egal, je gemischter meine Gefühle waren, desto positiver war ich bislang von Japan, von Shikoku, von diesem Pilgerweg der 88 Tempel überrascht worden.

Und immerhin ging ich voran: Ich war in Bewegung und tat damit das, was ich als meine eigentliche Bestimmung erkannt zu haben glaubte. Ob vorwärts oder rückwärts, von A nach B oder im Kreis herum, ob im oder gegen den Uhrzeigersinn: Irgendwie sind wir alle unterwegs, ohne genau sagen zu können, warum und wohin. Wir wissen, nein: wir ahnen – das ist stärker! – aber, dass wir damit unserem eigentlichen Wesen ein gutes Stück näherkommen. Dem nämlich, das durch Alltagstermine, Smartphonespiele und Verhaltensroutine nur allzu oft bis zur Unkenntlichkeit verdeckt wird.

Weil wir durch das, was wir täglich sehen und durchleben, abgestumpft sind, wundern wir uns immer ein klein wenig darüber, dass andere Menschen in anderen Teilen der Welt ähnliche Dinge anders regeln als wir. Warum eigentlich? Wohl, weil wir Übereinkünfte mit Tatsachen verwechseln und dadurch Alternativen ausblenden. Erst die Reisen, möglichst in Länder, deren Einwohner anders leben als wir, können uns die Augen öffnen für das, was jenseits unseres Alltags liegt, darum aber keineswegs schlechter sein muss als das, was wir kennen.

Was funktioniert wo am besten? Wie passen wir uns unserer Umgebung an, wie versuchen wir sie nach unserem Gusto zu formen? Welche Bedürfnisse entwickeln wir – und warum? Wer trichtert sie uns ein – und warum? Und welche Lösungen finden wir, um unsere

Ängste zurückzudrängen und unsere Hoffnungen zu stärken, ja: um dem näherzukommen, was uns wirklich ausmacht? Es ist das Zusammenführen, der Austausch, auch das Aufeinanderprallen, das uns weiterbringt – selbst wenn wir das nicht immer so empfinden mögen.

»I go forward, you go backwards, and somehow we will meet«, singt Thom Yorke von der britischen Kunstband Radiohead im Lied »Electioneering«. Was Radiohead betrifft, so ist mir bis heute nicht klar, wie es passieren konnte, dass eine Musikcombo, die bewusst auf Refrains verzichtet und Lieder textet, die vermutlich selbst der Sänger nicht versteht, Millionen Platten verkaufen konnte. Vielleicht aber hat Thom Yorke ganz recht, wenn er sagt, dass es unwichtig sei, ob man nun vorwärts oder rückwärts gehe. Am Ende beschreibt jede unserer Bewegungen ohnehin einen Kreis; sie spiegelt unser Leben im Kleinen wider: erst rebellisches Kind, dann Grenzentester, dann vernünftig und ziemlich langweilig, dann wieder Grenzentester und am Ende erneut rebellisches Kind, nur eben älter.

»Somehow we will meet«: Wenn wir aber in Bewegung bleiben und die Augen offenhalten, werden wir uns irgendwie treffen.

Und darauf kommt es an.

Pilgerstempel
Tempel 30

悟入

ERLEUCHTUNG

Wie sich die größte Stadt Shikokus an mich heranschlich,
ich einem reichlich unjapanischen Japaner gegenübersaß,
und wie schicksalhaft die Zahlenfolge 8-9-3 sein kann

Provinz Ehime, Tempel 40-65

Why does it always rain on me?

Travis

Kulturschocks und die Hand eines Aliens

Erleuchtung auf Japanisch war anders, als ich sie mir vorgestellt hatte: Sie wollte erarbeitet werden. Ständig warf sie mir Steine in den Weg und verlangte, dass ich Wege und Brücken daraus baute. Mehr noch, dass ich solche Unannehmlichkeiten als willkommene Anlässe nahm, meine Standfestigkeit wieder und wieder unter Beweis zu stellen.

Zum Beispiel der Regen. Dazu muss ich jetzt einfach mal was sagen, es geht nicht anders, auch wenn das, was nun folgt, reichlich unbuddhistisch ist. Ich habe ja nichts dagegen, ab und an mal nass zu werden. Auf den meisten meiner Reisen ist das der Fall. Aber die Wahrscheinlichkeit, dass die Wolkendecke zum Greifen nah über mir hängen würde, wenn ich morgens um 6 Uhr ein Haus, eine Herberge, ein Hotel verließ, war zermürbend. Denn die Wolken würden mir nicht von der Seite weichen – und irgendwann, meist kurz nach dem Mittagessen, wenn es mir ohnehin schwerer als zuvor fiel, mich zum Weitergehen zu motivieren, würde ein Theaterstück, dessen Ablauf ich mittlerweile auswendig kannte, seinen Höhepunkt erreichen.

Erster Akt, die Drohung: Das Unglück bahnte sich an. Die Wolken breiteten eine graue Decke über dem Boden aus. Sie zeichneten alle Konturen weich und saugten die Freude aus den Farben.

Zweiter Akt, die Unterschiede lösten sich auf: Alle Formen verschwammen, die Farben zogen sich in Nischen zurück. Die Erde duckte sich unter dem Druck der Decke, die auf ihr lag und sich jetzt schwarz färbte.

Dritter Akt: endlich Regen! Erleichtert nahm ich ihn zur Kenntnis. Natürlich wurde ich patschnass, natürlich fanden die Wassertropfen Zugang zu meiner Haut; sie ronnen genüsslich meinen Rücken herab, ließen sich von meiner Nasenspitze auf die Erde fallen und hielten besonders gern in meiner Poritze Versammlungen ab. Trotzdem aber wusste ich: Schlimmer würde es heute nicht mehr werden.

Im Gegenteil: Im vierten Akt flogen die Wolken plötzlich wie Vögel empor. Das ging so schnell, dass ich meistens noch dreißig, vierzig Schritte weiterging, ehe ich merkte, dass ich meinen Pilgerhut umsonst festhielt und die Jacke ohne erkennbaren Grund noch immer krampfhaft vor meiner Brust zu schließen versuchte. Ich blickte verwundert auf, und schon schoss der erste Sonnenstrahl ein Loch durch die Wolken. Und genau so wie Carlos in Quentin Tarantinos blutlüsternem Film »From dusk till dawn« die Tür aufreißt und George Clooney damit davor bewahrt, von Hunderten hungriger Vampire verspeist zu werden, genau so riss der Wind die Wolken auseinander. Sie lösten sich auf wie schlechte Erinnerungen.

Es folgten – der fünfte Akt – die schönsten Stunden des Tages. Wärme umschmeichelte mein Gesicht, mit jedem Schritt schmatzte das Wasser in meinen Schuhen leiser, und sogar die Poritze erholte sich. Leider währten diese Liebkosungen des Nachmittags selten lange. Schon gegen fünf Uhr abends begann es dunkel zu werden. Dann tat ich gut daran, mich nach einer Bleibe für die Nacht umzusehen. Dort konnte ich meine Kleider zum Trocknen aufhängen, ehe sie am folgenden Morgen erneut durchnässt werden würden.

Es mochte an dieser morgendlichen Dunkelheit liegen, die sich der Tage bemächtig hatte. Vielleicht strahlte ich deshalb auch weniger Heiterkeit aus als sonst. Doch die Bewohner der Provinz Ehime kamen mir noch distanzierter und misstrauischer vor, als ich es in Tokushima und Kōchi bisweilen erlebt hatte. Eine Frau, die gerade aus ihrem Haus treten wollte, machte auf dem Absatz kehrt, als sie mich sah, und warf die Tür hinter sich mit einer Geste ins Schloss, die ich nur als panisch klassifizieren konnte. Andere, denen ich begegnete, umringten mich und wollten unbedingt ein Foto mit mir machen. Vor allem Schülerinnen konnten kaum an sich halten, wenn ich um die Ecke bog. Sie bedachten mich mit Kichersalven, bestaunten mich wie ein Zirkuspferd und ließen ein Blitzlichtgewitter über mir herniedergehen, das mir Mal für Mal klar machte, warum Nikon, Fuji und Sony zu Japans Exportschlagern gehören.

Um mich nach einer weiteren solchen Attacke von dem überraschenden Starruhm zu erholen, trat ich in einen der *konbinis*, die sich hier in der Hafenstadt Uwajima aneinanderreihten, als handele es sich in Wahrheit um ein einziges Gebäude. Wie immer sammelte ich zusammen, was ich tragen konnte und legte meine Beute am Ende vor einem dienstfertigen Mittzwanziger auf die Ladentheke. Der junge Mann sah mich an, lächelte kurz und fragte mich etwas. Dabei sprach er so schnell, dass ich nicht die geringste Aussicht hatte, eines seiner

Worte zu erraten. Selbst dass er eine Frage an mich gerichtet hatte, wusste ich nur, weil er am Ende die Silbe *ka* gehaucht hatte. Ein Wörtchen, das für sich genommen keine Bedeutung hat, dem Gegenüber aber klar macht, dass er sich nunmehr besser eine Antwort überlegen sollte.

Nur welche? Nach reiflicher Überlegung entschied ich mich für das Zauberwort und sagte: *doitsu*. Meine Herkunft hatte schon öfters auf diesem Weg dafür gesorgt, dass eine Stimmung sich zum Guten entwickelt hatte. In diesem Land, in dem Ausländer nicht selten kritisch beäugt werden, da jeder von ihnen in sich das Potenzial trägt, die täglich von Neuem errungenen Traditionen und Konventionen zu sprengen, in diesem Land brauchte man einen Türöffner. *Doitsu*, das bedeutete, dass einem bei aller Andersartigkeit eben doch einige Eigenschaften unterstellt wurden, die einem zivilisierten Umgang nahe kamen: Ehrlichkeit zum Beispiel, Strebsamkeit und Ordnungsliebe. Darauf konnte man aufbauen; vielleicht genügte das sogar, um ein Gespräch anzufangen. »Made in Germany«, das hatte ich hier, 10.000 Kilometer von zu Hause entfernt, öfter gehört als daheim. Deutsche Produkte galten als haltbar und verlässlich.

Das alles sorgte dafür, dass ich auf die Frage des Angestellten hoffnungsvoll *doitsu* sagte und mein Gegenüber dabei anstrahlte. Meistens passte diese Antwort. Dieses Mal nicht. Statt mich verständnisvoll anzulächeln, konnte sich der Junge nicht zurückhalten, laut loszuprusten. Sofort darauf hielt er sich erschrocken die Hand vor den Mund. Dann kramte er ein Paar Holzstäbchen und eine Plastikgabel hervor, legte beide auf die Ladentheke und fragte mich noch einmal, welches von diesen beiden es denn nun sein durfte. Mit letzter Kraft zeigte ich auf die Stäbchen, nahm die zwei Tüten mit meinen Errungenschaften in Empfang und machte mich schleunigst aus dem Staub.

Uwajima ist auf drei Seiten von Bergen umstellt. Alle Straßen in die Stadt hinein und aus ihr heraus folgen dem Verlauf von Flüssen, die in Jahrhunderten Täler in das Gebirge gefräst haben. Dadurch erinnert Uwajima an eine Hand. Ihr Ballen befindet sich in Meeresnähe; ihre Finger aus sich eng an die Straßen und Flüsse schmiegenden Straßen werden von Jahr zu Jahr länger. Dies ist die einzige Möglichkeit, die Stadt zu vergrößern. Eine Alien-Hand ist Uwajima geworden.

Schwanzlängen und vierfingrige Ganoven

Dann traf ich Takeru. Wir begegneten uns im »Joyfull«, was mich nicht wunderte, da gefühlt jedes zweite Restaurant in Ehime zu dieser Kette gehörte. Mir war das ganz recht: Ich hatte mich mittlerweile mit dem Angebot vertraut gemacht und konnte mit beinahe lässiger Geste das gewünschte Menü bestellen.

Takeru saß am Nebentisch. Eigentlich saß er nicht nur da: Er okkupierte den Tisch und das ganze Restaurant gleich dazu. Vermutlich war er auf eine kurze Stärkung von der nahe gelegenen Autobahn hierher gekommen. Ungewohnt breitbeinig fläzte er auf seinem Stuhl; lautstark telefonierte er, vermutlich unterhielt er sich mit einem Freund. Als ich eintrat, grinste er mich beinahe frech an, und als er kurz darauf den Kellner zu sich rief, tat er das mit einem Unterton, der keinen Widerspruch zuließ. Er erweckte den Anschein, als wisse er über alles und jeden auf der Welt Bescheid, mehr noch: als hätten sich alle Dinge, die ihn umgaben, seinem Willen zu fügen. Diese so vulgär zur Schau gestellte Herrschsucht war ich nicht mehr gewohnt. Das war ja beinahe genauso wie, wie … ja genau: wie zuhause in Deutschland.

Als der Kellner mir das bestellte Menü an den Tisch brachte – wie immer kamen alle Gänge gleichzeitig und waren auf Schälchen und Tellerchen verteilt –, blickte mich Takeru mit so unverhohlener Neugier an, dass ich mich bemüßigt fühlte, etwas zu sagen. Eigentlich nur, um ihn zu zerstreuen und ihm zu signalisieren, dass an diesem Punkt der Konversation bereits das Ende der Fahnenstange erreicht war, was meine Japanischkünste betraf, warf ich ihm ein *konichi-wa* hinüber. Ich hatte mir, was die Aussprache dieser Silben betraf, eine gewisse Meisterschaft angeeignet, die sich leider ausschließlich auf diese beiden japanischen Wörter beschränkte. Umso glücklicher war ich, sie so oft am Tag aussprechen zu können. Ja, darin war ich gut, schließlich übte ich das täglich.

Was für ein alberner Selbstbetrug! Als könnte ich aus diesen beiden Wörtern schließen, dass ich irgendwie angekommen wäre in Japan. Sobald mein Gegenüber meinen Gruß zum Anlass nahm, mich etwas zu fragen, stieg ich aus der Unterhaltung aus und stammelte »japanisierte« englische Vokabeln. Meine Gesprächspartner fragten mich eigentlich immer etwas. Sie waren sehr freundlich und neugierig.

Takeru erwiderte nun ebenfalls meinen Gruß. Dann aber fuhr er zu meinem Erstaunen in tadellosem Englisch fort. Was ich hier zu suchen hätte, fuhr er mich an: »What are you looking for?«. Vermutlich klang das nur so barsch in meinen Ohren, weil ich inzwischen an das anbiedernde Säuseln japanischer Dienstleister gewöhnt war. Ein kurzes Treffen mit der Realität tat mir vielleicht gut.

Also vertraute ich Takeru an, dass ich vor einem knappen Monat in Tokushima aufgebrochen sei und hoffte, in den kommenden Tagen Matsuyama zu erreichen, die dritte große Stadt auf meinem Weg. »Ha, Matsuyama«, polterte Takeru (wie mir schien), das kenne er gut, da habe er heute noch etwas zu erledigen. Er sagte das wirklich so, »I got a job to do there«, ganz wie in den schlechten amerikanischen Filmen, in denen der Sprecher kurz darauf entweder eine halbe Stadt über den Haufen schießt oder sich von einer drallen Blondine in hautengem Kleid zum Besseren bekehren lässt.

Ich wurde nicht schlau aus meinem Gegenüber. Warum konnte er es sich erlauben, so demonstrativ nicht unterwürfig zu sein? War er berühmt, ein Künstler vielleicht, dem man die ungehobelten Manieren verzieh? Ich fasste mir ein Herz und fragte ihn, was er denn zu erledigen habe in Matsuyama. Er lachte auf – zum ersten Mal, seit wir uns getroffen hatten – und meinte, dass ein Gentleman wie er darüber natürlich schwiege. Sein Name aber, soviel könne er mir anvertrauen, bedeute soviel wie »Krieger«. Inzwischen konnte ich mir Takeru tatsächlich gut vorstellen, wie er wie Tom Cruise im Thriller »Collateral« in ein Taxi stieg und den Fahrer zwang, ihn zu seinen Opfern zu fahren.

Oder machte er sich über mich lustig? Zuzutrauen wäre es ihm: Offensichtlich hatte er einige Zeit in Großbritannien verbracht, der Heimat des makaberen Humors. Davon zeugten seine allzu häufigen »Isn't it«-Anhängsel ebenso wie seine Behauptung, man müsse als Pilger nun einmal gerade in schwierigen Situationen durchhalten: »You've got to keep a stiff upper lip«.

Gebarte sich Takeru am Ende vielleicht nur darum so schroff, weil er meinte, dass mir das eine Art Heimatgefühl verschaffte? War er so japanisch und verbog er sich derart stark, um mir entgegenzukommen? In den ersten Minuten hatte ich diesen Verdacht noch. Bald aber wurde mir klar, dass Takeru es durchaus ernst meinte mit dem, was er von sich gab. Sein Gesicht war wie seine Statur: nicht dick im Sinne von schwerfällig, sondern klobig im Sinne einer eindeutigen Präsenz. Takerus Augen waren eher klein und sonderbar weit hinten angebracht, als wollten sie lieber in ihrer sicheren Höhle bleiben. Ihre Blicke aber machten deutlich, dass mit Takeru nur solange zu spaßen war, wie man seine Überlegenheit anerkannte.

Überhaupt hatte es die Sache mit dem Spaß meinem Gesprächspartner offensichtlich angetan. Noch ehe ich mein Menü ganz aufgegessen hatte, waren wir ohne mein Zutun bei schlüpfrigen Männerthemen angelangt.

»Hast du dir schon einen Stierkampf angesehen?«, wollte Takeru wissen.

»Einen was? Ich dachte, die gäbe es vor allem in Spanien?«

»Da irrst du dich. Sie sind hier in Ehime recht häufig. Ich gehe da gerne hin. Am besten gefällt mir natürlich, wenn so ein Stier mal einen Kämpfer auf die Hörner bekommt. Die sollen sich ruhig anstrengen für ihr Geld!«

»Ähm, ja also …«

»Und dann erst die Karaoke-Bars! Kein Vergleich zwar zu denen von Tokio und Osaka, aber immerhin: In Matsuyama gibt es doch so einige, in denen man Spaß haben kann. Versprich mir, dass du eine davon aufsuchen wirst!«

»Hm, eigentlich mache ich mir nicht viel aus …«

»Du musst hingehen, sonst verpasst du etwas!«, beharrte er.

Takeru war kein Künstler. Je länger ich über ihn nachdachte, desto klarer verortete ich ihn als Geschäftsmann. Vermutlich hatte er irgendeine Firma gegründet und sie nach ein paar Jahren für eine Summe mit vielen Nullen hinten dran verkauft. Und vielleicht war das in einer Branche gewesen, in der man es mit Gesetzen und Vorschriften nicht allzu genau nahm – im Baugewerbe, im Glücksspielgeschäft oder bei »speziellen Dienstleistungen«, die Frauen Männern erbrachten. Ja, vielleicht war Takeru wirklich im Rotlichtmilieu tätig gewesen, oder er war es noch. Kaum hatte ich aufgegessen – soviel Anstand besaß er dann doch –, fragte er, was ihm offensichtlich seit Beginn unseres Gesprächs auf dem Herzen gelegen hatte.

»Stimmt das eigentlich, dass Europäer die längsten haben?«

Rumms. Endlich waren wir bei den klaren Ansagen angekommen. Schließlich kannten wir uns schon seit fast einer Viertelstunde.

»Die längsten, ähm, Arbeitszeiten? Oder Autobahnen? Oder Schlangen vor den Kinos?«

»Nichts dergleichen. Komm schon, du hast da doch bestimmt eine Banane baumeln, die dir beinahe bis zum Knie reicht, oder?«

Welche Antwort schlug der Knigge hier vor? Mir fiel ein, dass erst beim Übersetzen der Bibel das Wort »Schuld« in den japanischen Wortschatz aufgenommen worden war. Gerade in gleichgeschlechtlichen Gruppen unterhielten sich Japaner oft unverkrampft über Sexualität. *Hentai*, die erotischen Zeichnungen, die meistens ohne viel Umschweife auf den (G-)Punkt kamen, waren weit verbreitet und wurden auch unter Erwachsenen ausgetauscht. Im Land der Love Hotels war Sex nicht per se eine »Sünde«, als die ihn das Christentum so obsessiv pervertiert. Noch so ein Wort, dass erst durch die Europäer Einzug ins Japanische gefunden hatte. Warum also mal nicht den Kerl, den man eben getroffen hatte, fragen, wie lange sein bestes Stück war?

Ich dagegen, christlich geprägt, wand mich, bis mich der Kellner aus meiner misslichen Lage befreite. Er huschte wie ein Gespenst an Takerus Tisch und sagte etwas auf Japanisch. Dabei verbeugte er sich mehrmals, und jedes Mal gelangte er mit seinem Kopf bis unter die Tischkante. Man musste die Rückenmuskeln von klein auf trainiert haben, um das schmerzfrei hinzubekommen. Takeru antwortete erst schroff, dann brummelte er in sich hinein. Unvermittelt zog er einen pinkfarbenen Geldbeutel aus der Tasche, legte einen Schein daraus auf den Tisch, nickte mir, jetzt wieder distanziert, zu und stob wie ein Windstoß zur Tür hinaus. Der Kellner und ich atmeten gleichzeitig auf. Obwohl wir nur zu dritt in dem Restaurant gewesen waren, war uns jenes klein und beengt vorgekommen.

Als der Kellner Takerus Tisch abräumte, murmelte er japanische Silben vor sich hin. Ich verstand davon lediglich ein Wort, das aber ließ mich aufhorchen: *yakuza*.

Ya-ku-za, das bedeutet übersetzt nichts anderes als »8-9-3« und entspricht einer Situation beim japanischen Kartenspiel *oicho-kabu*, in der man sein Blatt überreizt und es dadurch wertlos macht. Nichts wert sein in den Augen der Gesellschaft: Das hatten die Mitglieder des organisierten Verbrechens gemeinsam. So sahen sie sich selbst. Mit Ganzkörpertätowierungen und vergleichsweise derbem Auftreten setzten sie sich bewusst von der »feinen Gesellschaft« ab. Manchen von ihnen – jenen, die ihren Boss enttäuscht hatten –, hatte man zur Strafe eine Fingerkuppe abgehackt, seltener einen ganzen Finger, wie es oftmals in Filmen und Groschenromanen behauptet wird. *Yubitsume*, so nennt sich dieses Verfahren, darum sehen einige Japaner Matt Groenings vierfingrige Zeichentrickfiguren »The Simpsons« mit gemischten Gefühlen.

Yakuza also: Übereinstimmenden Quellen zufolge gab es fast 100.000 Mitglieder in Japan, damit wären sie die größte Verbrecherorganisation der Welt. Sie betrieben mehr oder weniger offen Schmuggel und Glücksspiel, trieben Schutzgelder ein und unterhielten Bordelle. Sehr oft genügte es, wenn ein *Yakuza* nur davon erzählte, was alles passieren konnte, wenn jemand seine »Steuer« nicht bezahlte. Offene Gewaltandrohung war selten nötig. Viele *Yakuza* operierten daher ganz offiziell; die Geschädigten wandten sich kaum je an die Polizei.

Trotz aller ruchbaren Geschäftspraktiken hielten sich die *Yakuza* in aller Regel an einen rigiden Ehrenkodex. So galt es als verpönt, Unbeteiligte in Auseinandersetzungen hineinzuziehen. Ich war somit nicht wirklich in Gefahr gewesen, selbst wenn ich geahnt hätte, womit Takeru seine Brötchen verdiente. Sich selbst sahen viele *Yakuza* im Übrigen als die wahren Bewahrer von Ritterlichkeit und Treue. Sie propagierten die alten japanischen Werte und wurden mehr oder weniger offen von rechten Parteien unterstützt. Mancher *Yakuza*, der seine Schäfchen dank Grundstücksspekulation oder als Kasinobetreiber ins Trockene gebracht hatte, spazierte als adretter älterer Mann durch die Straßen. Er grüßte die Damen, gab vielleicht Geschäftstipps an Jüngere weiter und besuchte hie und da einen Golfklub oder einen Veteranenverein.

Würde Takeru so einer werden? Vielleicht. Er schien ganz gut darin zu sein, seinen *Yakuza*-Tätigkeiten nachzugehen. Immerhin war er knapp 50 Jahre alt und noch immer am Leben. Außerdem waren seine zehn Finger unbeschädigt.

Was aber machte er hier in Ehime? Was gab es auf der Pilgerinsel Shikoku für einen *Yakuza* zu holen? Strich Takeru Schutzgelder ein, war er vielleicht sogar darum im »Joyfull« gewesen? Und war er nicht besser aufgehoben in Kyoto oder Hiroshima, in einer Metropole also? Oder gab es dort einfach zu viele von seiner Sorte?

Wollte ich überhaupt wissen, welchen »Job« er in Matsuyama zu erledigen hatte? Eigentlich nicht. Immerhin aber hatte mich Takeru neugierig auf die Stadt gemacht, in die ich bald kommen würde. Er hatte mir einen kurzen Einblick in eine japanische Parallelgesellschaft gewährt, von der jeder wusste, aber kaum jemand Notiz nahm. Das kollektive Schweigen war der Nährboden, auf dem die *Yakuza* gediehen. Da die japanischen Mafiosi darauf achteten, dass eine Meinungsverschiedenheit zwischen ihnen und ihren Opfern geregelt wurde, da sie nicht stahlen und man sicher sein konnte, dass ein Verbrechen einen gewissen Rahmen nicht sprengte, kümmerte man sich im Alltag eben nicht darum. »Mich betrifft das ja nicht«, dachte man – bis man eines Besseren belehrt wurde und dann merkte, dass man allein dastand, da alle anderen ebenfalls meinten, dass sie das alles ja nicht beträfe.

Viele kleine Verbrechen an unscheinbaren Orten: Vielleicht war Shikoku doch der richtige Ort für einen wie Takeru. Trotzdem musste ich unwillkürlich lächeln, als ich das »Joyfull« verließ. Wenn ich *Yakuza* hörte, musste ich immer daran denken, wie Uma Thurman in »Kill Bill« gleich 88 davon mit ihrem »Haturi-Hansen-Schwert« niedermetzelte. Eine selbst für Quentin Tarantino brutale Szene, die aber durch geniale technische Kniffe zu großer Kunst erhoben wird: Das ist Kino, das im Gedächtnis bleibt.

Dennoch hatte sich etwas verändert. Ich merkte es, als ich weiterging, Matsuyama entgegen. Jetzt, da ich wusste, dass dort jemand wie Takeru vermutlich ein Opfer besuchte, kam mir die Gegend mit einem Mal rauer und härter vor als zuvor. Natürlich war das Unsinn; natürlich war es dieselbe Gegend wie ehedem, nur meine Wahrnehmung hatte sich geändert: Vor meinen Augen kämpfte der Beton der Stadt mit den letzten Wäldern und Fluren; das Land rang mit dem Meer, die Japaner misstrauten Ausländern, die Pilger suchten krampfhaft nach etwas, das sie nicht benennen konnten, und die *Yakuza* blickten auf ihre Opfer herab.

Auch die japanische Geschichte vom klugen Hasen, der die Schildkröte an der Nase herumführt, erinnert uns an jene andere, dunklere und so viel spannendere Welt unter der uns bekannten Oberfläche, hinter den uns bekannten Gewohnheiten.

Der kluge Hase

Eines Tages schwamm der König der Fische gut gelaunt in seinem Reich umher; er genoss den Schaum der kleinen Wellen, der in der Sonne glitzerte. Da sah er plötzlich dicht unter diesem Schaumgewirr einen dicken Wurm, der sich durchs Wasser ringelte. Er schwamm darauf zu, schnappte sich den Leckerbissen – und ein furchtbarer Schmerz fuhr durch seinen Körper: Er hing an einer Angel, deren Haken ihm im Mund steckte.

Doch er war nicht König ohne Grund! Mit aller Kraft zog und zerrte er an der Angel. Er warf sich nach rechts und nach links, riss das Maul mit dem Haken herum, achtete nicht auf den Schmerz und zuckte so lange hin und her, bis die Angelschnur riss. Mühsam schwamm er daraufhin zurück in sein Schloss. Er legte sich hin und ließ die besten Ärzte seines Reiches zu sich rufen.

Von allen Himmelsrichtungen kamen sie herbei, um ihrem König zu helfen. Als sie aber sahen, wie tief der Angelhaken in seinem Hals steckte, machten sie große Augen. Keinem von ihnen fiel ein, wie man das metallene Ding aus dem Mund des Königs ziehen konnte, ohne den Herrscher in ernste Gefahr zu bringen. Der Fischkönig aber litt immer größere Schmerzen.

»Wer immer einen Weg findet, mir den Haken aus dem Mund zu ziehen, ohne mich dabei zu verletzen, dem werde ich die Hälfte meines Reiches mit all seinen Schätzen schenken«, sagte er mit Mühe, denn das Sprechen fiel ihm schwer. Seine Untertanen verbreiteten die Kunde überall.

Von nah und fern strömte jetzt alles herbei, Aale und Seeschlangen, Lurche und Frösche und alle Fische vom riesigen Wels bis zum unscheinbaren Goldfisch. Aber keiner von ihnen kannte ein Mittel, um den Angelhaken aus dem Schlund des Fischkönigs zu befreien. Der wurde indessen immer schwächer und konnte sich kaum noch bewegen.

Endlich kam eine Schildkröte zum Schloss. Sie warf einen Blick auf das Unheil und erklärte schließlich, dass das einzige wirksame Mittel zwei frische Hasenaugen seien. Die müsse man auf die Wunde legen, dann zögen sie den Angelhaken heraus. Alle stimmten der Schildkröte zu. Einige ärgerten sich, nicht selbst auf diese Idee gekommen zu sein.

Nur: Wie konnte man an die beiden Hasenaugen gelangen? Das Reich des Fischkönigs befand sich unter Wasser; Hasen kamen höchstens zum Trinken in die Nähe. Ratlos blickten die Anwesenden einander an.

»Die Schildkröte hat den Vorschlag gemacht«, sagte schließlich ein fetter Thunfisch. »Da soll sie die beiden Augen auch holen. Sie ist die Einzige von uns, die für einige Zeit an Land gehen kann.«

Alle pflichteten ihm bei. Man drängte die Schildkröte, die Augen herbeizubringen, wenn sie wirklich die Hälfte des ganzen Reiches besitzen wolle. Die Schildkröte merkte, dass es kein Zurück mehr gab.

»Also gut«, meinte sie, »wir machen es so: Ich bringe euch einen Hasen. Aber seine Augen müsst ihr Ärzte dann selbst entfernen. Da möchte ich nicht dabeisein, denn ich kann kein Blut sehen.«

Der Fischkönig nickte, und die Schildkröte machte sich auf den Weg. Sie freute sich schon auf die große Ehre und stellte sich die Geschenke vor, die man ihr als Herrscherin über das halbe Fischreich bald bringen würde. Sehr rasch, auch das wusste sie, würde ihr das ganze Reich des Fischkönigs gehören, denn Fische lebten nicht besonders lange. Sie würde Königin sein, unangefochtene Herrscherin für viele Jahre. Diese Aussicht war schon einige Mühe wert.

Also kletterte die Schildkröte aus dem Wasser und kroch auf einen Hügel zu, auf dem, das hatte sie vom Wasser aus gesehen, ein Hase wohnte. Der Aufstieg fiel ihr nicht leicht. Immer wieder rutschte sie ab und verlor wichtige Meter, die sie sich danach erneut erarbeiten musste. Dann aber hatte sie es geschafft und sah auch gleich den Hasen, wie er genüsslich an einem Krautkopf knabberte.

Als der Hase das Geräusch der sich nähernden Schildkröte hörte, fuhr er erschrocken herum, beruhigte sich aber gleich darauf.

»Ach, eine Schildkröte«, sagte er erleichtert. »Was führt dich so weit aus dem Wasser und zu mir?«

»Nichts Besonderes, Herr Lampe«, flötete die Schildkröte. Sie atmete tief durch. Anstrengend war der Aufstieg gewesen, doch das, was sie jetzt sagen musste, war kaum weniger schwer. »Im Reich des Fischkönigs rühmt man die wunderschöne Aussicht, die man von hier oben hat. Die Frösche haben davon erzählt und alles so schillernd beschrieben, dass ich hierher kommen musste, um mich selbst von der Schönheit dieser Landschaft zu überzeugen. Darf ich mich vielleicht ein bisschen umsehen?«

»Aber sicher doch«, meinte der Hase gerührt, »schaut euch nur alles gut an!«

Die Schildkröte robbte voran und sah in alle Richtungen hinunter. Dabei aber überlegte sie, wie sie den Hasen dazu bringen konnte, mit ihr zum See zu kommen. »Also, ich weiß nicht«, begann sie nach sorgfältiger Inspektion der Landschaft, »nehmt es mir bitte nicht übel, aber etwas umwerfend Schönes kann ich hier beim besten Willen nicht erkennen. Sollte man im Reich des Fischkönigs diese Gegend etwa mehr gerühmt haben, als sie wirklich wert ist?«

»Ihr habt schon recht, Frau Schildkröte«, sagte der Hase nachdenklich, »auf dieser Seite des Hügels gibt es wenig Besonderes zu sehen: Wiesen und ein Flüsschen findet ihr da unten, und ein überschaubares Wäldchen auch. Aber dort, auf der anderen Seite …«

»Ja?«

»Da unten, wenn ihr mir mal folgen wollt …«

»In Ordnung.«

»Jetzt seht ihr, was ich meine, richtig?«

»Ähm …«

»Kommt schon, es kann euch doch nicht entgangen sein! Direkt am Fuß des Hügels, wo die Flure braun zu werden beginnen, seht ihr es nicht? Da hat der alte Bauer aus der nahen Siedlung ein Feld beackert – und jetzt wachsen dort die prachtvollsten Zuckerrüben, die größten Kohlköpfe, das saftigste Kraut aller Zeiten!«

»Jetzt verstehe ich!«, lachte die Schildkröte. »Ihr seht das alles mit dem Bauch und nicht mit den Augen. Na, das will ich gelten lassen.« Plötzlich schoss ihr eine Idee durch den Kopf. »Aber lasst euch sagen, dass das Land des Fischkönigs schon etwas mehr zu bieten hat als das hier. Dort gibt es Berge und Täler, viel gewaltiger als hier, und Ausblicke, bei denen einem schwindelig wird. Und dann erst das Essen! Das Wassergras und die Seegurken sind die leckersten weit und breit, und mit dem Reis und dem Gemüse dort kann sich gar nichts auf der trockenen Erde messen.«

»Reis und Gemüse? Ist das wirklich so lecker?«

»Noch viel besser, als ihr es euch vorstellen könnt! Ach, ich kann kaum mit Worten beschreiben, wie unfassbar gut das alles schmeckt. Da könnt ihr eure Kohlköpfe zurück aufs Feld kullern lassen. Das Beste aber ist, dass alles so einfach vonstatten geht. Schaut nur, wie sehr ich außer Atem war, als ich endlich zu euch gelangte. Alles muss man sich hier mühsam erklettern. Das Wasser hingegen trägt mich einfach dorthin, wo ich hin will. Nirgendwo gibt es einen Menschen oder gar einen Jäger. Niemand stellt euch dort unten nach. Nein, Herr Lampe, bei allem Respekt: Die ganze anstrengende und trockene Erde hier kann mir gestohlen bleiben. Ich mache mich lieber mal wieder auf den Heimweg.«

»Hm«, machte der Hase und dachte nach. »Hört mal, Frau Schildkröte, ihr habt mir das ganze Reich da unten in so schönen Farben ausgemalt, dass ich wirklich Lust bekommen habe, mal einen Blick dort hinein zu werfen. Schade nur, dass das nicht geht. Ich glaube ja gerne, dass sich unter der Oberfläche eine ganz zauberhafte Welt verbirgt. Aber in dem verflixten Wasser

kann unsereins einfach nicht leben. Könnt ihr mir nicht eine von den leckeren Seegurken mitbringen?«

»Das würde ich ja gerne tun«, entgegnete die Schildkröte listig. Endlich hatte der Hase angebissen und einen großen Schritt in die Richtug ihrer kunstvollen Falle unternommen. »Aber glaubt mir, die Seegurken dort unten sind so groß, dass ich niemals eine davon zu euch tragen könnte. Habt ihr nicht gemerkt, wie sehr mich schon der Anstieg ohne Gepäck angestrengt hat? Und außerdem weiß jeder weit und breit, wie unfassbar gut alles schmeckt, was aus dem Reich des Fischkönigs stammt. Der Falke würde mir auflauern, sobald ich mit meiner Beute aus dem Wasser stiege, das Wiesel würde mich auf halbem Weg zu euch abfangen, und der Fuchs würde mir, sollte ich den beiden wider Erwarten entkommen, mit Sicherheit den Garaus machen, um an das leckere Essen zu kommen. Nein, Herr Lampe, wenn ihr wirklich ein Stück vom Paradies kosten wollt, dann müsst ihr schon mit mir kommen.«

»Aber ich kann doch nicht schwimmen!«, rief der Hase kläglich.

»Das macht gar nichts«, sagte die Schildkröte, die kaum noch ihre Aufregung unterdrücken konnte. »Dafür gibt es eine einfache Lösung: Ihr kommt mit mir, damit ich euch beweisen kann, dass alles, was ich gesagt habe, auch wirklich stimmt. Wie schnell bauscht man Dinge nur auf, um seine Freunde zu beeindrucken! Ich meine, schaut euch nur mal die Aussicht hier an … Was ich euch dagegen geschildert habe, ist nur ein Körnchen Wahrheit. So große Schätze kann man nämlich gar nicht schildern. Also passt auf, wir machen es so: Ihr steigt, sobald wir am Ufer ankommen, auf meinen Rücken. Dort verhakt ihr euch mit euren Pfoten an der Unterkante meines Schilds und haltet euch so an mir fest. Ich führe euch dann sicher hinunter und, wenn es euch da unten doch nicht gefallen sollte, ebenso sicher wieder hinauf.«

»Also, ich weiß nicht so recht …«

»Es sei denn, ihr fürchtet euch und verpasst es, einen Blick hinein in diese Welt zu werfen! Wisst ihr eigentlich, dass einige von euch als dem ›Angsthasen‹ sprechen …«

»Schon gut, ich komme ja mit!«, rief der Hase, und die Schildkröte konnte ein Grinsen nicht länger unterdrücken. »Lasst mich nur noch einen Kohlkopf als Proviant mitnehmen.«

»Den werdet ihr bald nicht mehr ganz so lecker finden …«, schmunzelte die Schildkröte.

Die beiden begaben sich an den Rand des Wassers. Dort angekommen, stieg der Hase auf den Rücken der Schildkröte. Er hielt sich mit den Pfoten am Schild seiner neuen Freundin fest, die langsam und vorsichtig ins Wasser glitt. Als der Hase das kalte Wasser fühlte, wurde ihm doch etwas mulmig. Er schloss die Augen und merkte, dass die Schildkröte wirklich mit gleichmäßigen Bewegungen sanft durchs Wasser glitt. Also machte er die Augen wieder auf und merkte, dass sich das Wasser zwar von allen Seiten an ihn drückte, ihm aber, genau wie die Schildkröte gesagt hatte, nichts anhaben konnte. Ganz entzückt war er von all den Wundern, von denen er bisher keine Ahnung gehabt hatte. Er sah blühende Täler und grünende Felder, schimmernde Berge und saftige Wiesen. Er sah Hügel, bewachsen mit Schilf und Rosen, und kunterbunte Blumen, die er nicht kannte. All das schwebte und wogte leicht und sorglos umher, als strich beständig eine Zauberhand durch diesen immensen Garten.

Die alte Schildkröte hat nicht übertrieben, dachte der Hase. Das hier war wirklich eine neue Welt, sanfter und bunter als die seine. Das hier war Leben, hundert- und tausendfach potenziert! Fische in allen Schattierungen umschwärmten ihn. Manche waren dick und gelangten mit einem behäbgen Flossenschlag, den sie hie und da anbrachten, vorwärts. Andere schlängelten umher wie Schlangen. Wieder andere waren wie ein Glitzerteppich, und manche Schwärme formierten sich zu den schönsten Figuren.

»Was sagst du jetzt?«, fragte die Schildkröte siegessicher und verbuchte als Erfolg, dass es dem Hasen vor Respekt die Sprache verschlagen hatte.

Je näher sie dem Lager des Königs kamen, desto mehr Fische begegneten ihnen. Einige von ihnen, dann immer mehr, schwammen herbei und beglückwünschten den Hasen zu seinem Mut.

Eine solche Reise anzutreten koste bestimmt viel Überwindung, meinten sie, denn sie waren der Meinung, dass die Schildkröte dem Hasen den wahren Grund seines Aufenthaltes verraten hatte. Der aber bezog das Kompliment darauf, dass er sich überhaupt ins Wasser getraut hatte. Und als die Schildkröte anfügte, dass der Fischkönig gerne einen so mutigen Gast sehen wollte und ihn daher in sein Schloss einlud, war der Hase ganz stolz auf eine solche Ehre und bat die Schildkröte, ihn dorthin zu bringen. Diese atmete erleichtert auf.

Als sie das Schloss des Königs erreicht hatten, wurde der Hase sofort von den Dienern des Herrschers, einem Schwarm Makrelen, ans Krankenbett geführt. Die Schildkröte aber machte sich schleunigst aus dem Staub.

Die besten Ärzte des Reiches standen um das Krankenbett herum. Dort lag ein besonders fetter Fisch, dem ein gewaltiger Angelhaken aus dem Maul ragte. Es fröstelte den Hasen, als er das alles sah. Irgendetwas an dieser Sache kam ihm nun gar nicht mehr königlich und edel vor. Die Ärzte baten ihn, einstweilen in einem prächtigen Muschelsessel Platz zu nehmen. Man werde sich gleich um ihn kümmern.

Der Hase setzte sich und bemerkte aus dem Augenwinkel, wie die Ärzte einen kleinen Kreis bildeten und aufgeregt miteinander tuschelten. Sie sprachen leise, doch der Hase hatte lange und gute Ohren, und so hörte er bald einen Satz, der ihm die Haare zu Berge stehen ließ: »Wie entfernen wir jetzt am besten seine Augen?«

Von da an verwünschte er seine Neugier und seine Fresssucht, die ihn hierher gebracht hatten. Wie um alles in der Welt konnte er von hier entkommen? Wie konnte er seinen Kopf im allerletzten Moment aus dieser engen Schlinge ziehen, die ihm die Schildkröte gelegt hatte? Wie er die Sache auch drehte und wendete, es fiel ihm keine Lösung ein. Er konnte unmöglich auf und davon schwimmen, jeder hier unten hätte ihn im Bruchteil von Sekunden eingeholt.

Endlich kam ihm ein Gedanke. Es war nicht sein bisher bester, aber vielleicht sein wichtigster. »Hört mal, ihr Herren!«, rief er und hoffte, dass seine Stimme nicht allzu sehr zitterte. »Ich habe gehört, dass ihr von meinen Augen gesprochen habt. Was wollt ihr denn damit tun?«

Die Ärzte erklärten ihm nun alles und bedankten sich wieder und wieder bei ihm. Es sei eine große und selbstlose Geste von ihm, seine Augen freiwillig herzugeben, um das Leben ihres Königs zu retten. Man müsse nur noch einen Weg finden, ihm die beiden Organe auf eine möglichst rasche und weitgehend schmerzlose Weise zu entnehmen. Sein Leben an Land könne er daraufhin natürlich nicht weiterführen, aber das sei ihm wohl schon bewusst, meinten sie. Der König stelle ihm jedoch für den Rest seines Lebens ein Zimmer in seinem Schloss zur Verfügung, so groß sei seine Dankbarkeit.

»Aha«, nickte der Hase, dessen Plan immer konkreter wurde. »Das ist jetzt aber wirklich dumm. Ja, das war nicht gut von der Schildkröte, dass sie mir das nicht gleich gesagt hat, sonst wäre eurem König schon jetzt geholfen. Denn, ihr hohen und gelehrten Herren, ihr wisst bestimmt, dass wir Hasen vier Augen haben: nämlich zwei natürliche und zwei aus Bernstein. Diese letzteren tragen wir immer dann, wenn wir unsere natürlichen Augen schonen wollen – bei staubigem Wetter zum Beispiel, auch bei Sturm und Gewitter. Natürlich habe ich, da mir die Schildkröte nicht gesagt hat, um was es geht, meine künstlichen Augen mitgenommen und die natürlichen Augen zuhause gelassen. Die hätten mir hier im Wasser auch herzlich wenig genützt; vielleicht wären sie sogar beschädigt worden. Dieses Risiko wollte ich nicht eingehen. Ich brauche meine echten Augen ja an Land. Natürlich ist es mir eine große Ehre und Freude, sie eurem König zur Heilung anzubieten. Ihr müsst nur die Schildkröte wieder an Land schicken, um meine echten Augen zu holen.«

»Hm, das ist misslich. Unser König wird immer schwächer. Sag, was meinst du: Wird die Schildkröte eure Augen denn überhaupt finden können?«

»Fragen wir sie einfach«, schlug ein anderer Arzt vor. Schon rief man die Schildkröte herein. Diese kam fröhlich angeschwommen, fast tänzelte sie, glaubte sie doch, dass alles vollbracht

sei und man sich jetzt persönlich bei ihr bedanken wollte. Sie erschrak fürchterlich, als sie den Hasen gesund und munter und mit seinen beiden Augen im Kopf in dem Muschelsessel sitzen sah. Und statt ihr zu danken, musste sich die Schildkröte einige Kritik anhören. Was ihr einfiele, wollten die Ärzte wissen, einem so liebenswürdigen Herrn nicht gleich gesagt zu haben, was man von ihm wolle. Dadurch habe sie die Heilung des Königs verzögert, ihn vielleicht sogar getötet.

Mein Opfer ist klüger, als ich erwartet hatte, dachte die Schildkröte bei sich. Laut aber entschuldigte sie sich bei den Ärzten und dem Hasen und versprach, alles wiedergutzumachen. Sie wolle tun, was immer sie könne, um den Fischkönig zu heilen.

»Gut«, meinte einer der Ärzte, »dann sag uns: Kannst du zurück zum Hasenhügel gehen und die Augen herbringen, wenn dir Herr Lampe genau beschreibt, wo diese zu finden sind?«

Die Schildkröte überlegte lange. Wie konnte sie nur heil aus diesem Schlamassel herauskommen? Natürlich wusste sie, dass der Hase log. Was aber würde geschehen, wenn sie unverrichteter Dinge wieder hier auftauchen würde?

»Das möchte ich gerne tun«, erwiderte sie schließlich. »Aber wie soll ich die Augen, wenn ich sie gefunden habe, auf meinem Panzer befestigen? Die Augen sind doch kostbar und fragil! Lasst den Hasen die Augen herbringen; ich will ihn gerne hin und wieder zurück tragen.«

Das war genau das, worauf der Hase gehofft hatte. Zum Schein aber verzog er das Gesicht, und auch einer der Ärzte fuhr der Schildkröte über den Mund.

»Das reicht jetzt!«, herrschte er sie an. »Genügt es nicht, dass uns der Hase seine Augen anbietet? Sollen wir einem so großherzigen Herren wie ihm wirklich zumuten, sich selbst auf den Weg zu machen, durch das Wasser hindurch, bloß weil du dich nicht getraut hast, ihm unser Ansinnen mitzuteilen? Nein, mach dich gefälligst auf den Weg und sieh zu, dass du die echten Hasenaugen zu uns bringst. Nur damit kannst du deinen Fehler wiedergutmachen.«

Die Schildkröte blickte betreten zu Boden. Der Hase aber, der plötzlich Angst bekam, nicht mehr nach Hause zu kommen, trat vor und sagte: »Verzeiht, ihr edlen Herren, doch ich glaube, dass die Schildkröte in diesem Punkt recht hat. Sie hat mich schnell und sicher durch das Wasser hindurch hierher getragen und kann das bestimmt wieder tun. Und wenn sie meine Augen wider Erwarten finden sollte, so fürchte ich doch, dass sie nicht sanft genug mit ihnen umgehen wird. Dann wäre alles verloren. Bitte erlaubt, dass ich die Schildkröte begleite und die Augen selbst hole. Dieser kleine Weg ist keine Mühe für mich, und wäre er doch eine, so wäre es mir dennoch eine Ehre, eurem König zu helfen.«

Alle Anwesenden waren erstaunt über so viel Edelmut; manche schämten sich bereits, dass sie ein so großes Opfer von ihrem Gast erwarteten. Nach einigem Hin und Her war man sich darin einig, dass die Schildkröte den Hasen an Land bringen und ihn danach mitsamt der Augen zurück zum König führen sollte.

Die Schildkröte nahm also den Hasen, nachdem dieser mit viel Tamtam verabschiedet worden war, erneut auf ihren Rücken, trug ihn der Wasseroberfläche entgegen und dem Ufer zu. Kaum aber hatte der Hase einen Fuß an Land gesetzt, schüttelte er das Wasser aus seinem Fell und drehte sich zur Schildkröte um.

»Du durchtriebenes Vieh«, sagte er angewidert, »fast hättest du mich wirklich drangekriegt. Aber meine List war größer als deine! Du willst Hasenaugen finden? Dann suche dir andere, ich brauche die meinen noch. Und richte deinem König einen schönen Gruß von mir aus.«

Triumphierend sprang der Hase davon und war nach wenigen Sätzen auf dem Gipfel seines Hügels angekommen.

Seit jener Zeit hält sich der Hase wohlweislich vom Wasser fern. Nur manchmal wird die Erinnerung an all die Wunder, die er dort unten gesehen hat, übermächtig, dann schwimmt er doch eine kurze Runde. Die Schildkröte aber lebt seit ihrem missglückten Versuch, die Macht an sich zu reißen, halb im Wasser und halb an Land: Im Wasser fürchtet sie bis heute die Rache der Fische, an Land hingegen hofft sie noch immer, eines Tages ein Paar Hasenaugen zu finden.

»Copy and Paste«

Man versteht viel von Japan, wenn man seine Geschichte als fragiles Gleichgewicht zwischen Zentralgewalt und Partikularinteressen begreift. Ganz ähnlich wie die Schildkröte und der Hase belauert und übervorteilt man einander; mal reißt die eine Seite die Macht an sich, dann wieder schwingt das Pendel zurück zur anderen. Die ständige Konkurrenz löst immer wieder Entwicklungsschübe aus, die das ganze Land nach vorne bringen. So konnten beispielsweise die berühmten Meiji-Reformen durchgesetzt werden, da der kaiserliche Herrscher damit nicht zuletzt – am Anfang stärker als am Ende der Umwälzungen – seine eigene Machtposition gegenüber den allzu stark gewordenen Fürsten sichern wollte.

Lange Zeit – jahrtausendelang, denn Japans Geschichte reicht nachweislich zurück bis ins Jahr 40.000 vor Christus – war der japanische Archipel wenig mehr als ein Anhängsel Chinas. Man sprach Chinesisch und zahlte dem ungleich größeren Nachbarn Tribute. Um 10.000 vor Christus begannen sich die Siedlungen nach und nach zusammenzuschließen. Trotzdem dauerte es bis ungefähr 300 nach Christus, ehe das Herrscherhaus Yamato sie erstmals zu einer Nation zusammenfassen konnte.

Das Leben im damaligen Japan war bis zum Äußersten hierarchisch geprägt. Der über Korea nach Japan gelangte Konfuzianismus legte unzweifelhaft fest, wer herrschte – der Mann über die Frau, der Vater über den Sohn, der Herrscher über den Untertan und China über Japan – und wer qua Geburt immer wieder den Kürzeren zog. Bis heute prägen versprengte Überbleibsel des Konfuzianismus weite Teile des japanischen Lebens. Ihr Einfluss zeigt sich zum Beispiel im *bushido*, dem Ehrenkodex der Samurai, der die totale Unterwerfung unter den Willen des Herrschers vorsieht, und in den aberwitzigen Durchhalteparolen am Ende des Zweiten Weltkriegs, als man von den halbtoten Japanern verlangte, ihr Vaterland notfalls mit Messern und Steinen zu verteidigen.

Die Repression gipfelte im Taika-Reformedikt von 646: Man unterwarf so gut wie alle Bereiche des öffentlichen und privaten Lebens Regelungen nach chinesischem Vorbild. Kurz zuvor hatte man die Institution des *tennō* eingerichtet, eines zentralen Herrschers, den man als eine Art Halbgott verehrte. Damit gehören die Kaiser auf dem Chrysanthementhron der ältesten Erbmonarchie der Welt an.

Um die lokalen Fürstentümer zu schwächen, hob der Kaiser früh die Leibeigenschaft der Bauern auf – und schickte diese flugs vom Regen in die Traufe: Sie waren ab sofort direkte Untertanen des zentralen Herrschers. Auch dank dieser klaren Rollenverteilung konnte Japan ein für die damaligen Verhältnisse moderner Staat werden.

Im Jahr 720 gab der damalige *tennō* die Chronik *nihongi* in Auftrag, die überraschender Weise ein ihm sehr genehmes Ergebnis zutage förderte: Belegte sie doch »unzweifelhaft«, dass der Kaiser direkt vom Sonnengott Amaterasu (»Die am Himmel Strahlende«) abstammte. Die Herrschaft war somit ganz selbstverständlich in die Hände der Kaiserfamilie zu legen. Noch im 7. Jahrhundert änderte die Herrscherfamilie den Namen des Landes entsprechend: Statt *Wa* nannte sie ihr Reich von nun an *Nippon*, was »Sonnenaufgang« bedeutet und bis heute als Synonym für Japan fungiert. »Japan« nennen die Einwohner ihr Land selten. Die meisten sprechen auch heute noch von »Nippon« oder »Nihon«. Ein verbreiteter mythologischer Name für Japan lautet gar *Toyo-ashi-hara no chi-aki no naga-i-ho-aki no mizuho no kuni*, was soviel heißt wie »Land der üppigen Schilfgefilde, der tausend Herbste und der fruchtbaren Reisähren«.

Jahrhundertelang lebte die Kaiserfamilie isoliert und unbehelligt vom Volk, über das sie herrschte. Wobei es durchaus Berührungspunkte gegeben haben musste: Wenn ein Kaiser beispielsweise keine männlichen Nachkommen gebar, ging die Thronfolge automatisch auf die Kinder der Konkubinen über. Man nahm wohl nicht ohne Grund an, dass diese ebenfalls kaiserliches Blut in sich trugen.

In der geschützten und abgeschiedenen Welt des kaiserlichen Hofes konnte eine höfische Kultur gedeihen, die für die damalige Zeit äußerst fortschrittlich war. Im Jahr 673 – zu einer Zeit also, als das Mittelalter in Europa begann und Araber und Christen einander bekriegten – gründete der japanische Kaiser eine Hochschule, um eine alphabetisierte Beamtenelite auszubilden, bei der Eignung und Bildung über ein Amt entscheiden sollten. Acht der bislang 125 japanischen Kaiser waren Frauen.

Gegen Mitte des 8. Jahrhunderts erschienen erste literarische Werke. Dichter wetteiferten am Hof um die Gunst der Herrscherfamilie. Die »Zehntausend-Blatt-Sammlung«, *manyōshū*, umfasst viereinhalbtausend Gedichte. Die Damen des Hofes schilderten ihre Erlebnisse in Erzählungen und Tagebüchern. Das »Kopfkissenbuch« und vor allem die »Erzählung vom Prinzen Genji« wurden weithin bekannt – auch wenn sich die Publikationen primär an eine kleine Gruppe Auserwählter richteten.

Die neue Hauptstadt, in der das literarische Leben erblühen konnte, wurde im Jahr 794 erbaut. Man nannte sie zunächst *Heian* und seit Ende des 12. Jahrhunderts nur noch *Miyako*. Das bedeutet »Die Hauptstadt« und wird im Sinojapanischen wie folgt ausgesprochen: Kyoto. Über eintausend Jahre lang blieb Kyoto die Hauptstadt des Landes. Die Berge im Osten, im Norden und im Westen schützten die Stadt lange vor Feinden. Bis heute gilt Kyoto als Hort der Kunst und der Kultur.

Außerhalb des kaiserlichen Hofes gelang es jedoch einigen Familien, zunehmend Grundbesitz anzuhäufen. Um deren Land zu sichern, wurde eine Militärelite ins Leben gerufen, die man Samurai nannte. Im Jahr 1192 dehnte einer dieser Samurai, Minamoto Yoritomo, seine Herrschaft auf ganz Japan aus. Von da an nannte er sich *Shogun*, »militärischer Führer«. Die prekäre Balance zwischen Kaiserhof und Shogunat, zwischen zentralem Beamtentum und lokaler Feudalherrschaft, hatte Bestand bis zu den Meiji-Reformen von 1867.

Einem Shogun namens Tokugawa Ieyasu gelang es im 17. Jahrhundert erneut, seine Herrschaft auf das gesamte Inselreich auszudehnen. Sein Vorteil: Als Einziger im Land verfügte seine Familie über europäische Kanonen. Ironischerweise verhängte er kurz nach seiner Machtergreifung die Isolation über das Land. Kein Ausländer durfte Japan betreten. Dass hernach eine Friedensperiode anbrach, die über zwei Jahrhunderte lang andauerte, prägt die Japaner bis heute. Die Isolation hatte ihrem Land gut getan, und sie wirkt nach bis hinein in die xenophoben Ansichten vieler Inselbewohner.

Um ihre Macht abzusichern, gründeten die Nachfolger von Tokugawa Ieyasu eine neue Haupstadt, Edo. Dort mussten die Familien der Fürsten dauerhaft leben – ein Pfand, das lokale Rebellionen erschweren sollte. Erst im 19. Jahrhundert verlagerte man die Hauptstadt des Landes gen Osten. Folgerichtig nannte man sie: Tokio, »östliche Hauptstadt«.

Dies geschah im Zuge der Meiji-Reformen, die Japan in Rekordzeit in die Moderne katapultierten. Wie konnte das erreicht werden? Unter anderem dadurch, dass der damalige Shogun, Tokugawa, die Überlegenheit der amerikanischen Kriegsmarine erkannte und dem Kaiser, als es brenzlig wurde, die Macht zurückgab. Bis dahin hatte der *tennō* mehr und mehr Einfluss verloren und am Ende nur noch zeremoniell gewirkt – ähnlich wie beispielsweise der deutsche Bundespräsident.

Nun aber setzte der Kaiser entschlossen und äußerst erfolgreich Reformen um. Eine Grundlage dieses Erfolgs reicht zurück ins 15. Jahrhundert, als sich die Bauern in »Einungen« zu organisieren begannen. Ihre Forderungen nach politischer Teilhabe fußten auf dem Buddhismus, der jedem Menschen die Fähigkeit zuschrieb, erleuchtet zu werden. In den Klöstern fanden schon lange Vollversammlungen statt, bei denen jeder ein Stimmrecht hatte und das Prinzip des Mehrheitsentscheids galt. Viele Bauern nutzten Shinto-Schreine, um sich zu versammeln. Viele von ihnen waren daher nicht unglücklich, als die Ländereien ihrer Herren in Präfekturen überführt und Ministerien nach westlichem Muster errichtet wurden. Mit einem Schlag wurden zwei Millionen Samurai arbeitslos. Es folgte die Modernisierung aller Bereiche im Rekordtempo.

Die Meiji-Reformen waren die große Gegenbewegung zur verordneten Isolation des Landes. Studenten wurden aufgefordert, Technologien im Ausland kennenzulernen; man holte westliche Experten ins Land. Die Industrialisierung der Wirtschaft kam sprunghaft in Gang. Gleichzeitig modernisierte man das Land von innen heraus: 1889 veröffentlichte man eine Verfassung nach preußischem Vorbild. In nur 40 Jahren (statt wie in Europa in zwei Jahrhunderten) hatte sich Japan vom Feudal- in einen modernen Industriestaat verwandelt. Man hatte mehr oder weniger gleichgezogen mit den europäischen Großmächten. Außerdem hatte Japan China besiegt und sich Korea untertan gemacht.

Während die vorherige jahrhundertelange Abschottung dem Land unzweifelhaft gutgetan hatte, konnte Japan letzten Endes nur darum als eigenständiger Staat überleben, weil es sich zum richtigen Zeitpunkt für eine radikale Kehrtwende entschieden und geöffnet hatte. Vier Mal hat Japan Kultur und staatlich-industrielle Errungenschaften von anderen Ländern übernommen: zunächst die der Koreaner, dann der Chinesen, schließlich – im Zuge der Meiji-Reformen – die der Preußen und letztmalig nach dem verlorenen Weltkrieg, als man zähneknirschend die Demokratie nach US-amerikanischem Muster einführte und eben darum, genau wie in Deutschland, wirtschaftlich so erfolgreich werden konnte wie niemals zuvor. Das ist schon ein großer Schritt – wenn man bedenkt, dass die Anwohner noch im Jahr 1946 die Fenster schließen mussten, wenn sie in einem der oberen Stockwerke wohnten und der Wagen des Kaisers durch die Straßen fuhr: Niemand durfte auf den Halbgott herabsehen.

Wie ich den Besuch von Japans berühmtestem Bad knapp verpasste

In etwa wie ein Ninja, einer jener Spione, die Aufträge im Verborgenen ausführen, schlich sich Matsuyama an mich heran. War das schon die Stadt, die mir nördlich einer überschaubaren Hügelkette Autos und Mopeds entgegenschickte? Waren das ihre *Udon*-Restaurants und Supermärkte, ihre Krankenhäuser und Wellnessbäder? Vermutlich waren sie das, und dennoch suchte ich lange in den dicht an dicht stehenden Gebäuden nach einem Zentrum. Erst später sollte ich auf der Landkarte sehen, dass mich der Pilgerweg gekonnt am Bahnhofsviertel vorbei geführt hatte – schnurstracks auf die heiße Quelle *dōgo onsen* zu, die als älteste Japans gilt. Ein wenig angeberisch kam mir das schon vor: Seht her, was wir euch Pilgern hier zu bieten haben!

Dabei hätte Matsuyama das wahrhaftig nicht nötig. Endlich war ich in einer echten Stadt angekommen. Hier gab es sie alle: die Nerds und die Punks und die *yan-mamas*, eine lautmalerische Verballhornung der englischen »young mamas«, die in Japan so genannt werden, wenn sie ihre Jugend mittels Minirock, bauchfreiem Oberteil und Plateauschuhen weiterhin vor sich hertragen wie eine Monstranz. Viele von ihnen haben die Chance, später zu einem *Obattarion* zu werden.

Diese wundervolle Mischung aus »Oma« und »Bataillon« ist für ältere Damen reserviert, die ihren Willen gegenüber Verkäufern, Passanten und vor allem jungen Männern mit Verve und Nachdruck durchzusetzen wissen.

Ich nahm mir Zeit, die Burg auf dem »Kiefernberg«, so die Übersetzung von *Matsuyama*, zu besuchen. Aus dieser Burg ist die Stadt letztendlich hervorgegangen. Heute reckt sich hier etwas schüchtern ein raffiniert verschachtelter Turm über den angrenzenden Park hinaus. Er stapelt spitz zulaufende, nach unten hin ausladende Dächer übereinander. Farblich wirken sie ein wenig uninspiriert, ein blasser Crèmeton wechselt sich mit Hellgrau ab, und doch strahlt das Gebäude etwas diffus Erhabenes aus. Wenn man von hier oben auf den Park und die Stadt blickt, die sich dahinter, darunter, ausbreitet, scheint es, als werfe man einen Blick von der Vergangenheit in die Gegenwart.

Das alles ist von überschaubarer Schönheit – angenehm, aber nicht atemberaubend. Dafür fehlen Matsuyama trotz seiner Größe – über eine halbe Million Einwohner leben hier – die herausragenden Sehenswürdigkeiten, der liebevoll ins Stadtbild integrierte See, die wohltuende Verrücktheit seiner Gassen – kurzum: Es fehlt spürbar ein Gebäude, ein Naturwunder, eine Stimmung – irgendetwas, das diese Stadt zu etwas Besonderem und Einzigartigem machen könnte.

Pilgern bietet Matsuyama hingegen einen besonderen Service: Im Stadtgebiet befinden sich acht der 88 Tempel von Shikoku. Zwischen manchen von ihnen liegt kaum ein Kilometer. Im Zeitraffer zur religiösen Vollendung: Sollte die Provinz Ehime, der Matsuyama als Verwaltungssitz vorsteht, darum das Etikett »Erleuchtung« verliehen bekommen haben?

Ich jedenfalls beschloss am folgenden Morgen, einen Kontrapunkt gegenüber dem hektischen Tempel-Hopping zu setzen und begab mich zu einem Wirrwarr aus würdevollen Holzpagoden, das sich an eine Straßenecke anlehnte. Der Überlieferung zufolge waren die Pagoden zuerst hier gewesen, wenn auch nicht in ihrer heutigen Erscheinungsform, denn es handelte sich um das dreitausend Jahre alte *dōgo onsen*. In dem ehrwürdigen Badehaus, das man 1894 über einer heißen Wasserquelle erbaut hatte, gedachte ich Atem zu schöpfen und mich auf die bevorstehende Erleuchtung vorzubereiten, die mich der Begrifflichkeit zufolge noch in der Provinz Ehime ereilen würde.

Es sollte mir nicht vergönnt sein – weder die Erleuchtung, noch das Atem schöpfen im *dōgo onsen*. Die meisten Japaner sind Frühaufsteher, und auch heute Vormittag hatten sie mich längst abgehängt. Als ich, entschlossen, mich zu erholen, am *dōgo onsen* eintraf, hatte sich längst eine Dutzende Meter lange Menschenschlange gebildet, die mir den Weg in die Wellness-Oase versagte. Man schwatzte munter miteinander, Selfies machten die Runde, und ein dicker Junge drehte sich zu mir um. Letzteres war in jeder Hinsicht ungewöhnlich: In Japan traf ich kaum dicke Menschen, vor allem aber mied man in der Regel den Ausländer – besonders, wenn andere Landsleute in der Nähe waren. Bestimmt hatte der kleine Dicke eine Zeit lang im Ausland gelebt, war insofern aus traditionell-japanischer Sicht leicht verhaltensgestört und hatte infolgedessen wenig Mühe, mich inmitten der Gruppe in beinahe lupenreinem Englisch anzusprechen. Das wiederum tat er durchaus originell.

»Ein heißes Bad wie dieses kann alles heilen, nur die Liebe nicht. Ich bin Naoki.«

Dieser Mann war definitiv fremdländisch verseucht, sonst hätte er sich nicht mit seinem Vornamen vorgestellt. Eine derart plumpe Barbarei beging man gerne in den Vereinigten Staaten; aber doch nicht in einer jahrtausendealten Kulturnation wie Japan. Naoki schien sich jedoch vorgenommen zu haben, mir auf kumpelhafte Art zu erklären, wie das alles hier so lief.

»Du bist zum ersten Mal hier, oder? Ja, unser *onsen* zieht Leute aus der ganzen Welt an! Neulich war ein Brite hier. Wusstest du, dass es unsere Heilbäder schon seit Jahrtausenden gibt? Sie stellen das erste japanische Kulturgut dar, das nicht aus China importiert wurde. Das ist doch mal was. Unsere *onsen*, so wie dieses hier, werden aus vulkanischen Quellen gespeist. Sie gelten uns als kleine Wiedergutmachung der Götter für all die Naturgewalten – Vulkane, Erbeben, Fluten –, die unsere Insel regelmäßig heimsuchen.«

Naoki sprudelte mittlerweile selbst wie ein Vulkan. Die Worte flossen nur so aus ihm heraus. Ich konnte ihm ansehen, wie gut es ihm tat, Englisch sprechen zu können. Also tat ich ihm den Gefallen, nachzufragen, was mich eigentlich erwartete, sobald ich die Schlange gemeistert hatte. Erwartungsgemäß aktivierte Naoki daraufhin seine vulkanische Wörteraktivität.

»Was dich dort drinnen erwartet? Dieses *onsen* macht dir eine Tür auf und führt dich zu dir selbst, Mann! Es blendet alles Störende aus, den Lärm des Alltags, den Schmutz der Straßen, die Schwere der Vergangenheit und der Zukunft, das gnadenlose Vorwärtsticken der Zeit, und wirft dich zurück auf dich selbst. Und da so etwas nur Mönche und Gurus aushalten, umspült es deine ungewohnte Konzentration auf das Wesentliche mit plätscherndem Wasser, mit schwebenden Wellenbewegungen und leichten Lichtern, die sich auf der Oberfläche spiegeln. Es umhüllt dich mit Wärme und beruhigt dich pausenlos mit dezent parfümierter Luft, um dir die Panik zu nehmen. Immerhin sind wir es nicht mehr gewohnt, das ganz Natürliche zu erleben, weil wir ständig von Reizen überschüttet werden. Die meisten halten das Ganze übrigens ein bis zwei Stunden lang aus; dann treten sie, gestärkt, erneut hinaus in die Welt, um dort ihre ziellosen Kämpfe wieder aufzunehmen. Diesen Prozess nennt man heutzutage wohl *Wellness*.«

»Ähm, das klingt … verlockend. Und wann kommen wir da hinein? Irgendwie bewegt sich die Schlange, die wir derzeit bilden, gar nicht vorwärts.«

»Ach, du willst heute noch in das *onsen*? Heute? Ich dachte, dass du dir lediglich eine Eintrittskarte holen willst. Oh Mann, du weißt wohl gar nicht, wie das hier läuft, oder? Zwei Stunden musst du schon einplanen, bis du an das Kassenhäuschen kommst.«

»Zwei Stunden! Und lohnt sich das alles?«

»Mein Gott, es ist halt Wasser. Aber da es die älteste Quelle des Landes ist und die meisten Leute bei uns viel arbeiten, verkaufen wir ihnen die Erholung in regelmäßigen Dosen. Bei euch Ausländern klappt das eigentlich immer ganz gut. Wahrscheinlich müsst ihr euch eher als wir von der Arbeit erholen, obwohl ihr so wenig Zeit am Tag damit zubringt! Kleiner Scherz. Wusstest du eigentlich, dass wir das Wort für »Arbeit«, *arubaito,* von euch Deutschen ausgeliehen haben? Es bezeichnet allerdings in erster Linie einen Nebenjob. Das japanische Wort *bombe* ist auch von euch, bei uns bedeutet das allerdings *Gasflasche.*«

Ich beschloss, Naoki, die redselige Gasflasche, trotz seines hohen Informationsgehalts zu verlassen und mich erneut auf den Weg zu machen. Auch der forderte ja meine volle Konzentration, ähnlich wie das *onsen,* auch er warf mich auf mich selbst zurück, nur das liebevolle Plätschern des Wassers fehlte. Und statt Parfümduft brandete Matsuyama von allen Seiten an mich heran.

Die Stadt blieb seltsam. Sie stellte mir aschfahle Betonklötze zur Seite, zwischen denen liebreizende Gärtchen ausgespannt waren. Die Schönen und die Biester, dicht an dicht. Das Museum *Shiki-kinen* zu Ehren von Masaoko Shiki, der Ende des 19. Jahrhunderts die moderne Haiku-Dichtung begründet hatte, war eine beinahe fensterlose, abweisende Festung. Vielleicht passte der dunkelgraue Bau, der wie ein Gefängnis aussah, zur radikal reduzierten Form der Haiku, die einen engen Rahmen schaffen um das, was möglich ist, und sich noch nicht einmal ein Mehrzahl-s erlauben.

Eines immerhin bot mir diese Stadt, die derart mit echten Reizen geizte: Tempel, Tempel, Tempel! Wo sich die Umgebung eher unscheinbar geriert, wird der Besuch dieser Oasen zur Obsession. Ich wollte sie alle erwandern; ich wollte meine Kalligrafien haben, die Gongs schlagen, den Duft der Räucherstäbchen einatmen. Immer unbuddhistischer bewegte ich mich folglich vorwärts. Ein Tempel ging heute noch, er ist ja gleich dort vorne, und dann noch einer. Und noch einer. Her mit den Geschichten, her mit der Erleuchtung!

Im 51. Tempel wurde der Legende zufolge Emon Saburō, der erste Shikoku-Pilger, als Kind mit dem Stein in der Hand wiedergeboren. Im 53. befand sich, als Buddha getarnt, eine Marienstatue, zu der Christen seit Jahrhunderten heimlich beteten. Im 54. Tempel schließlich sah ich eine beeindruckende Glocke. Sie war im Jahr 1704 gegossen worden. Mehrfach hatten Diebe sie entwendet, woraufhin die Glocke jedes Mal zu läuten angefangen hatte; *inoru inoru* hatte sie geklingelt, das bedeutet so viel wie »nach Hause«. Die Diebe hatten Angst bekommen und die Glocke zurück in dem Tempel gebracht. Süchtig wurde ich nach Geschichten dieser Art.

Plötzlich Frühling

Matsuyama verließ mich, wie es zu mir gekommen war: gemächlich, schleichend. So sanft, dass ich es zunächst kaum bemerkte, begannen die Abstände zwischen den Gebäuden der Stadt zu wachsen. Der Straßenverkehr dünnte aus, zaghaft begannen Gärtchen und bald darauf Reisfelder sich auszubreiten.

Der Pilgerweg führte jetzt direkt am Meer entlang – doch das klingt schöner, als er in Wahrheit war. Die Strecke lief nicht nur parallel zu einer Schnellstraße, auf der Autos und Lastwagen lärmten. Man hatte sie zudem eingeklemmt: Meerseitig stieß der Blick auf eine Mauer, die alle Träume von malerischen Buchten oder Strandleben begrub, landseitig zogen sich die Schienen der nationalen Eisenbahnlinie *JR* über die Hügel. Irgendwie hatte ich mir die Sache mit der Erleuchtung anders vorgestellt.

Der Weg tat sein Übriges. Er führte direkt an den rauchenden Schloten einer Fabrik vorbei, die selbst für japanische Verhältnisse hässlich war. Zugegeben, nur wenige Fabrikhallen schmeicheln dem Auge und lassen Gedanken an Urlaub aufkommen. Warum aber hatte man für dieses Gebäude auf einen so abweisenden dunkelgrauen Farbton zurückgegriffen? Etwas Derartiges kannte ich bislang nur aus Filmen, die das entsetzliche Leben im ehemals kommunistischen Osteuropa veranschaulichen wollten. Warum hatte man die Fabrikgebäude zudem mit Mauern umstellt, auf denen ein Stacheldraht prangte? Und warum führte man die Rohre, durch die man höchstwahrscheinlich giftige Flüssigkeiten jagte, an den Außenseiten des Gebäudes entlang?

Passend zu alldem hatte es erneut zu regen begonnen. Staub, Schmutz und Abgase färbten die letzten Schneereste rostrot. Der Winter blutete aus.

Und dann, eben als ich die Provinz Ehime bereits abgeschrieben hatte, änderte sich wie auf ein geheimes Zeichen hin alles. Ohne es vorhergesehen zu haben – wer könnte etwas Derartiges ahnen? –, befand ich mich urplötzlich in einem jener Momente, die einen ansatzlos in Beschlag nehmen, einen vom Kopf auf die Füße stellen (oder andersherum) und kräftig durchschütteln. Es war einer jener Wendepunkte, die nicht nur alles, was von hier an vor ihnen lag, veränderten, sondern auch alles, was einen bis hierher geführt hatte, in einem gänzlich neuen Licht erscheinen ließen. In US-amerikanischen Serien nannte man derartige Augenblicke *game changers*.

Am 21. März, um halb acht Uhr morgens, hielt der Frühling Einzug in Japan. Die Vögel wussten es als erste. Ihre Terzen waren zu Quarten und Quinten geworden, zu Botschaften, die sie von den höchsten Bambuszweigen herabschickten. Über Nacht schien die Sonne im Fitness-Studio gewesen zu sein; sie richtete sich so kraftvoll auf, als sei alles zuvor nur eine Übung für den heutigen Tag gewesen. Grashalme streckten sich, Raupen wurden zu Schmetterlingen. Eidechsen flitzten über den Weg. Auf Hügel und Täler, Gedanken und Gespräche legte sich eine wärmende Decke. Das ganze Land sprang auf wie eine Knospe. Ehime winkte mir zum Abschied mit wogenden Bambusbäumen und Kirschblüten zu. Frauen, Männer und Kinder strömten nach draußen, als sei irgendwo ein Stöpsel gezogen worden. Sie lachten mir entgegen, hüpften die Straßen entlang und lagen auf Picknickdecken ausgestreckt unter den Bäumen. »Everything is broken up and dances«, dichtete Jim Morrison, der Sänger der Doors, dereinst. Hier, am südwestlichen Rand Japans, trafen seine Worte zu.

In den ersten Stunden jenes Tages tat ich wenig anderes, als die neue Stimmung in mich aufzunehmen. Ich glitt vorwärts, als schöbe mich jemand an. Dann begann ich energischer auszuschreiten; immer schneller und mit immer größeren Schritten. Beinahe im Laufschritt gelangte ich ins Zentrum von Imabari. Dieses Mal lieferte mich der Pilgerweg direkt am Bahnhofsgebäude ab, und das war gut so: Hier konnte ich Wasser trinken, meine Vorräte auffüllen und eine kurze Pause einlegen.

In den vergangenen anderthalb Stunden hatte sich langsam, aber unaufhaltsam eine Marinade aus Schweiß um mich gelegt. Passend dazu nennt man Imabari auch die Handtuchstadt; hier werden sie in großer Zahl produziert, ein Handtuchmuseum wartet gar mit Kunstwerken aus und auf Handtüchern auf.

Ich blieb nicht lange in Imabari. Die Kette aus Tempeln zog mich hinaus, dem Rand der Provinz Ehime entgegen. Jede halbe Stunde konnte ich eine weitere dieser buddhistischen Oasen ansteuern.

Zuweilen machte ich mir nicht einmal mehr die Mühe, zwischendurch mein Tempelbüchlein einzupacken. *Senyūji* folgte auf *Eifukuji*, der auf *Taisanji* gefolgt war, und ich sammelte sie auf wie Münzen, die jemand auf der Straße vergessen hatte. Ich war unterwegs, ich hatte ein klares Ziel vor Augen, und alles war an seinem rechten Platz.

Wir lieben es nun einmal, Aufgaben zu lösen. Vermutlich hat uns die Evolution diese Lust unausradierbar in unsere DNS eingebrannt. Und hier war nun eine Aufgabe, der ich mich widmen durfte: Finde deinen Weg zu den 88 Tempeln von Shikoku und komme zurecht in einem Land, in dem du nichts lesen kannst und dich kaum jemand versteht. Ein Westeuropäer, der ganz ohne sein Zutun in einer friedlichen Welt lebt und der alles in allem wenig Gefahr läuft, in seinem Alltag wirkliche Überraschungen oder Umwälzungen zu erleben, jemand wie ich also, der selten zu spüren bekommt, dass eine seiner Entscheidungen größere Auswirkungen auf sein Leben hat, und der kaum auf Augenblicke stößt, in denen er merkt, dass es jetzt, gerade jetzt und hier, wirklich um etwas geht, ein solcher Mann sucht sich naturgemäß Rätsel und Herausforderungen. Beide bot mir der Pilgerweg von Shikoku.

Hōjuji, *Kichijōchi* und *Maegamiji*: Immer besser fand ich mich zurecht, immer selbstverständlicher vollführte ich die buddhistischen Rituale, immer harmonischer spielte ich den Dreiklang aus Wandern, Tempelbesuch und Übernachten, aus dem sich das Pilgern zusammensetzte. Ich war dazu übergegangen, selbst die absurdesten Überlieferungen nachzuvollziehen und weit hergeholte Zusammenhänge zu glauben. Wer zum Beispiel im 63. Tempel von der Haupthalle mit geschlossenen Augen und ein Gebet murmelnd zu einem Stein gehen und seinen Pilgerstab dort in ein Loch stecken konnte, dessen Wunsch wurde erfüllt. Wer dachte sich so etwas nur aus? War ein paar jungen Mönchen langweilig gewesen? Waren sie neidisch auf die anderen Tempel gewesen mit ihren heilbringenden Brunnen, singenden Glocken und Wundern? Hatten sie sich mit ihren Glaubensbrüdern ausgetauscht (Tut uns leid, das heilige Brunnenwasser ist leider schon vergeben, aber ihr könnt einen Stein haben, in dessen Mitte sich ein kreisrundes Loch befindet)? Oder, und daran glaubte ich mit jedem Schritt ein wenig mehr, war wirklich etwas dran an den Geschichten, wiesen die uralten Legenden vielleicht doch ein Körnchen Wahrheit auf, gab es Dinge, die weit über unseren Verstand, über Logik und Vernunft hinausgingen? Vielleicht wurde es Zeit, die Provinz Ehime zu verlassen.

Der Pilgerweg sah das offenbar genauso. Eben hatte er sich noch unentschlossen und kurvenreich durch die Außenbezirke von Imabari geschlängelt, jetzt aber führte er direkt am *Matsuyama Expressway* entlang strikt nach Osten. Hier konnte ich Strecke machen, obwohl mein Rucksack beinahe stündlich schwerer wurde: Abseits der Städte, in denen alle paar Meter eine neue Verlockung das Auge ablenkt und es nie weit zu einem Restaurant, einem Laden oder zumindest einem Unterstand ist, jenseits solcher Annehmlichkeiten also wurden die Menschen, denen ich begegnete, offener und großzügiger. Auf den vergangenen dreißig Kilometern war ich der Autobahn gen Osten gefolgt, und überall hatte man mir Geld, Obst und Kekse geschenkt. Man hatte mir eine Stirnlampe aufgenötigt, einen schön gestalteten Notizblock überreicht, außerdem ein kunstvoll verziertes dunkelblaues Handtuch, eine unüberschaubare Menge Visitenkarten und einen frotteeweichen Bademantel. Einen Bademantel! Für einen Pilger! Vielleicht war das als kleiner Wink zu verstehen, dass ich mich zeitnah unter eine Dusche begeben sollte. Und vielleicht lag die Geschenkeflut nicht zuletzt daran, dass ich plötzlich der einzige Pilger auf weiter Flur war. Immer waren sie mit mir gezogen, die anderen Weißkittel, in Imabari waren sie mir auf Schritt und Tritt gefolgt, dass ich aus dem Grüßen und Lächeln kaum noch herausgekommen war. Hier jedoch, wo über vierzig Kilometer zwischen zwei Tempeln lagen und es zudem schnurstracks auf den Abend zuging, waren sie wie weggefegt. Waren sie in Imabari geblieben? Warum hatten sie das getan? Wussten sie etwas, das sich meiner Kenntnis entzog – zum Beispiel, dass sich der Pilgerweg entlang einer Autobahn extrem in die Länge ziehen konnte, während der Himmel erneut mit Regen drohte?

Wie dem auch sei: ich hatte beschlossen, noch heute die Provinz Ehime zu verlassen. Demzufolge schritt ich unbeirrt aus, um an die Grenze des Wegabschnitts zu gelangen, der der in meinem Fall leider nicht eingetretenen Erleuchtung gewidmet war.

Als es bereits dämmerte, kam mir eine Pilgerin entgegen. Das hatte ich bereits mehrfach erlebt; nicht wenige umrundeten Shikoku gegen statt im Uhrzeigersinn. Als sie bei mir war und wir das übliche »Woher« und »Wohin« ausgetauscht hatten, deutete sie auf mein Pilgerbüchlein, dessen Spitze aus meinem Rucksack hervorlugte. Ich legte es der Pilgerin in die faltigen Hände. Mein Gegenüber mochte sechzig oder siebzig Jahre alt sein, strahlte aber unzweifelhaft den Elan einer Jugendlichen aus. Nur dass ihre Bewegungen zielsicherer waren, ihr Blick ruhiger und ihr Gesicht aufgeräumter. Obgleich es beinahe unter dem Pilgerhut verschwand, erkannte ich doch, dass es auf eine schwer zu begründende, aber deutlich wahrnehmbare Art harmonisch war.

Die Alte lächelte mir zu, und mir kam in den Sinn, auch sie nach ihrem Pilgerbuch zu fragen. Vielleicht lag darin ja eine gewisse Art der Respektsbekundung. Die Pilgerin schien denn auch erfreut zu sein, als ich mein Anliegen gestenreich vorgebracht hatte. Stolz zückte sie ihr Büchlein und legte es mir mit einer fließenden Bewegung in die geöffneten Hände. Ich schlug es auf und blätterte suchend darin herum. Wo waren die Pilgerstempel, wo die kunstvollen Kalligrafien? Ich konnte nichts Dergleichen entdecken. Stattdessen schien jemand die Seiten blau eingefärbt zu haben. Hier und da waren weiße Flecken zu erkennen, aber die blaue Farbe überwog. Fragend blickte ich auf und sah, dass mir die Pilgerin acht Finger entgegenstreckte. Da erst begriff ich: Dies war ihre achte Inselumrundung. Jedes Mal hatte die Pilgerin neue Kalligrafien und Pilgerstempel in ihr Büchlein bekommen, bis dessen Seiten einen Großteil der Farbe aufgesaugt hatten.

So langsam begann mir das, was ich immer häufiger hinter der demonstrativen Bescheidenheit meiner Gastgeber erkannte, irgendwie unheimlich zu werden.

Unter Beteuerung meiner grenzenlosen Anerkennung verabschiedete ich mich von der Pilgerin, die bereits zum achten Mal an dieser Stelle vorbeikam. Eben noch war sie in meinen Augen ein Mütterchen gewesen, eine Allerweltsfrau; jetzt entpuppte sie sich als ernsthafte Fußgängerin, die Fragen hervorrief. Sprächen wir eine gemeinsame Sprache, und verstieße es nicht gegen die ungeschriebenen Regeln der Höflichkeit, so würde ich sie ihr stellen: Was hatte sie dazu bewogen, derart lange Fußmärsche zu unternehmen? Hatte sie ein Wendepunkt in ihrem Leben hierhergeführt, machte ihr das Gehen Spaß oder tat sie Buße für eine Verfehlung? Wusste sie, dass es auch in anderen Teilen der Welt Pilgerwege gab, hatte sie den Jakobsweg oder den Franziskusweg kennengelernt? Und: Welche Überraschungen mochten wohl noch in ihr stecken? Würde sie, wenn ich sie besser kennenlernte, zugeben, die Aufsichtsratsvorsitzende von Mitsubishi zu sein oder vielleicht Schlagzeug in einer Crossover-Band zu spielen?

Nichts davon hätte mich gewundert. Mittlerweile traute ich den Menschen, denen ich begegnete, so einiges zu. »I contain multitudes«, behauptet der Rapper Eminem alias Slim Shady alias Marshall Matters in einem seiner Lieder. »In mir stecken viele Welten«. Auf die meisten Japaner schien das zuzutreffen, und diese vielen Aspekte in ihnen wollten entdeckt werden. Hier, wo die Religion den stetigen Fluss der Dinge proklamierte und die Existenz eines unveränderlichen Ichs negierte, schien die Hemmschwelle, in verschiedene Rollen zu schlüpfen, geringer als anderswo zu sein. Die unscheinbare Hausfrau hatte vielleicht ganz Japan zu Fuß durchquert, der biedere Geschäftsmann rockte abends in der Karaoke-Bar ab, und der schüchterne Origamikünstler hatte unter Umständen in seiner Vergangenheit unfassbare Kriegsgreuel begangen.

Wie die Japaner selbst war auch der Pilgerweg: Auf den ersten Blick kam er schlicht daher. Er bestach weder mit landschaftlichen Reizen noch mit konkurrenzlosen Herausforderungen. Erst wenn man sich länger mit ihm befasste, sich auf ihn einließ und ihm einige Zeit folgte, merkte man, was in ihm steckte. Der kurzfristige Effekt ist seine Sache nicht; stattdessen lehrt er das genaue Gegenteil: Mit jedem Kilometer, jedem Schritt versucht er, eine Illusion zu zertrümmern und die eigenen Bedürfnisse zurückzudrängen.

Das immerhin hatte ich begriffen: Es ging unterwegs weniger darum, »die Erleuchtung« zu finden oder das eigene Glück zu maximieren. Stattdessen waren es Kleinigkeiten, die diesem Pilgerweg sein unverkennbares Gesicht verliehen. Der Blick, den mir die alte Pilgerin beim Abschiedsgruß zugeworfen hatte, aus wachen Augen, die kein Aufgeben und keine Resignation kannten, viel hatten sie gesehen und trotzdem Lust darauf, noch viel mehr kennenzulernen.

Das sechs *tatami* große Gärtchen, das ich in einer abgelegenen Mini-Pension entdeckte, als ich vom einzigen Zimmer hinüber zum Waschraum ging, es war auf das Feinste veredelt worden mit dunkelroten Lampions, Katzen aus Stein, Hunden aus Holz und selbstgebastelten Pilgerfiguren aus Kupfer und aus Gummireifen. Das ungeheuchelte Interesse im Tonfall eines Fragenden, der wissen wollte, was mich hierhergebracht hatte und warum ich auf Shikoku unterwegs war, statt mir beispielsweise an der Copacabana die Sonne auf den Bauch scheinen zu lassen. Es lag echte Verwunderung in seiner Stimme. All die liebevoll gepflegten Obstgärten und Reisfelder, an denen ich vorbeizog, die Restaurants am Wegrand, die ich meistens erst dann als solche erkannte, wenn ich direkt vor ihnen stand, all die Kilometer, die Meter, die Schritte, die mich voranbrachten – ohne Paukenschlag, dafür umso unbeirrbarer und treffsicherer voran.

»Those little things define us«, bringt es die britische Rockcombo Bastille auf den Punkt. Zu oft laufen wir am kleinen Glück vorbei, weil uns die Fixierung auf einen eingebildeten Wendepunkt, ein großes Ereignis, auf das wir zuzusteuern meinen, gefangen hält. Unser Leben aber gelingt am ehesten, wenn wir ehrlich zu uns sind und hart daran arbeiten, unsere Unzulänglichkeiten zu überwinden.

Eben davon berichtet eine kleine Geschichte, die zu den bekanntesten Japans gehört, und die man sich in immer neuen Versionen im ganzen Land erzählt.

Tanabata

Vielleicht hatte sich die Geschichte, von der hier die Rede ist, so zugetragen: Orihime, die unermüdliche Himmelsweberin, hatte dereinst die Torheit begangen, sich in einen Sterblichen zu verlieben, in einen Hirten gar, Hikoboshi, dessen Gesang und Flötenspiel sie gerührt hatte. Sie begab sich hinab zur Erde, um bei ihm zu leben. Ihr Vater, der Himmelsgott, war darüber sehr erbost. Seit seine Tochter aufgehört hatte, die Farben des Himmels zu weben, war das Firmament jeden Tag blau. Der Himmelsgott schickte einen Boten, der Orihime zurückbrachte. Um zu verhindern, dass sie sich erneut davonstahl, sobald es dunkel wurde, entwarf der Himmelsgott einen hellen Streifen, der das Firmament in den Nächten beleuchtete: die Milchstraße. Doch einmal gelang es Orihime, diese Barriere zu überwinden: Sie versteckte sich unter einer Schar Elstern und gelangte auf diese Weise unbemerkt zu ihrem Geliebten. Seit sie wissen, wie sie zueinander gelangen, treffen sich die beiden immer am siebten Tag des siebten Monats im Jahr.

Eine andere Erzählart dieser Geschichte behauptet, dass sich einst ein wandernder Eisenhändler in ein liebreizendes Mädchen verliebte. Da er keinen anderen Weg fand, um der Angebeteten nahe zu sein, stahl er ihr, als sie in einem Bergsee badete, das Kleid und ging anschließend wie zufällig an dem See vorbei. Gönnerhaft bot er dem Mädchen seinen Mantel an und lud es ein, sich bei einer Tasse Tee in seinem Haus aufzuwärmen. Einige Treffen später wurden die beiden ein Paar. Eines Tages aber, als der Eisenhändler erneut auf Wanderschaft zog, entdeckte das Mädchen, als es auf der Suche nach einem Brief eine Schublade aufzog, das Kleid, das ihr damals gestohlen worden war. Als der Mann heimkehrte, sah er bereits von weitem seine Frau in dem besagten Kleid. »Ich gehe fort von dir«, sagte sie. »Du dummer Mensch! Ich komme aus dem Himmel. Eine Zeit lang dachte ich, dass unsere Gesetze auch bei euch auf der Erde gelten könnten. Jetzt aber weiß ich, dass das nicht möglich ist. Darum kehre ich heim zu meinem Vater.« Schon schwebte sie davon. Ihr Mann aber sank in sich zusammen und weinte tage- und nächtelang. Er schalt sich so lange einen Dieb und Versager, bis er seine Frau schließlich erweichen konnte. Am siebten Tag des siebten Monats hörte er im Traum plötzlich ihre Stimme, an die er sich so gut erinnerte. Wenn er sie wirklich wiedersehen wollte, vertraute diese Stimme ihm an, so solle er tausend Sandalen im Wald vergraben, damit daraus ein Spross hervorgehe, so stabil und mächtig, dass man daran bis hinauf in die Wolken klettern konnte. Noch in der gleichen Nacht begann der Mann, wie ein Besessener Sandalen zu flechten. Er hörte nicht auf zu arbeiten und schuftete sieben Monate, sieben Wochen und sieben Tage, bis er 999 Schuhe zusammenhatte. Dann aber brach er vor

Erschöpfung zusammen. Am folgenden Tag vergrub er die Sandalen im Wald. Es dauerte nicht lange, bis ein gewaltiger Bambusspross daraus erwuchs. Der Eisenhändler war ein kräftiger Mann, und sofort begann er an dem Gewächs emporzuklettern. Das wuchs immer schneller und katapultierte ihn schließlich durch die Wolken hinauf zum Himmel, der an jenem Tag in den schillerndsten Farben erstrahlte. Über ihm schwebte ein Palast, prächtiger als alles, was er bisher gesehen hatte. Er griff nach der Eingangstür, doch es fehlte genau eine Körperlänge bis zu seinem Ziel. Verzweifelt sprang er auf seinem Ast auf und ab, streckte sich, bis ihm Schultern und Arme wehtaten und schrie jämmerlich vor Schmerz und Wut. Da erst merkte seine Frau, wie nahe er ihr gekommen war. Sie schickte eine Schar Elstern, die ihren Mann unter ihre Fittiche nahmen und die letzten Meter bis zum Himmelspalast emporhoben. Endlich konnten die beiden Liebenden einander in die Arme fallen! Von da an kletterte der Mann immer am siebten Tag des siebten Monats den gigantischen Bambusspross empor und ließ sich von den Elstern die letzten Meter zum Eingangstor des Himmelspalasts emportragen, wo er sich mit seiner Frau vereinigte.

Es könnte stattdessen aber auch Folgendes passiert sein: An 364 Tagen im Jahr verrichten die Sterne Wega und Altair ihren Dienst. Sie erhellen ihren Flecken der Nacht und scheinen, durch die Milchstraße voneinander getrennt, jeder für sich vor sich hin. Einmal im Jahr aber, jeweils am – genau: am siebten Tag des siebten Monats –, bewegt sich Altair über Deneb, die dunkle Brücke, ungesehen über die Milchstraße, um Wega nahe zu sein. Ein anderer Stern nimmt indessen seinen Platz ein. Jeweils am 7. Juli eines Jahres kann man, wenn das Sommerdreieck hoch am Himmel steht, deutlich sehen, wie der Glanz um Wega herum an Kraft und Stärke gewinnt.

Oder war es am Ende ganz anders? Es gibt unzählige Versionen von »Tanabata«, die in ganz Japan von Hokkaido bis Okinawa und von Kyoto bis Tokio in Umlauf sind. Gemeinsam ist ihnen, dass sich zwei Liebende, meist ein Mensch von niederem Stand und eine ziemlich eigenwillige Göttin, auf der Erde treffen, dann auseinandergerissen werden und sich schließlich am siebten Tag des siebten Monats eines Jahres sehen.

An jenem Tag wird in ganz Japan »Tanabata«, das »Sternenfest«, gefeiert. Lange Papierstreifen, die die Fäden der Himmelsweberin symbolisieren, hängen von bunten Laternen herab. Man verfasst Gedichte und Wünsche, schreibt sie auf Tücher und hängt diese an Bambusstangen, damit sie bis zum kommenden 7. Juli in Erfüllung gehen.

Der Tunnel von Sakaimte

Die Sterne, Altair und Wega unter ihnen, funkelten am Firmament, als wollten sie nachschauen, ob Japan noch immer aus dem Ozean ragte, als ich vor dem Tunnel von Sakaimte stand. Dort drinnen endete die Provinz Ehime, und die vierte Region von Shikoku, Kagawa, begann. Diese war dem Nirwana gewidmet, und ich hoffte, dass sie mir wohlgesonnener sein würde als die aktuelle.

Nicht dass es mir in Ehime schlecht ergangen wäre. Die Etappe hatte sich lediglich als härter, der Weg als kurvenreicher und die Erleuchtung als illusionärer entpuppt, als ich gehofft hatte.

In der Provinz Tokushima hatte ich Japan kennengelernt und war nach einigen Tagen wirklich angekommen im Unterwegssein. In Kōchi hatte ich erfahren, dass Disziplin auch Freiheit bedeuten kann; es war das bisher schönste Wegstück gewesen. Die Sache mit der Erleuchtung in der Provinz Ehime hatte hingegen nicht so recht geklappt. Erst unscheinbar und dann unnahbar hatte sich mir die Region präsentiert. Erst ganz zum Ende hin, als am 21. März das Land aufsprang wie eine Knospe, war Ehime schön geworden. Davor aber hatte mich der Pilgerweg immer wieder durch Industriegebiete hindurch, an Fabriken vorbei und um mausgraue Gebäude herum geführt, als hätte er mir auf diese Weise verdeutlichen wollen, dass alles, was mir dieser Weg zu geben vermochte, einzig und allein in mir selbst zu finden sein konnte.

Draußen hingegen hatte es in Ehime vor allem Wasser gegeben. Vielleicht war auch das ein Symbol, vielleicht hatte alles genau so stattfinden müssen, wie es der Fall gewesen war. Trotzdem: Hatte ich wirklich so viele Pfützen umrunden und durchlaufen müssen? War es tatsächlich nötig gewesen, mich immer wieder bis auf die Knochen zu durchnässen, sodass ich mir, bevor ich ein Restaurant betreten konnte, das Regenwasser abwischen musste? Hatte es ein Ritual werden müssen, dass ich abends, bevor ich zu Bett ging, meine Schuhe, den Pilgerumhang und das blaulilafarbene Kopftuch trockenföhnte? Mit nassen Händen hatte mich Ehime ein wenig zu stürmisch begrüßt und die Umarmung bis ganz kurz vor dem Auseinandergehen nicht mehr gelöst.

»Why does it always rain on me?«, fragt die Britpop-Band Travis in einem ihrer Hits, und bei aller Lakonie enthält diese Zeile doch auch den Funken einer echten Beschwerde. Da nützte es mir wenig, dass aller Wahrscheinlichkeit nach die ganze Sache mit der »Erleuchtung« auf einem Übersetzungsfehler beruhte.

Vielleicht aber fand ich ja im Frühling von Kagawa mehr von dem, was ich suchte, als mir im Winter von Ehime zu finden beschieden war. Ganz abgesehen davon versteht man, bis auf diese eine wehleidige Frage, die ständig wiederholt wird, beim besten Willen nicht, wovon Travis in ihrem Lied eigentlich singen. Die Bedeutung dieses Songs bleibt im Dunkeln wie der Tunnel, auf den ich jetzt zusteuerte.

»I'm seeing a tunnel at the end of all these lights«, behauptet der Sänger von Travis noch. In einem Halbkreis spannte sich jetzt direkt vor mir der Tunnel von Sakaimte auf. Im Licht der Sterne sah es aus, als reiße ein schläfriger Alligator seinen Schlund auf.

Das war ein würdiger Abschied von Ehime. Vor dem Bogen aus Schwärze blieb ich stehen und atmete ein paar Mal tief durch. Dann ging ich in das Dunkel hinein.

Am späten Abend des 23. März beugten sich die Sterne oberhalb Südjapans herab. Sie ließen ihr Licht scheinwerfergleich zur Erde gleiten, um besser sehen zu können, was sich dort unten abspielte: Wie eine Schneeflocke, die in einen Gully fällt, so verschwand ein weiß gekleideter Pilger im Tunnel von Sakaimte, verschwand aus der Provinz Ehime und tauchte wenig später in der Provinz Kagawa wieder auf. Der Pilger drückte sich noch kurz den »Tokushima Expressway« entlang und klopfte dann an der Tür eines *minshuku*.

Pilgerstempel
Tempel 53

寂滅

NIRWANA

Wie ich eine gut gemeinte Warnung missdeutete, warum ein neunzigjähriger Buddha den Pilgerweg kehrt, und wieso Japan ganz zu Beginn von Frauen beherrscht wurde

Provinz Kagawa, Tempel 66-88

Do you understand that we will never be the same again?

Bastille

Ein folgenreiches Missverständnis und 500 erleuchtete Männer

Am frühen Morgen des 24. März zogen sich die Sterne oberhalb Südjapans hinter einen Wolkenvorhang zurück. Zuerst hatten ihnen grauweiße Streifen den Blick auf die Erde nur verschleiert. Lautlos wie Raubkatzen waren sie gekommen, schwerelos tanzten sie durch die Lüfte, ehe sie sich zu weitaus mächtigeren Formen zusammenschlossen. Bald bildeten sie eine durchgehende Wand. Ein Astronaut, der dieses Ereignis von seiner privilegierten Warte aus beobachten würde, hätte sich unweigerlich an die Zubereitung eines überdimensionierten Milchschaums erinnert gefühlt. Denn ebenso rätselhaft wie die einzelnen Schaumblasen hatten sich auch die Wolkenfetzen oberhalb Südjapans umarmt, bis sie ein Gebilde erschaffen hatten, das weitaus haltbarer war, als man erwartete. Zu schade, dass der schlafende Pilger im *minshuku* dort unten nichts von diesem Schauspiel mitbekam – ganz im Gegensatz zur Inhaberin der Herberge.

Hätte ich nur Japanisch gekonnt! Das sollte ich mir im Verlauf des folgenden Tages mehrfach wünschen. Dann nämlich hätte ich verstanden, was mir meine Gastgeberin mitteilen wollte, als ich nach dem Frühstück Anstalten machte, den Pilgerweg wiederaufzunehmen. So aber sah ich lediglich, wie sie immer wieder nach oben zeigte und dabei einen Schwall zischender Konsonanten auf mich regnen ließ, der sich wie eine kalte Dusche anfühlte. Es war mir schlichtweg nicht möglich, dieser Gischt einzelne Wörter zu entnehmen. Ich meinte wohl, zwischen zwei Wellen dieser Silbenbrandung etwas wie *mo-u*, »starker Regen«, zu verstehen, vielleicht hörte ich sogar *arashi*, was »Sturm« bedeutet. Aus Erfahrung wusste ich jedoch, dass ich mich hierbei sehr leicht irren konnte. Und selbst wenn nicht, konnten die Wörter je nach Aussprache und Betonung jeweils etwas ganz Anderes bedeuten. Wohl hing über uns eine zusammenhängende Wolkendecke. Vorerst blieb es jedoch trocken. Also demonstrierte ich wie so oft auf meiner Reise, inwiefern Babel dereinst am Fremdsprachengewirr zugrunde gegangen war.

Erst lange später, als ich bereits auf halbem Weg zum nächsten Tempel war, ging mir auf, dass mich die Gastgeberin vor einem

Unwetter gewarnt hatte, das sich direkt vor mir zusammenbraute. Dass sie mir vermutlich angeboten hatte, meine Abreise um einen halben Tag zu verschieben. Und dass es vor diesem Hintergrund mehr als unglücklich gewesen war, auf diesen so sinnvollen Vorschlag mit den Vokabeln zu antworten, derer ich mittlerweile mächtig war. *Asagohan, oishii desu*, hatte ich verlauten lassen, »Frühstück, sehr lecker«. Und als die verzweifelte Gastgeberin ihr Angebot erneuerte und mit einer Handbewegung andeutete, dass ich gerne noch ein wenig bleiben konnte, interpretierte ich das als japanische Höflichkeitsfloskel, lächelte zuckersüß und zeigte dann forsch hinaus. *Yama, ganbatte!*, sagte ich siegessicher, »Berg, auf geht's!«. Vermutlich zuckte meine Gastgeberin innerlich mit den Schultern, als sie mich schließlich ziehen ließ.

Ich unterquerte die Autobahn, der ich so lange gefolgt war. Sofort darauf begann der Weg die Berge emporzuklettern. *Unpenji*, nannte sich der vor mir liegende Tempel. Besser gesagt, befand er sich über mir, denn *Unpenji* heißt »Tempel der schwebenden Wolken«, und im Gegensatz zu manchen anderen Gebäuden handelte es sich dabei nicht um eine blumige Beschreibung, sondern um die Realität. Der 66. Tempel befand sich auf knapp 1.000 Metern Höhe und war damit der höchste Punkt des gesamten Pilgerwegs.

Unmissverständlich zeigten alle Wegweiser nach oben. Auf Stufen, Treppen und Leitern ging es empor. Ich kletterte auf Felsen, stolperte über Wurzeln und achtete so wenig wie möglich auf die Schmerzimpulse, die meine Oberschenkel bei jedem Schritt durch meinen Körper jagten. Die Strecke hatte Achterschlingen auf die Bergflanke geworfen. War ich eine Viertelstunde lang nach rechts gegangen, so sah ich, wie der Weg direkt über mir zielstrebig nach links führte, um kurz darauf wieder unweigerlich nach rechts abzubiegen. In diesen Halbspiralen blieb ich hängen, als hätte jemand Klebstoff auf dem Boden ausgebreitet. Zugleich musste ich meine Kräfte einteilen: Es war noch früh am Morgen, und die heutige Strecke würde lang sein. In den Bergen gab es kaum Herbergen; von dort musste ich erst wieder hinunter in die Ebene, um weitere Übernachtungsmöglichkeiten zu finden.

»Wenn das einzige, das du hörst, dein Atem ist, gehst du zu schnell«, hatte es Don Weiss, der Autor eines Shikoku-Pilgerführers, auf den Punkt gebracht.

Zuweilen ging ich heute zu schnell. Ich passierte zwei *henro korogashi*, das waren »Stellen, an denen Pilger hinfallen«. Bei der dritten rutschte ich erwartungsgemäß aus, die vierte konnte ich umgehen, bei der fünften kam ich erneut ins Straucheln. So stolperte ich dem höchstgelegenen Tempel entgegen. Immerhin wurde die Wegstrecke mit jedem Schritt ein wenig schöner. Anfangs hatte ich mich noch ein paar Mal umgedreht und die Autobahn im Morgennebel unter mir gesehen. Bald erinnerte sie mich nur noch an einen Tuschestrich, wie ihn die Mönche mit schlafwandlerischer Sicherheit in mein Stempelbuch malten. Je höher ich stieg, desto eindeutiger ging es hinein in die Berge, weg von den Fernstraßen, den Häusern und den Strommasten.

Der Regen setzte ein, als ich noch einen knappen Kilometer entfernt und dreihundert Meter unterhalb von *Unpenji* war. Die Baumwipfel hatten den Blick auf den Himmel verstellt, daher überraschte mich das herabfallende Wasser hinterrücks. Trotzdem hätte ich es mittlerweile besser wissen müssen. Als es übergangslos zu gießen begann, als hätte jemand den Duschhahn aufgedreht, hätte ich gerade noch Zeit gehabt, mir einen Unterschlupf zu suchen. Ich hätte mich unter das Blätterdach eines Baumes retten oder mich unterhalb einer Felsnase zusammenkauern können. Doch obwohl ich ihn unterwegs mehrmals erlebt hatte, konnte ich den japanischen noch immer nicht vom europäischen Regen unterscheiden. Also lief ich weiter. Ein Kilometer, das war ja praktisch nichts, dachte ich.

Ich keuchte bergauf, erst noch auf eine baldige Wetterbesserung hoffend, dann immer verbissener. Ich gab nicht auf – auch dann nicht, als sich auf der Straße kleine Flüsschen bildeten. Sie kamen mir entgegen und umspülten meine Füße. Auch dann nicht, als mir die Pilgerhose, der Regenponcho und bald auch der Pullover vor Nässe auf der Haut klebten. Und selbst dann nicht, als es von den Bäumen und Felsvorsprüngen, von meinem Pilgerhut, den Ellenbogen und den Händen auf den Boden tropfte – ein ständiges »Klack-klack« wie Fingerschnipsen zuerst, dann wie rhythmisches Klatschen, das wunderbar mit dem wiederkehrenden Patschgeräusch meiner Wanderstiefel korrespondierte. »Klack-klack-patsch, klack-klack-patsch«, immer wieder, pausenlos: Das war »We will rock you« auf Japanisch!

Ich regelte den Beat hinauf und sorgte so für eine upgepitchte Punkversion des Klassikers von Queen: »Klack-klack-patsch, klack-klack-patsch« – aufwärts, hinauf, nach oben bis zu jenem Tempel, der auf der Spitze des Pilgerwegs thronte.

Dort angekommen, zog ich mich, ohne die ansonsten üblichen Rituale zu vollführen, augenblicklich unter das Dach des Tempelbüros zurück. Die junge Frau auf der anderen, momentan der besseren Seite der Glasscheibe schien nichts anderes als einen durch und durch nassen Pilger aus Übersee erwartet zu haben. Ihr Gesicht zeigte kein Anzeichen einer Überraschung, als ich vor ihr auftauchte, mein Pilgerbüchlein aus dem Rucksack kramte und es ihr mit beiden Händen überreichte. Routiniert und doch konzentriert ließ sie den Pinsel übers Papier gleiten, schwungvoller auf den Geraden, vorsichtiger in den Kurven, bis sich die Tinte zu einem perfekten japanischen Zeichen zusammengefügt hatte. Dutzende Male hatte ich das schon gesehen, doch die Ernsthaftigkeit, ja: die Hingabe an diese einfache Tätigkeit beeindruckte mich jedes Mal mehr als zuvor. Die Ausführung war bisher ohne Ausnahme perfekt gewesen.

Natürlich konnte man sich hierüber mokieren, das lag auf der Hand. Jeder »Stand-up-Comedian«, von denen Deutschland derzeit überschwemmt wird, könnte einen lustigen Dialog entwerfen: »Und was machst du so?« – »Och, ich male jeden Tag dasselbe Zeichen in verschiedene Pilgerbücher.« – »Na, da hat sich dein Studium aber gelohnt!« Trotzdem schien die junge Frau, die so selbstsicher und selbstverständlich ihrer Tätigkeit nachging, mehr vom Leben verstanden zu haben als wir, die wir so oft unzufrieden sind mit dem, was wir haben und permanent vorwärts hasten zum besseren Job, zum neuen Auto, zum Lottogewinn – weil dann alles anders werden würde und unser Leben endlich gelänge. Gerade in unserer Zeit aber, in der alles flüchtig ist, online gestellt wird und sofort darauf als veraltet gilt, war es beruhigend, mit wie viel Kunstfertigkeit Mönche und Nonnen eine jahrtausendealte Tradition fortführten.

Gut, meine Begeisterung mochte beeinflusst worden sein von der Tatsache, dass mich hier ein Dächlein vor dem Regen schützte, und auch vor den Blitzen, die mittlerweile herunterzuckten. Und dass mir die junge Künstlerin mein Pilgerbüchlein nach vollendeter Malerei mit einem Lächeln überreichte, das vermutlich selbst Arnold Schwarzenegger in der Rolle des Terminators dazu gebracht hätte, seinerseits zu lächeln. Sie tat das zeitgleich mit einem Donnerschlag, den ich erst im Nachhinein überhaupt als einen solchen wahrnahm.

Jetzt mal im Ernst: Wie machten die das? Frauen und Männer, selbst Kinder, lächelten mich an, und wenn sie das taten, schien sich die Umgebung im Umkreis von fünf Metern aufzuhellen. Übten sie dieses Lächeln täglich vor dem Schlafengehen oder war es ihnen in die Wiege gelegt worden? Warum konnte ich diese Gesichtsgymnastik nicht so eindrucksvoll ausführen? War das am Ende gar anatomisch bedingt, standen den Japanern Lachmuskeln, nein: Lächelmuskeln zur Verfügung, die uns Europäern fehlten? Strahlten sie wirklich so von innen heraus, oder war das die perfekte Fassade, die sie von kleinster Kindheit an aufbauten, bis sie selbst nicht mehr wussten, was sich dahinter verbarg?

Der »Tempel der schwebenden Wolken« war demgegenüber trotz seines Namens geeignet, mich wieder auf den Boden zurückzuholen. Außer schwebenden Wolken gab es hier oben nämlich nicht viel. Obgleich eine Seilbahn heraufführte, bot sich einem keine Aussicht in die umgebenden Täler. Der Tempel war in einem Wald versteckt.

Erst als ich das Gebäude dem Unwetter zum Trotz hinter mir ließ, sah ich doch noch etwas Außergewöhnliches. Linkerhand des Weges stand eine lange Reihe Steinfiguren, von deren Nasenspitzen der Regen unablässig auf den Boden tropfte. Die Figuren stellten Erleuchtete dar, und das war beruhigend, denn einige davon waren unleugbar hässlich. Sie wiesen dicke Bäuche auf, kurze Hälse, einige wirkten gar unharmonisch. Ihre Gesichter waren unaufgeräumt, ein Auge etwas höher angebracht als das andere, die Nase schief, der Mund zu groß. In Japan, wo man bei der Teezeremonie darauf achtete, dass sich die Anordnung der Steine im Garten in der Gestaltung des Bestecks auf dem Tisch widerspiegelte, und es einer Beleidigung gleichkam, wenn die Sandalen nicht perfekt zur Hose passten, konnte das nicht dem begrenzten Talent der Steinhauer geschuldet sein. Nein, die kleinen Mängel transportierten eine Botschaft: Jeder kann es schaffen, auch du. Vorausgesetzt, du bist ein Mann, denn keine der 500 Statuen am Wegrand zeigte eine Frau. Was sollte uns das nun wieder sagen? Dass

Frauen es nicht schaffen konnten, die Erleuchtung zu erlangen? Dass sie mit anderen Dingen beschäftigt waren? Dass noch immer Männer die gängigen Kunstwerke erschufen und Frauen dabei nicht einplanten? Oder ziemte es sich einfach nicht, Frauen, in welcher Form auch immer, darzustellen?

Ich jedenfalls schien das richtige Geschlecht zu haben, denn kurz nachdem ich die Figuren passiert hatte, öffnete sich der Blick. Zugleich hörte der Regen so unvermittelt auf, als hätte ich eine Prüfung bestanden: Da ist der Kerl den Berg emporgeklettert, hat sich einen Ruck gegeben und ist trotz der Nässe aufgebrochen, das muss belohnt werden.

Endlich also weitete sich alles. Die Bäume traten zurück und gaben den Weg in die umliegenden Täler frei. Großen Schrittes ging ich eine Asphaltstraße entlang, auf der der Regen Blättermuster ausgelegt hatte. Der Applaus der Bäume erfüllte die Luft. Sie raschelten und zischten im Wind, als wollten sie die letzte Nässe abschütteln. Jetzt war der Weg wieder so, wie er sein sollte.

Ich folgte dem Flüsschen *Awai*, ließ zwei überschaubare Seen links liegen, zog dann durch hügeliges Land und erreichte kurz darauf das Städtchen *Kanonji*. Trotz meiner Unbedarftheit war ich *Rai-jin*, dem »Donnergott«, an diesem Tag gerade noch einmal entkommen.

Rai-jin und die alten Bauern

Auf halber Höhe eines Berges, unterhalb der immerweißen Spitze, lebte ein Bauern-Ehepaar. Zeitlebens hatten sie die Felder bestellt. Mit dem Sonnenaufgang hatte ihre Arbeit begonnen, und erst lange nach Sonnenuntergang hatten sie sich schlafen gelegt. Trotzdem war ihnen kein Wohlstand vergönnt, denn ihr kleiner Acker befand sich in einer Einbuchtung des Berges, und die Ernte hing stark vom Wetter ab. Es war den beiden Bauern unmöglich, Wasser aus den entfernten Ebenen herbeizuschaffen. Wenn es regnete, stellten sie daher eine Tonne und alle Gefäße, die sie besaßen, nach draußen, um einen Vorrat für trockene Wochen anzulegen. Damit kamen sie meistens eben so über die Runden. Nicht selten aber fiel die Ernte mickrig aus.

Dieses Jahr hatte besonders schlimm angefangen. Tag für Tag hatte die Sonne ungehindert auf die Böden geschienen. Das Reisfeld der Bauern aber benötigte dringend Regen. Schlaff hingen die Ähren herab. Der Boden brach bereits an mehreren Stellen auf, Risse zogen sich durch den trockenen Acker.

»Was sollen wir nur essen?«, fragte die Frau immer wieder. Dann seufzte ihr Mann tief auf und schaute hinauf zum wolkenlosen Himmel, als frage er ihn, was das Schicksal nur gegen sie beide habe. Denn auch das höchste Glück, ein Kind nämlich, war dem Ehepaar bisher versagt geblieben, dabei hatten sie immer wieder darum gebetet. Inzwischen aber waren sie um die fünfzig und hatten jede Hoffnung aufgegeben, ihren Lebensabend durch ein Kind auf wundervolle Weise durcheinandergebracht zu bekommen. Stattdessen, das wurde ihnen Tag für Tag klarer, steuerten sie auf ein Alter voller Nöte zu, denn auch in diesem Jahr schien die Ernte durch den allzu heißen Sommer vernichtet zu werden.

War denn nirgendwo eine Wolke zu sehen? Immer öfter blickten die beiden bei der Feldarbeit zum Himmel, der sie weiterhin mit seinem strahlenden Blau verhöhnte. Heute aber war etwas anders als während der vergangenen Tage: Fern am Horizont sah das Bauern-Ehepaar am Abend einen feinen Schleier.

»Ha, da kommt ein Wind, ein Sturm vielleicht sogar«, rief der Mann aus, »und der hat meistens Regen dabei!«. Seine Frau und er schoben alle Gefäße, die sie hatten, hinaus. Bei jedem Gang nach draußen merkten sie, wie es auffrischte. Der Regen kam zu ihnen, ein Raunen zunächst, dann ein Flüstern in den Zweigen. Die Vögel brachen ihre Lieder ab und verkrochen sich im Geäst. Der Schleier hing jetzt über dem Berg, dort zerriss er in Hunderte Fetzen, die sich zu Wolken zusammenballten. Kurz darauf zischelte ein Wind herbei, der neugierig am Bauernhaus schnüffelte. Die Reisähren beugten sich zur Erde. Alles machte sich bereit für das, was jetzt kommen musste. Der Mann und die Frau aber lachten lauthals. Sie begrüßten jede Änderung frenetisch. »Hallo Rai-jin!«, schrien sie immer wieder, selbst dann noch, als der Sturm um ihr Haus heulte und die Gefäße umwarf,

die sie nach draußen gestellt hatten. Dann prasselte es los, und die Bauern riefen »Danke dir, Rai-jin!« und »Willkommen, Futen, bleib solange du willst!«.

Rai-jin, der Donnergott, war jetzt direkt über ihnen. Er hatte die Sonne vertrieben und schlug wie ein Besessener mit seiner riesigen Keule auf fünf Trommeln ein. Zwischendurch warf er die Feuerkatze auf die Erde, die überall, wo sie hinfiel, ihre glühenden Krallen ausfuhr. Sie riss Böden auf, zündete Bäume und Häuser an, versengte Tiere und Menschen. Futen, der Sturmgeist, sprang um sie herum. Er war ein behaartes Ungeheuer mit blitzenden Augen, kurzen Ohren und zwei Hauern, und natürlich hatte er den Sack mit den vier Öffnungen, in dem die Winde steckten, an einer Stelle weit geöffnet. Wenn Futen den Sack geschlossen hielt, herrschte Windstille auf der Erde. Dann aber baten ihn die Seeleute bald, die Winde herauszulassen, damit sich die Segel blähen und die Schiffe vorankommen konnten. Öffnete Futen den Sack im Überschwang gar zu weit, brach ein Gewittersturm los. Manchmal riss er den Windsack gar an mehreren Stellen auf, dann flossen die Winde ineinander und formierten sich zu einem Wirbelsturm, zum taifun, dem »großen Wind«.

Das Bauern-Ehepaar aber tanzte im Regen, und die beiden so unansehnlichen Unholde waren überrascht, dass sie so herzlich begrüßt wurden. Das kannten sie bisher von den Menschen nicht. Da kam ihnen eine Idee. Ein blendender Blitz fuhr direkt vor den Bauern in die Erde, ein Donnerschlag betäubte ihnen die Sinne, sodass sie erschrocken herniedersanken. Als sie sich aufrappelten, sahen sie direkt vor sich ein Kind liegen. Der Junge lachte sie an; er gluckste und streckte den Alten seine rosigen Ärmchen entgegen.

Schnell hoben die beiden den Knaben auf und brachten ihn in ihr Haus. Sie betteten ihn vor den Kamin und sorgten gut für ihn. Endlich, endlich war eine große Freude in ihr Heim gekommen. In Erinnerung an jene stürmische Nacht nannten sie ihren Adoptivsohn »Raitaro«.

Als er heranwuchs, merkten Raitaros Eltern immer stärker, dass ihr Sohn ganz anders geartet war als die Kinder des nahen

Dorfes. Während diese herumtollten und einander ihres Mutes versicherten, indem sie den älteren Bewohnern kleine Streiche spielten, ging Raitaro am liebsten allein in den Wald oder legte sich rücklings auf ein Feld, um von dort aus stundenlang in den Himmel zu starren. Er lachte, wenn Wind aufkam und winkte den Vögeln zu, die hoch über ihm ihre Bahnen zogen. Bei jedem Unwetter rannte er hinaus, tanzte ausgelassen und jauchzte mit dem Donner um die Wette.

Seine Eltern ließen es geschehen. Seit das Kind bei ihnen war, kamen die Winde und mit ihnen der ersehnte Regen zur rechten Zeit. Prall und saftig waren Obst und Gemüse, sie leuchteten von den Feldern herüber wie Gold und Silber. In den folgenden Jahren hatten die beiden Alten nicht nur genug zu essen; sie konnten sogar Teile der Ernte im Dorf verkaufen oder gegen Dinge eintauschen, die sie im Haus benötigten.

Raitaros Eltern hielten den Tag, an dem sie ihren Sohn geschenkt bekommen hatten, in Ehren. Jahr für Jahr feierten sie ihn überschwänglich. Beim achtzehnten Mal aber blieb Raitaro ungewöhnlich still. Draußen stand nur eine Wolke am Himmel. Raitaro starrte vor sich hin, lächelte matt, als ihm seine Eltern Tee und Kekse anboten, und als sich die Dämmerung ankündigte, erhob er sich und dankte den beiden Alten für all das Gute, das sie ihm während der vergangenen Jahre geboten hatten. »Meine Zeit ist um«, sagte er dann und ging hinaus. »Ich habe meine Aufgabe erfüllt und über euch gewacht. Das werde ich auch weiterhin tun, aber nicht länger von hier aus.«

Nach diesen Worten entfernte er sich von dem Haus. Er ging schnurstracks zu dem Feld, auf dem er in all den Jahren immer wieder so gerne gelegen hatte. Da erst merkten die beiden Alten, dass die einzelne Wolke mit Raitaro gezogen war. Jetzt senkte sie sich herab, umhüllte ihn und stieg wieder empor. Die Alten mussten nicht erst auf das Feld schauen, um zu wissen, dass Raitaro dort nicht mehr stand.

Das Glück aber wandte dem alten Ehepaar auch weiterhin das Gesicht und nicht den Rücken zu. Ihre Ernten gelangen, weiterhin verkauften sie Obst und Gemüse im nahen Dorf, und schließlich starben sie beide hochbetagt am gleichen Tag. Ihr unscheinbares Grab ziert ein Stein, auf dem die Geschichte von Raitaro, dem »Donnersohn«, steht. Wer es schaffen würde, die verwitterte Schrift zu entziffern, über der eine jahrhundertealte Decke aus Gras und Moos liegt, der könnte sie lesen.

Ein besonderes Gelage und 100.000 Nationalisten

»*Kuidaore*«, sagte unser Gastgeber beim Abendessen und deutete mit einem Anflug von Stolz auf die halbkreisförmig vor uns aufgebauten Schüsseln und Teller, von denen her es verführerisch duftete. Ich befand mich in einer Herberge, nur wenige Schritte vom 67. Tempel entfernt. Wieder einmal war ich ohne mein Zutun in einer geselligen Runde gelandet, wieder war ich der einzige Nichtjapaner, und wieder sollte ich den Abend uneingeschränkt genießen. »*Kuidaore*«, wiederholte unser Gönner, und wir Essbereiten brachen in herzliches Lachen aus, ich auch, da ich ausnahmsweise mal eine Vokabel kannte und wusste, was *kuidaore* bedeutete: ein Gelage bis zum Umfallen, eine ungenierte Völlerei, bei der es erstaunlich ausgelassen und frivol zugehen konnte.

Erstaunlich allerdings nur für uns Europäer, die wir Japan von Anzug tragenden Superstrebern und furchtsamen Dämchen bewohnt wähnen, von Gestalten also, neben denen selbst Angela Merkel lebendig und rebellisch wirkte. Viele Japaner hingegen kramten ansatzlos Facetten ihrer selbst hervor, die bislang unter der Decke jahrtausendealter Regeln und Traditionen geschlummert hatten.

Das ausgelassene, von Erzählungen und Gelächter durchzogene Gelage tat mir gut. Während der vergangenen Stunden hatte ich die Nässe, die mich kurz vor *Unpenji*, dem »Tempel der schwebenden Wolken«, ereilt hatte, mit mir getragen. Lange noch hatte es aus meinen Kleidern getropft, und meine Schuhe hatten über Stunden hinweg bei jedem Schritt wie Ferkel gequiekt. Inzwischen war Shikoku für mich vor allem eines: nass. Nirgendwo war ich weit entfernt vom Meer. Alle paar Kilometer kam ich an künstlichen Seen und Wasserauffangbecken vorbei. Oft lief ich über Gullys hinweg und sah unter den vergitterten Deckeln veritable Flüsse dahinrauschen. Grün war das Land, üppig die Vegetation, kniehoch standen die Reisfelder unter Wasser. Selbst das Essen war irgendwie nass; meist gab es Algen und Fisch und Wasserwesen.

Nass blieb es auch, als ich tags darauf den Pilgerweg wieder aufnahm. Meine Schuhe patschten noch immer bei jedem Schritt, als ich mal wieder den »Tokushima Expressway« unterquerte – diesmal, um in das Städtchen Kanonji zu gelangen. Von hier an würde es eine ganze Weile lang urban bleiben. Ansatzlos gingen die Städte ineinander über; kein Feld lag zwischen ihnen; und vielleicht konnten selbst ihre Einwohner nicht mehr mit Bestimmtheit sagen, wo eine Siedlung endete und die nächste begann. Beinahe verschwenderisch reihte der Pilgerweg hier Tempel aneinander. Zwei von ihnen befanden sich auf einem Hügel, von dem herab ich auf ein sehr japanisches Kunstwerk sah: *Kotohiki Kōen* ist eine über dreihundert Meter große Sandmünze. Es wird viel Aufhebens um sie gemacht; nachts strahlt man sie mit mehreren Scheinwerfern an, um sicherzugehen, dass sie gesehen wird. Das liegt weniger an ihrem ästhetischen Wert als an der, nun ja, Tatsache, dass, wer diese Münze lange und aufmerksam betrachtet, von finanziellen Sorgen befreit wird.

Als aufgeklärter Europäer glaubte ich natürlich nicht an Dinge dieser Art. Ich streifte das Kunstwerk mit meinem Blick und ging dann langsam den Hügel hinab, um zurück auf den Pilgerweg zu gelangen. Kurz darauf war ich zurück. Unter Umständen konnte es ja nicht schaden, diese Sandmünze etwas länger zu betrachten, dachte ich mit Augenmerk auf meine tröpfelnden Bucheinnahmen. Ich setze mich sicherheitshalber auf eine Bank und nahm das Kunstwerk in mich auf. Seine Beliebtheit erwuchs wirklich nicht aus seiner ästhetischen Kraft. Ich war jedoch nach dem Prinzip der aktuell um sich greifenden Online-Petitionen vorgegangen: Man macht mal schnell etwas und kann sich danach gutfühlen.

Ob mich der zur Münze geformte Sand auf meinem Weg zu Ruhm und Reichtum vorangebracht hatte, konnte ich indessen noch nicht mit Sicherheit sagen. Immerhin jedoch wurde die weitere Strecke, obwohl sie durch Städte führte, mit jedem Schritt schöner. Ich folgte dem Flüsschen *Saita* bis zu einem kleinen Park und gelangte anschließend auf Gehsteigen neben mehrspurigen Straßen vorbei an Modeläden, Autowerkstätten und Nudelrestaurants von Stadt zu Stadt. Eine davon, Zentsūji, war nach dem größten der 88 Tempel von Shikoku benannt worden. Hier wurde Kōbō Daishi im Jahr 774 geboren.

Erst ganz kurz vor einer schrägen Felswand ließ der Pilgerweg ab von den Straßen und führte stattdessen hinauf auf das *Goshikidai*-Plateau. Das zwischen Sakaide und Takamatsu gelegene »Plateau der fünf Farben« bot mir eine willkommene Abwechslung, denn auch danach würde der Weg wieder durch Städte hindurchführen.

Der Regen hörte auf, als ich die ersten Meter hinaufgelangt war. Ich merkte es zunächst gar nicht. So sehr hatte ich mich daran gewöhnt, dass unterwegs Tropfen an meinen Regenponcho klopften, dass ich innehalten musste, um mir klar zu werden, weshalb es auf einmal so still um mich herum geworden war. Dann aber schritt ich weit aus, und das war gut so. Denn jetzt war echtes Wandern angesagt. Um die Tempel 81, 82 und 83 zu erreichen, musste ich Treppen emporsteigen, dem Zickzack steiniger Waldwege folgen und den Protest meiner Waden geflissentlich ignorieren. Belohnt wurde ich mit Ausblicken auf die hinter mir liegenden Städte und auf das Seto-Binnenmeer, das sich zwischen Shikoku, Honshū und Kyūshū erstreckt. Bald konnte ich auch den vor mir liegenden letzten Abschnitt des Weges erkennen. Das aus Lavastein geformte Plateau ist zwar kaum fünfhundert Meter hoch, ragt aber singulär aus den umliegenden Städten empor. Darum konnte ich weit hinaus in meine Vergangenheit und in die Zukunft hineinschauen.

Es fühlte sich bereits jetzt beinahe an wie ein Abschied. Dort unter mir, nur einige Hügel, Städte und Erfahrungen weiter, lag Tokushima, wo meine Pilgerreise vor etwa einem Monat ihren Ausgang genommen hatte. Ich spürte eine seltsame Mischung aus Vorfreude und Wehmut. In wenigen Tagen würde meine Umrundung Shikokus vollendet sein. Wie eine Rundung, ein Abschluss fühlte es sich auch an, ein erstes Ankommen in Japan, diesem fremden und seltsamen und doch, wenn man erstmal hier war, in vielem eben auch nachvollziehbaren und vertrauten Land.

Ich grüße eine Gruppe mir entgegenkommender Wanderer. Natürlich machten sie den Bückling, ich ja auch, und doch bildete ich mir ein, dass sich in ihren allzu gewohnten Bewegungen, im routinierten Blickesenken und in der »Bitte, bitte tu mir nichts!«-Kleinmacherei ein klein wenig Respekt versteckte. Hatte ich sie doch auf Japanisch gegrüßt und anschließend sogar zwei Sätze gestammelt, wobei ich zwar gut drei Viertel der mir vertrauten Vokabeln verschossen, mich aber allem Anschein nach tatsächlich irgendwie verständlich gemacht hatte. Sie wünschten mir Glück und gaben mir zu verstehen, dass es von hier an ja nicht mehr weit sei.

Das wiederum bestätigte sich rasch: Kaum war ich die Ostseite des *Goshikidai*-Plateaus herabgestiegen, rückte Tokushima in greifbare Nähe. Die Autobahnschilder hatten es schon länger angekündigt; jetzt vermeldeten es auch die Restaurant- und Straßennamen. Ich ging unweigerlich meinem Ausgangspunkt entgegen.

Vorausgesetzt, dass mir der Nationalismus der Japaner auf den letzten Kilometern nicht doch noch ein Bein stellte. In Takamatsu hatte jemand die Wegmarkierungen von den Straßenlaternen gekratzt. Die Aufkleber daneben zeigten einen ausländischen Pilger, wie ich einer war, der unbekümmert bei Rot über die Ampel ging. In diesem Land war das ein Frevel, ein unverzeihlicher Affront gegenüber seinen Gastgebern. Einigen Japanern passte es überhaupt nicht, dass sich derzeit mehr und mehr *gaijin* daranmachten, Shikoku zu umrunden. Sie fürchteten um die Strahlkraft ihrer Traditionen und hatten Angst, dass fremde Sitten in Japan heimisch werden könnten.

Die japanische Regierung schätzt, dass es auf der Inselgruppe etwa eintausend nationalistische Gruppierungen mit insgesamt über 100.000 Mitgliedern gibt. Diese bilden eine nicht zu unterschätzende Lobby. Sie ist verflochten mit den Parteien am rechten Rand des Spektrums und sorgt beispielsweise dafür, dass bis heute die von japanischen Soldaten in China begangenen Massaker und Massenvergewaltigungen aus den hiesigen Schulbüchern gestrichen werden. Geschichtskittung statt Aufarbeitung ist aber nur eine ihrer Maßnahmen. Eine andere ist, nachdrücklich dafür zu sorgen, dass im Land mit dem ältesten Bevölkerungsdurchschnitt der Welt partout keine zuzugswilligen jungen Arbeiter oder Angestellte aus Übersee aufgenommen werden.

Eine große Rolle dabei, dass es so weit kommen konnte, spielt letztendlich die Plattentektonik. Außerdem die Herrschaft des ersten

Shoguns Minamoto Yoritomo und die Tatsache, dass einhundert Jahre vor dem Buddhismus ein ganz anderes Glaubenssystem nach Japan gelangt war.

Vom Land der Wa zum kaiserlichen Hofstaat

In der Steinzeit war Japan mitnichten eine Insel. Vielmehr war es über Landbrücken mit Sibirien und Ostasien verbunden. Von dort wanderten Nomaden ein, die sich später mit seefahrenden Polynesiern vermischten. Erst mehrere tausend Jahre nach der ersten Besiedelung, am Ende der zweiten Eiszeit, lösten sich die japanischen Inseln vom Festland. Die Plattentektonik schob sie ostwärts. Die Menschen jener Zeit waren Jäger und Sammler. Ab ca. 5000 vor Christus bildeten sie erste Dörfer mit bis zu dreißig Einwohnern.

Im legendenumrankten »Land der Wa«, wie sich die Menschen damals nannten, gelang es, einige Errungenschaften umzusetzen, die aus heutiger Sicht fortschrittlich anmuten. Man begann, Reis und Hirse anzubauen, domestizierte Hühner und Hunde. Auch sind kunstvolle Keramiken aus jener Zeit erhalten. Mit unterschiedlich dicken Schnüren wurden flammenartige Muster in den Ton gepresst. Großflächig tätowierten die Fischer ihre Körper, um Haie abzuschrecken. Vermutlich trugen die Menschen damals ponchoartige Überwürfe und wickelten ein Tuch um den Kopf. Und wahrscheinlich brauten sie bereits damals aus Reis ein alkoholartiges Getränk, Vorläufer des heutigen *sake*.

Vor allem aber wurden sie von einer Frau angeführt! Königin Himiko gelang es im Jahr 188, die Länder der Wa zu vereinigen, was viele Historiker bis heute als Geburtsstunde Japans bezeichnen. Ihre Nachfolgerin, Königin Iyo, baute das Herrschaftssystem aus: Es gab bereits damals Minister und Grenzwächter. Niederrangige knieten am Wegrand nieder, wenn Höherrangige vorbeigingen. Kein Mann hatte Zutritt zur Königin; deren Befehle wurden durch ihren Bruder übermittelt.

Die unter einer Königin vereinigten Länder der Wa bescherten Japan eine erste Blüte. Die Bewohner konnten dennoch nicht verhindern, dass sie um 300 nach Christus von koreanischen Einwanderern verdrängt wurden. Die neuen Herrscher beendeten das Matriarchat und brachten stattdessen ganz andere Traditionen mit. Traditionen aus China, die Japan während der folgenden Jahrhunderte prägen sollten.

Die entscheidende Neuerung war ihrerseits bereits knapp eintausend Jahre alt. Ein Glaubenssystem wurde eingeführt, das den Menschen vor allem als Teil einer Gesellschaft sah. Als solcher hatte er sich anständig, sittlich und respektvoll zu verhalten. Vier menschliche Elementarbeziehungen gaben dabei die Hierarchien vor: die zwischen Vater und Sohn, Ehemann und Ehefrau, älterem und jüngerem Bruder, Herrscher und Untertan – wobei als gegeben angenommen wurde, dass jeweils Letzterer Ersterem zu Gehorsam verpflichtet war. Fast, so scheint es, wollte man damals jede Möglichkeit einer neuen Königinnenherrschaft besonders gründlich vereiteln. Eine Frau hatte, wenn sie jung war, dem Vater zu gehorchen. Sobald sie heiratete, gehörte sie praktisch ihrem Mann. Und sollte dieser vor ihr sterben, musste sie sich ihrem erwachsenen Sohn unterwerfen. Vorgebliches Ziel der sogenannten »Rujia«, der »Schule der Gelehrten«, war es, die öffentliche Ordnung aufrechtzuerhalten. Der Gelehrte war natürlich niemand anderes als Konfuzius.

Als der Konfuzianismus seinen Siegeszug durch das ehemalige »Land der Wa« fortsetzte, übernahm man auf der Inselgruppe auch die chinesische Schrift. Der chinesische Kalender wurde eingeführt. Bald entwickelte sich eine feudale Gesellschaft, aufrechterhalten durch eine hochentwickelte Miliz. Mächtige Großfamilien bildeten sich heraus. An der Spitze des Staates stand die kaiserliche Familie. Deren Glanz war schier unbegrenzt, und um diesen widerzuspiegeln, nannte man den Inselstaat nicht länger »Wa«, sondern »Nippon«, »Land der aufgehenden Sonne«.

Im Schutz des abgeschiedenen Kaiserhofs konnte sich eine Beamtenkaste mit schöngeistigen Dingen wie Musik und Literatur befassen – immerhin zu einer Zeit, da in Europa im Zuge der Völkerwanderung mehrere Kleinreiche einander bekriegten und sich zudem gegen den Einfall muslimischer, später auch magyarischer Eindringlinge wehren mussten. Bereits im Jahr 673 hatte man eine Hochschule zur

Ausbildung der Beamtenelite gegründet. Bildung spielte durchaus eine Rolle, wenn es darum ging, wer ein Hofamt übernehmen durfte.

Die isolierte Lage, die auf den Lehren des Konfuzius fußende stabile Feudalherrschaft und das darauf folgende Zusammenspiel von Kaisertum und Shogunat sorgten dafür, dass sich die Japaner der damaligen Zeit tatsächlich als einmalig wahrnahmen. Selbst heutzutage, da die Globalisierung ständig vorhandene Interdependenzen ausbaut, hängen noch immer viele Japaner in nostalgisch-illusorischen Abschottungsfantasien fest, träumen weiterhin von ihrer Einmaligkeit und der »guten alten Zeit«, in der die Etikette gewahrt wurde, die Kunst erblühte und die Menschen friedlich zusammenlebten.

Faktisch kam die damalige »Blüte« natürlich nur jenen oberen Zehntausend zugute, die eine Stellung am Hof innehatten oder das Glück besaßen, zu einem der mächtigen Familienclans zu gehören. Das Gros der Bevölkerung – Bauern, Diener, Frauen und Kinder – partizipierte nicht am Reichtum, weder am pekuniären noch am gesellschaftlichen. Die meisten Menschen waren damit beschäftigt, zu überleben – auch wenn uns kunstvolle Mangas und Filme voller Schwerter schwingender hinreißender Frauen etwas anderes vorgaukeln wollen.

Die verschwiegene Minderheit der burakumin

Ganz anders als gängige Filmklischees beurteilte Manabu die damalige Zeit. Kurz nachdem ich vom *Goshikidai*-Plateau herabgestiegen war, traf ich ihn am Wegrand. Schief stand er dort, in der Verbeugung erstarrt, als hätte er mich erwartet. Sein Rucksack, ein Drittel so groß wie meiner, pendelte, an Hals und Hüfte befestigt, unterhalb seiner Brust hin und her. Doch als ich bei ihm ankam, straffte sich seine Figur – in etwa so, wie man ein Akkordeon auseinanderzieht. Da erst merkte ich, dass Manabu größer war als ich, eine Seltenheit in Japan. Vor allem seine Beine waren recht lang; seine Hüfte befand sich gut zehn Zentimeter über der meinen. Jugendlich-locker ging Manabu von da an neben mir her. Dabei legte er ein Tempo an den Tag, das es mir schwermachte, mit ihm Schritt zu halten.

Wie ich später herausfinden sollte, war Manabu 62 Jahre alt. Er sah eher aus wie 50, bewegte sich wie ein 35-Jähriger, und wenn er lächelte, tat er das mit der schelmischen Überheblichkeit eines Jugendlichen. Kurzum: Manabu gehörte zu jenen Alten, deren Sportlichkeit alles in den Schatten stellte, was ich hierzulande kannte. Unterwegs hatte ich sie kennengelernt, die 60- und 70-Jährigen, die ihre täglichen dreißig Kilometer beinahe ohne anzuhalten absolvierten. Schon am frühen Nachmittag fanden sie für gewöhnlich Unterschlupf in einer Pension und duschten sich, um für *kuidaore*, das abendliche Gelage, bereit zu sein, ehe sie sich am folgenden Morgen erneut auf den Weg machten. Das war ich von deutschen Männern nicht gewöhnt. Frauen dagegen schienen zuhause generell über mehr Energie zu verfügen als Männer – zumindest diejenigen, die geheiratet hatten. Ein interessanter Zusammenhang, von dem ausgehend man trefflich spekulieren könnte, ob deutsche Ehefrauen ihren Anvertrauten den Lebenssaft aussaugen, oder ob sich deutsche Männer tief in ihrem Inneren einfach nur nach Ruhe sehnen und diese wahrnehmen, wo sie sie kriegen können – beispielsweise in einer Ehe. Jedenfalls blühen nicht wenige heimische Frauen in den letzten Lebensjahrzehnten nochmals auf. Sie kümmern sich um die Enkel, fangen neue Hobbies an und reisen nach Peru, während ihre männlichen Pendants oftmals nur noch zwischen Skatrunde und Fernsehprogramm hin- und herwechseln. Wie dem auch sei. Jedenfalls lief Manabu neben mir her oder, besser gesagt, immer anderthalb Schritte vor mir. Dabei sprach er pausenlos auf mich ein. Vielleicht wollte er mir zeigen, wie ausgefeilt sein Englisch war. In der Tat formulierte er Sätze, die einem Muttersprachler zur Ehre gereichten. Sein Akzent war indessen unverkennbar japanisch.

Ich fragte Manabu, ob er im Ausland studiert hätte; in Oxford vielleicht, oder in Stanford.

»Aber nein«, lachte er, »ich habe mir alles selbst beigebracht, mit Songs und Filmen aus den USA. Ich habe mich wirklich reingehängt, eben weil ich aus der *buraku* stamme.«

»Ähm, aus einer Baracke?«

»So ähnlich. *Buraku* nennen wir in Japan unsere Sondergemeinden. Das sind abgegrenzte Wohngebiete, in denen die Armen wohnen. Ihr würdet das Ganze wohl Getto nennen.«

»Moment mal, gibt's so was wirklich in Japan? Sind wir hier nicht in einem der reichsten Länder der Erde?«

»Offiziell existieren natürlich keine *buraku* mehr. Aber wir, die *burakumin*, werden auch heute noch an den Rand der Gesellschaft gedrückt. Das hat uns der Buddhismus angetan.«

»Manabu, ich blicke gerade nicht mehr durch. Steht der Buddhismus nicht für Mitgefühl und Toleranz?«

»Das tut er. Aber er verbietet eben auch das Töten von Tieren. Nun, meine Vorfahren waren Gerber. Und um an die Felle zu gelangen, mussten sie nun einmal Tiere töten. Andere *burakumin* stammen von Sandalen- oder Trommelherstellern ab.«

»Hm, oder von Schlachtern. Da habe ich auch etwas Bauchgrummeln.«

»Ich auch. Seit fünfzehn Jahren lebe ich vegan; meine Brötchen verdiene ich als Architekt. Aber es sind in erster Linie andere *burakumin*, die mir Aufträge geben. Wir bleiben gebrandmarkt, wie wir es seit anderthalbtausend Jahren sind – eben seit im 6. Jahrhundert der Buddhismus nach Japan gefunden hat.«

»Und so lange wird eure ethnische Minderheit, die *burakumin*, schon unterdrückt?«

»Oh, wir sind mitnichten eine ethnische Minderheit! Wir sind ganz normale Japaner, die das Pech haben, dass ihre Vorfahren einen falschen Beruf gewählt haben. Verstehst du?«

»Nicht ganz. Wenn ihr keine eigene Gruppe seid, keinen anderen Pass habt und euch überhaupt nicht von anderen Japanern unterscheidet, wie soll man euch dann überhaupt als *burakumin* erkennen? Wo ist da das Problem?«

»Das Problem, mein deutscher Freund, ist, dass hierzulande alles vorgegeben und geregelt ist. Eine lange, sehr lange Zeit wurde jedem von uns ein Beruf zugewiesen. Denn Berufe wurden wie Ländereien oder Häuser vererbt. Vererbt! Ist das nicht, wie sagt man da, *crazy as hell*? In den Melderegistern konnte man uns finden. Wir lebten getrennt von unseren Landsleuten, durften ihre Häuser nicht betreten, und unsere Kinder mussten Sonderschulen besuchen. Erst seit dem Befreiungserlass von 1871 sind wir offiziell gleichgestellt.«

»Ah, die Meiji-Reformen, ja? Na, das ist doch prima.«

»Ja und nein. Das hier ist nicht Deutschland, wo alles glasklar geregelt ist und ein Schlussstrich nun einmal ein Schlussstrich ist. Noch bis 1976 konnte jedermann die Melderegister einsehen und uns als *burakumin* identifizieren. Selbst heute noch kann man das tun, zum Beispiel anhand unserer Familiennamen und unseres Geburtsortes. So mancher Vater unternimmt gerne diskrete Nachforschungen, um sicherzustellen, dass sich seine Tochter nicht mit einem unreinen *burakumin* verheiratet. Dabei glauben die meisten von denen nicht einmal mehr an die buddhistischen Lehren!«

»Und wie viele von, äh, *euch* gibt es in Japan?«

»Offiziell etwa eine Million. In Wahrheit kannst du das locker mal drei nehmen. Wir sind viele, vor allem hier auf Shikoku!«

Konträr zu seinen Aussagen hatte Manabu nicht aufgehört zu lächeln. Auch wenn er weit unverkrampfter sprach als die meisten seiner Landsleute, vielleicht, weil seine Vorfahren die schlechten Seiten der Etikette und der zur Schau gestellten japanischen Korrektheit erfahren hatten, schien er doch einige buddhistische Prinzipien verinnerlicht zu haben. Sein Vorname bedeutete »Der Lernbegierige«, und genau so kam mir Manabu vor. Er genoss es sichtlich, wenn die Synapsen in seinem Gehirn zusammenfanden, er einmal mehr einen Zusammenhang geknackt, eine Erkenntnis abgespeichert hatte. Wäre Manabu kein *burakumin*, wäre er, wer weiß, vielleicht Professor geworden oder Forscher. Vorstellen konnte ich mir das durchaus. Wie er, vor Elan sprühend, schräg vor mir lief, sich immer wieder nach mir umdrehte, als hätte er Angst, dass ich sein Tempo verlangsamen könnte, und sich dabei in grammatisch lupenreinem Englisch mit mir unterhielt, nötigte er mir Respekt ab. Mehrmals ertappte ich mich, wie ich ihm anerkennend hinterherblickte. »Rüstig« wäre, auf Manabu bezogen, ein Schimpfwort. Er war erkennbar fitter als so mancher Jugendlicher. Obwohl, vielleicht auch: weil, sie lange und hart gearbeitet hatten, gaben viele japanische Rentnerinnen und Rentner nochmals Gas. Ihr Schwung war ansteckend, nirgendwo auf dem Pilgerweg hatte ich bislang hängende Augenlider oder gar einen Bierbauch gesehen.

Als wollten sie unterstreichen, wie lebensfroh man hierzulande war, kamen immer wieder Anwohner aus den umliegenden Häusern auf uns zu. Ein Einheimischer und eine behaarte, von der Sonne verbrannte Langnase, gemeinsam unterwegs zu den 88 Tempeln von Shikoku, das erregte Aufsehen. *O-settai, o-settai*, riefen sie uns aus Hauseingängen und Autos zu. Dann liefen sie zu uns, mit Brot und Kuchenstücken, mit Kalligrafien und eigens angefertigten Zeichnungen, mit Amuletten, Handtüchern, Schals und T-Shirts.

»Warte mal«, bedeutete mir ein Mann in Manabus Alter, der uns entgegenkam. Behände sprang er davon, verschwand in einer Seitenstraße und war wenige Minuten darauf wieder da. In seiner rechten Hand schwenkte er eine silberfarbene Figur, die er mir anschließend zwischen zwei Verbeugungen überreichte. Trotz des Anflugs von Pathos, der damit einherging, musste ich über ihn lächeln. Vor begeisterter Respektsbezeugung hatte mein Wohltäter zweimal mit dem Kopf beinahe den Boden berührt. Er erinnerte mich daher an eine Giraffe, die an einem Wasserloch trinkt.

»Weißt du, wer das ist?«, fragte mich die Giraffe mit Blick auf die Figur, die sich von hier an in meinem Besitz befinden sollte. Mit einem Blick flehte Manabu mich an, jetzt bloß keine Dummheiten zu machen. »Jesus Christus« oder »Mick Jagger« wären an dieser Stelle wohl keine brauchbaren Antworten gewesen.

»Kōbō Daishi«, sagte ich stattdessen und legte so viel Anerkennung wie irgendmöglich in meine Stimme. Der Alte lächelte, als sei eben die Sonne aufgegangen. »Er wird dich beschützen«, übersetzte mir Manabu den einsetzenden Wortschwall, »und dich sicher bis zum letzten Tempel bringen«.

Natürlich meinte mein Gönner es gut. Ich behielt sein Geschenk in der Hand und bedankte mich giraffenartig bei ihm, der uns nachblickte, bis wir hinter der nächsten Wegkurve verschwunden waren. Die ungezwungene Stimmung aber war vorerst dahin. Erst nach und nach sollten wir sie auf den folgenden Kilometern zurückerobern.

»Sag mal, Manabu«, begann ich, »wie war das denn nun mit dem Buddhismus? War Japan damals, im 6. Jahrhundert, denn nicht konfuzianisch?«

»Es gab beides, doch der Buddhismus wurde zunächst nur von einigen höfischen Familien übernommen. 607 schickte der damalige Kaiser einige Gefolgsleute nach China, um Kopien der buddhistischen Sutras zu bekommen. Übrigens, wie sagt man: *fun fact*? Jedenfalls verbot der zum Buddhismus übergetretene Kaiser im Jahr 676 landesweit den Verzehr von Fleisch. Von da an aßen seine Untertanen noch mehr Fisch als ohnehin. Das Problem dabei war nur – und das weiß jeder, der kurz vor Verkaufsschluss einen Fischmarkt besucht –, dass Fisch und Meeresfrüchte schnell verderben. Was also konnte man tun, um die Speisen haltbarer zu machen? Buddhistische Mönche experimentierten ein wenig herum, die haben ja Zeit, und fanden heraus, dass Fisch durch Gärung haltbar wird. Reis wiederum beschleunigt die Gärung und unterstreicht außerdem den Fischgeschmack. Sie kombinierten also beides und fügten dem Ganzen noch Essig dazu. Das Ergebnis nannten sie: Sushi.«

»Nicht schlecht, Manabu. Das ist nun wirklich einer eurer Exportschlager geworden. Aber woran glauben jetzt eigentlich die Buddhisten?«

»Ha, um dir das zu erklären, müssten wir noch zweimal um die Insel herumgehen, so hingegen reicht die Zeit nicht aus. Euer Christentum, oder sagen wir besser: euer Katholizismus, ist ja etwas ziemlich Klares, Vorgegebenes. Euer Glaubensbekenntnis legt euch ganz explizit in den Mund, woran ihr glauben müsst, richtig? Wie geht das doch gleich?«

»Ich glaube an Gott, den Vater, den Allmächtigen … Oh, du hast recht, Manabu. Später heißt es dann: … und an Jesus Christus, seinen eingeborenen Sohn … empfangen von der Jungfrau Maria, gelitten unter Pontius Pilatus. Er sitzt zur Rechten Gottes, von dort wird er kommen zu richten die Lebenden und die Toten …«

»Nun, da bleibt nicht allzu viel Raum für Auslegung, oder? Das kommt alles so zack, zack daher wie ein Säbelhieb. Oder, vielleicht besser: Es ist wie ein Felsen, auf dem man bauen kann. Hey, hat euer Heiland das nicht zu einem seiner Apostel gesagt?«

»Zu Petrus, ja. Du bist der Fels, auf den ich meine Kirche baue.«

»Siehst du. Wenn euer Glaube wie ein Felsen ist, festgelegt und unverrückbar, ist der unsere wie ein Fluss. Der mäandert hin und her, bildet Seitenarme, geht lose Bindungen mit dem Land ein und strebt doch immer nur dem Meer entgegen. In aller Regel nimmt der Buddhismus, wenn er in ein fremdes Land kommt, Aspekte der dortigen

Religionen in sich auf. Er passt sich an, verbindet sich mit ihnen und nimmt eine neue Gestalt an – vielleicht wie Knetmasse, die immer neue Formen kreiert und dabei doch immer Knetmasse bleibt.«

»Für jemanden, dessen Vorfahren, wie du sagst, unter dem Buddhismus gelitten haben, weißt du aber eine ganze Menge darüber.«

»Logisch. Wie sagt man: *Know your enemy*? Mussten wir *burakumin* nicht genauer Bescheid wissen als diejenigen, denen der Buddhismus zupasskam?«

»Vielleicht schon. Und warum bist du, dem der Buddhismus anscheinend nicht zupasskommt, denn nun eigentlich unterwegs auf diesem Pilgerweg?«

»Eben darum. Ich lasse mir meinen Buddhismus doch nicht von anderen wegnehmen. Zumal hier auf Shikoku die Shingon-Schule vorherrscht. Und jetzt rate mal, wer die gegründet hat.«

»Kōbō Daishi«

»Sehr gut. Die Standardantwort hast du dir also gemerkt. *Shingon* ist eine volksnahe, sehr sinnliche Form des Buddhismus. Er geht davon aus, dass jeder Mensch, selbst einer von uns *burakumin*, die Erleuchtung erlangen kann – und zwar durch Mantras und Mudras.«

»Verstehe, also durch magische Silben, die man wiederholt, und durch bestimmte Zeichen und Bewegungen.«

»Ganz genau. Neu daran war vor allem der Glaube daran, dass man noch in diesem Leben das Nirwana erreichen kann. Andere Glaubensschulen gingen davon aus, dass das erst nach mehreren Wiedergeburten geschehen könne. Verstehst du, was für ein Versprechen da gegeben wurde?«

»Hm, so ungefähr. Aber ganz klar ist mir das alles irgendwie noch nicht.«

»Kann es auch nicht sein. *Shingon* findet nicht auf der rationalen Ebene statt, sondern viel tiefer. Durch Meditation wollen wir spüren, ja: spüren, wie wir uns mit Buddha Vairocana vereinen, der großen kosmischen Kraft. Ihr würdet das wohl eine Begegnung mit Gott nennen, oder einen Heureka-Moment. Vielleicht wirst du das unterwegs erleben, mitten im Herz-Sutra oder zwischen zwei Schritten. Oder du erlebst es auf dem Heimflug. Oder zuhause am Frühstückstisch. Oder auf dem Totenbett. Wir jedenfalls versuchen einfach, diesen Moment aktiv herbeizuführen. Darum pilgern und singen und spenden wir. Wir wollen erfahren, wozu wir Menschen fähig sind, und zwar hier und jetzt. Man muss den magischen Moment nur suchen, man muss ihn nicht gedanklich erfassen, sondern mit allen Sinnen erleben.

»Wow, das hast du jetzt schön gesagt, Manabu.«

»Siehst du, es ist letzten Endes doch alles ganz einfach. Aber wem sage ich das; du bist ja schon auf dem Weg! Du hast dich ja schon bewegt und bist unterwegs; das sind gute Voraussetzungen, um echte Erfahrungen zu machen. Und wenn das alles doch mal zu banal klingt, weil *Shingon* nun einmal die Sinne anspricht und nicht den Intellekt, wenn es doch mal gar zu pathetisch wirken sollte, können wir immer noch sagen: Ätsch, Übersetzungsfehler! Das meinen wir ganz anders; ihr Westler versteht uns eben nicht. So machen wir das immer. Schlag doch mal eine japanische Vokabel im Wörterbuch nach! Da findest du meistens Dutzende fremdsprachliche Entsprechungen. Euer Christentum lebt vom Wort, von Gebeten und Predigten und der Bibel; unser *Shingon* dagegen von der Erfahrung. Übrigens, wie würde Jack Sparrow dazu sagen: Alles klar? Ah, und dort vorne ist schon die Pension, von der ich dir erzählt habe. Wir sind rasch vorangekommen, nicht wahr? Ich hoffe, dass ich dir ein guter Lehrmeister war. Keine Sorge, das bleibt alles kostenlos.«

Kurz darauf standen wir vor der Pension und erfuhren, dass heute noch gerade zwei Zimmer frei waren. Eben als mein redseliger Pilgerabschnittsgefährte sein Zimmer betreten wollte, rief etwas in mir, ihn kurz zurückzuhalten. Immerhin würde er, das war mir klar, am nächsten Morgen zwei oder drei Stunden vor mir auf den Pilgerweg gehen.

»Manabu?«

»Was ist denn, Thomas?«

»Danke für die vielen Einblicke. Hier eine kleine Anmerkung, damit es nicht zehn zu null für dich steht, was unser Wissen betrifft, sondern vielleicht zehn zu eins.«

Ich merkte, dass ich den Anflug eines Lächelns nicht verhindern konnte.

»Es ist nämlich so: Johnny Depp nennt sich grundsätzlich CAPTAIN Jack Sparrow, und er sagt: Klar soweit?!«

Man adelt mich zum »Pilgerbotschafter«

Jizō, der Gott der Kinder und der Reisenden, blickte mir hinterher, als ich den Weg am folgenden Morgen wieder aufnahm. Das heißt, nicht er persönlich, doch zumindest sein Abbild aus Stein. Hinter einer Kurve stand eine unscheinbare, kniehohe Figur. Vielleicht wäre sie mir gar nicht aufgefallen, hätte der Künstler es nicht vermocht, ihr einen unleugbar schelmischen Blick zu verleihen. Einen Blick, der glauben machte, dass die Figur einem mit ihren Augen folgte. Tatsächlich drehte ich mich noch zweimal nach ihr um, selbst als ich ein paar Dutzend Meter weitergegangen war. Der Gott der Kinder und der Reisenden, das gefiel mir. Da kam zusammen, was zusammengehörte. Sind wir auf Reisen doch wie Kinder, die staunend um sich blicken und Eindrücke aufnehmen wie ein Schwamm.

Die Sonne stand hoch am Himmel, und natürlich war Manabu bereits über alle Berge. Mit jedem Schritt wuchs die Verkehrsdichte um mich herum. Bald lief ich neben Mopeds, Autos und Lastwagen her. Im Zentrum von Takamatsu ging es gar nur noch im »Stop and go«-Rhythmus voran. Auf keinem anderen Pilgerweg der Welt stand ich bislang so lange vor roten Fußgängerampeln wie hier. Dann aber, kurz hinter dem 87. Tempel, wurde mir erneut klar, wie sinnfällig die Strecke in Wahrheit angelegt war. Es fehlte noch ein gutes Stück Weg bis zum letzten Tempel, über 12 Kilometer, und während der folgenden drei Stunden legte sich der Pilgerpfad noch einmal mächtig ins Zeug. Ein letztes Mal reihte er die Perlen Shikokus aneinander. Er kredenzte mir ein »Best of«, nahm mich an der Hand und führte mich an drei Orte, die symptomatisch für viele weitere stehen konnten, wie ich sie unterwegs gesehen und genossen hatte.

Zunächst schmiegte sich die Wegstrecke dicht an das Meer. Immer war es da gewesen während meiner Umrundung Shikokus, auch wenn das Land ihm selten wirklich zugewandt gewesen war. Nun begegneten mir auch wieder die *tsunami*-Warnungen. Manchmal, so schien es mir, sehnte man die Monsterwellen beinahe herbei, weil es immer noch besser war, etwas Schlimmes zu erleben, als darauf zu warten. Und darauf warten – das tun sie. In den Schulen und Firmen übt man Evakuierungen. Fast alle Bewohner Japans haben einen gepackten

Notfallrucksack zuhause; er enthält haltbare Lebensmittel und Trinkwasser, Erste-Hilfe-Utensilien und ein Radio, um die neuesten Katastrophenmeldungen empfangen zu können. Man hat aus Desastern wie dem Tokio-Beben von 1923 gelernt. Damals, als die Stadt noch weitgehend aus Holzhäusern bestand und sich Gas- und Stromleitungen entzündet hatten, waren über 100.000 Menschen den Flammen zum Opfer gefallen. Mittlerweile dienen extrabreite Straßen in den Großstädten als Feuerbarrieren. Die Stromkabel verlaufen oberirdisch, Hochhäuser schwingen bei Erdbeben hin und her, ohne in sich zusammenzufallen, und die Menschen haben Feuerlöscher zuhause, mit denen sie im Ernstfall auch umzugehen wissen.

Dass es trotzdem noch immer *abunai*, »gefährlich«, sein kann, an der Seite eines Ozeans zu leben, daran werden die Japaner – vor allem jene, die im Westen des Landes wohnen –, immer wieder auf besonders skurrile Art erinnert. Alle paar Wochen erreichen »Geisterschiffe« die Inselgruppe, kleine Segel- und Motorboote mit aufgedunsenen Leichen darin. Meist sind sie zuvor wochenlang übers Meer getrieben. Sie weisen Löcher auf, ihre Segel hängen herab, ihre Motoren funktionieren längst nicht mehr, Seetang bedeckt die Taue. Woher kommen diese Boote? Woran sind die Seeleute gestorben? Handelt es sich um eine Krankheit, bricht vielleicht eine Art Epidemie aus?

Lange Zeit wusste man es nicht. Um Gerüchten zuvorzukommen, erfasste man alle Vorkommnisse akribisch. Man legte Ordner an, erstellte Statistiken, und mit der Zeit fügten sich die einzelnen Ereignisse zu einem Bild.

Fischer zu sein ist einer der raren Berufe, die in Nordkorea hoch angesehen sind, besonders bei den Frauen. In einem Land, in dem viele Menschen hungern, verheißt ein solcher Beruf, etwas zu essen zu bekommen. Nicht wenige junge Männer zieht es daher trotz mangelnder Erfahrung hinaus auf See. In Bretterverhauen, selbstgebastelten Booten oder an Bord eines Schiffes liefern sie sich den Launen des Meeres aus, um Fische, Garnelen und Krebse nach Hause bringen zu können. Doch die Küstengewässer in Südostasien sind weitgehend leergefischt. Die Konkurrenz unter den Fischern nimmt zu. Sie müssen weiter hinausfahren als zuvor. Nicht selten kommt es zu Rangeleien – und manchmal »verschwinden« einige Bootsinsassen, sei es durch Gewalteinwirkung, oder weil fünfzehn Seemeilen vom Ufer entfernt der Motor kaputtgeht. Vor allem das behelfsmäßige Zubehör fordert immer wieder Menschenleben: Kompasse, die nach wenigen Tagen nicht mehr nach Norden zeigen; Netze, die im entscheidenden Moment reißen; Bootsplanken, die sich im Sturm lösen.

Wind und Strömung treiben die »Geisterschiffe« der japanischen Westküste zu. Dort stranden sie zuweilen an ehemaligen Fischerdörfern, in denen beinahe nur noch alte Menschen leben. Eine Parallelwelt innerhalb Japans: Die Jungen sind längst fort; sie arbeiten in Tokio oder Kyoto, zehn oder zwölf oder vierzehn Stunden täglich; sie brauchen immer mehr Geld, um sich den Schuhkarton leisten zu können, den sie dort »Wohnung« nennen.

Gleich bleibt hingegen, dass viele Japaner, sei es in Tokio oder auf Shikoku, mit dem Meer in erster Linie eine Gefahr verbinden. Im Gegensatz dazu habe ich mir meinen von Italienurlauben und kitschigen Karibik-Postkarten geprägten Blick erhalten und genoss die paar Kilometer, auf denen der Pilgerweg dem japanischen Küstenverlauf folgt.

Wenig später wurde ich auf recht japanische Art in den Diplomatenstand berufen; man ernannte mich kurzerhand zum »pilgrim ambassador«, zu einem »Pilgerbotschafter« also. Am Ufer eines pittoresken Sees hatte man den *Maeyama Ohenro Kōryū Salon* erbaut, ein »Pilgerzentrum«, in dem mich eine junge Bedienstete begrüßte, als sei ich ein direkter Nachfahre von Kōbō Daishi. Eine Rarität sei ich, meinte sie unter Verbeugungen, ob sie mich wohl fotografieren dürfe? Etwas mehr als dreitausend Pilger kämen pro Jahr hierher, sagte sie, doch nur gut einhundert davon stammten aus dem Ausland. Es seien viele Australier und einige Neuseeländer dabei, fuhr sie fort, das liege ja praktisch um die Ecke. Auch Thailänder und Koreaner habe sie hier bereits begrüßt. Wenn sich mal ein Europäer daruntermische, handele es sich am ehesten um einen Franzosen. Dort pflege man einen besonderen Bezug zu Japan. Man schätze ästhetische Werte, den Sinn für Kunst und Kitsch, die Freude an Subtilitäten. Es gebe ein Buch, das dies alles ganz gut auf den Punkt bringe; darin entblättere ein japanischer Hausbewohner nach und nach, was in der vermeintlich spröden Hausmeisterin stecke …

»*Die Eleganz des Igels*: Da ist Muriel Barbery wirklich ein Meisterwerk gelungen, auch wenn die Verfilmung gegenüber dem Roman arg zurückfällt.«

Die Bedienstete klatschte in die Hände. Eine halbe Stunde lang unterhielten wir uns über die Alltagsabenteuer der so vielschichtigen »Madame Michel«, dann über japanische und deutsche Eigenheiten und schließlich über die schönsten und die tückischsten Stellen des Pilgerwegs. Als ich, beschenkt mit einem Schlüsselanhänger in Form einer glitzernden Sandale – »Sinn für Kunst und Kitsch« – und einer Urkunde, die mich als »Pilgerbotschafter« auswies, dem letzten Tempel entgegenzog, merkte ich, dass ich tatsächlich forscher ausschritt. Dass ich die Fußballen weiter vorne denn je auf den Boden stellte, das Bein schwungvoll wie nie nach hinten drückte und anschließend die Knie mit Elan emporhob. Das kurze Gespräch mit der Bediensteten, mehr noch ihre kleinen Gesten, ihr Nicken und ihr Lächeln, ihre durch die Körpersprache übermittelte Zustimmung zu dem, was ich tat, hatten mich aufgerichtet. Die Erde zog mit weniger Kraft an mir.

Wie hatte die Frau das geschafft? Ich wusste mittlerweile, dass viele Japaner darauf trainiert waren, ihr Gegenüber mit einem Blick abzuschätzen und einzuordnen – aber eben nicht, um herauszufinden, wo dessen Schwächen waren und wie man ihn am besten für die eigenen Ziele einspannte. Sondern, um in Erfahrung zu bringen, welche Bedürfnisse der andere zurzeit hatte, und womit man ihm folglich gerade jetzt eine Freude bereiten konnte. Bei allem, was ich über die Menschen dieses Landes wusste, trotz angstvoller Abschottung, absurdem Arbeitswahn und aller Ammenmärchen über die alternativlose Andersartigkeit der Japaner, trotz alledem also hatten meine Vorurteile in den zurückliegenden vier Wochen eben kein neues Futter bekommen.

Es mochte sie geben, die rigorose Regelhörigkeit mit ihren Ausformungen, auf die man als Europäer so schön plakativ hinweisen konnte. Natürlich hatte es die Gräueltaten in Eroberungskriegen gegeben, gab es noch immer, aus einer Vielzahl von Gründen, in Japan mehr Menschen als anderswo, die sich zum Selbstmord entschlossen. Aber wo sonst hatte man es so gut verstanden, mit wenigen Worten, ja: vielleicht sogar nur mit einem Blick, einer Handbewegung oder

der Art, den Kopf zu halten, eine so angenehme und friedfertige Stimmung zu erzeugen? Wo sonst hatte mir eine Verkäuferin bei Starbucks in krakeliger Schrift etwas wie »Welcome Shikoku 88« auf den Becher geschrieben? Wo war ein Achtzigjähriger aus seiner Haustür getreten und erkennbar unter Mühen die dreihundert Meter zu mir gegangen, um mir eine Kunstfigur und ein paar Münzen zu überreichen und mir zu sagen, dass es dort rechts entlangginge zum nächsten Tempel? Und wo war ich immer wieder auf Gastgeber gestoßen, Ausbunde an Bescheidenheit und Hilfsbereitschaft, die erst, nachdem ich triumphierend *banzai*, »geschafft«, gerufen hatte und die Wegstrecke des Tages meinte, en passant erwähnten, dass sie selbst schon zwölf Mal die Insel zu Fuß umrundet hatten?

Man mag über die Japaner denken, was man will. Als einziges Land der Welt aber scheint Japan es geschafft zu haben, Empathie und gegenseitige Rücksicht als Lebensprinzipien in der Gesellschaft zu verankern – Prinzipien, an die man sich größtenteils auch wirklich hält. In Zeiten des rasanten Bevölkerungswachstums, in denen wir uns weltweit der 10-Milliarden-Marke nähern, kann das eine gute Grundlage für unser enger werdendes Zusammenleben sein.

Selbst wenn die Ausstrahlungskraft solch hehrer Ideale naturgemäß begrenzt ist. In China, das ich wenig später besuchen sollte, ging es bereits robuster zu. Da rief und rumpelte man, da rempelte man Passanten an und rotzte dabei auf die Straße. Kam das Wesen Japans einer kunstvoll verzierten Vase gleich – ausgeformt und detailversessen, ein wenig langweilig vielleicht, doch unbestreitbar kunstvoll –, so war China demgegenüber ein Rohstoff, der noch geformt wurde. Ein riesiger Stein vielleicht, nein: ein Meteorit, gigantisch und gefährlich und bei alldem spannend und von einer unbändigen Kraft, von der niemand wusste, wie sie sich im nächsten Augenblick entladen würde.

In Japan hingegen schien man den Bewohnern mit der Muttermilch auch gleich die Zurückhaltung eingeflößt zu haben. Vielleicht spielten dabei drakonisch anmutende Gesetze und der Zwang durch eine nur allzu rasch (ver)urteilende Gruppe eine Rolle. Vielleicht wägte man bei aller vordergründigen Nettigkeit bereits die eigenen Vorteile ab, hoffte auf das *quid pro quo* und war in Wahrheit ganz und gar nicht so duckmäuserisch, wie es den Anschein hatte. Doch das Ganze funktionierte nun einmal – und als Gast war es mehr als angenehm, die guten Seiten dieses Wertekanons auszukosten.

Buddha ist neunzig und kehrt den Weg

Ein letztes Mal setzte ich meine Fußsohlen auf die Höhe des jeweils anderen Knies: Es ging noch einmal aufwärts, kurz vor dem 88. Tempel, dem letzten auf dem Weg. Ich schraubte mich hinauf. Mit jedem Schritt bot sich dem Blick zurück ein größerer Anteil des Pilgerwegs dar, dem ich so hartnäckig bis hierher gefolgt war. Die vergangenen Tage entrollten sich vor meinem geistigen Auge. Die Aussicht in die Täler hinab nahm mich derart gefangen, dass ich kaum merkte, wie sich der Weg unter mir immer mehr auflöste. Dann aber war er unvermittelt fort. Eine mit Steinen übersäte Bergflanke lag vor mir. An ihrem Ende meinte ich eine Balustrade auszumachen, also kletterte ich hinauf.

Bald stieß ich auf eine hölzerne Treppe, die auf dem felsigen Untergrund zu balancieren schien. Das wunderte mich nicht. An jeder vermeintlichen oder realen Gefahrenstelle des Weges hatte man bislang Treppen oder Geländer gebaut. Man hatte Fähnchen aufgestellt, und zwei oder drei Mal hatte sogar ein Arbeiter dort gestanden, dessen Aufgabe es gewesen war, vor einer Pfütze oder einem überschaubaren Abgrund zu warnen. Besonders putzig war es, wenn vier arme Teufel fahnenschwenkend den Verkehr regelten, weil ein Arbeiter am Straßenrand gerade einen Strauch stutzte. Gut, dass die vier Fahnenschwenker da waren; als Autofahrer wäre man sonst vielleicht ganz einfach weitergefahren, da sich ja kein Hindernis auf der Straße befand. Ähnlich kompliziert waren auch die Beförderungsbestimmungen für Fahrräder in den Zügen. Dort musste man sein Vehikel in einem speziellen Sack verstauen. Kein Teil durfte herausschauen, die Zugführer verweigerten sonst die Mitnahme. In Deutschland hätte man darüber vermutlich wild in Onlineforen diskutiert. In Berlin hätte man dem Schaffner längst die Fresse poliert, in den USA wäre er gelyncht und dann aus dem fahrenden Zug geworfen worden. In

Japan hingegen spielten alle das Spiel mit. Schließlich konnte ja »Wer-weiß-was« passieren, wenn so ein Sattel aus dem Gepäck lugte.

Mit gemischten Gefühlen ging ich die Holztreppe empor. Als ich jedoch auf der Bergspitze ankam und dort das Zeichen des Pilgerwegs entdeckte, einen unscheinbaren gelben Pfeil, der zaghaft nach rechts deutete, übermannte mich doch ein Hochgefühl, gegen das ich nichts tun konnte.

Ich blickte mich um. Gelassen wiegten sich die Bäume im Wind. Die Luft war prall gefüllt mit Gerüchen nach Gras und frischem Harz. Vor mir schlängelte sich, wie seit Hunderten von Jahren schon, der Pilgerweg dem letzten Tempel entgegen. Selbst die Bienen schienen hier oben zur Ruhe gekommen zu sein. Träge hingen sie wie gelb-schwarze Wassertropfen in der Luft. Es kam mir vor, als folgte alles seinem Schicksal mit mehr Bedacht als anderswo. Als träten die Gesetze des Lebens klarer zutage, sodass es leichter fiel, den eigenen Kompass nach ihnen auszurichten. Hier oben schwang alles im Einklang mit der Welt, und alles befand sich an seinem ihm zugedachten Platz. Alles war hier groß und erhaben. Angekommen war man hier, endlich, endlich im Hier und Jetzt, und darum beseelt von einer ruhigen Kraft. Einer Kraft, die nichts mit Bodybuilding oder Boxsäcken zu tun hat, sondern die von der Art eines Flusses ist, der sein Ziel kennt und darum strebsamer als andere unterwegs ist. Der Berg oberhalb des 88. Tempels von Shikoku gehörte den großen und ruhigen Dingen: den Bäumen und dem Pilgerweg, der Sonne und den Wolken. Ich war ein Staubkörnchen in alledem, und doch war ich auf mannigfaltige Weise verwoben mit den Dingen, die um mich herum geschahen. Ja, sie geschahen eben nicht mehr um mich herum, sondern mit mir.

War das bereits die Vorstufe zum Nirwana? Oder begann ich zu halluzinieren, weil ich dehydriert war? War das überhaupt ein Widerspruch? Ich wusste es nicht, doch irgendetwas hier oben sorgte dafür, dass ich mich pudelwohl fühlte. Ein kleiner, recht dummer, aber nur schwer bezwingbarer Teil in mir fühlte sich so kurz vor dem Ziel schon als Eroberer. Thomas »Messner« Bauer war wieder unterwegs! Da hätte man ruhig ein paar Fanfaren schmettern oder mir mit einer A-cappella-Hymne gratulieren können.

Dann sah ich den Greis. Krumm wie eine Banane stand er auf dem Pilgerweg. In seiner rechten Hand hielt er einen wuscheligen, offenbar selbstgemachten Besen. Unablässig kehrte er damit den Waldboden. Sein Arbeitsgerät war bestenfalls einen Meter lang; vermutlich hätte sich die Haltung des Greises aber auch bei Verwendung eines handelsüblichen größeren Modells nicht geändert. Seit neunzig, vielleicht gar seit hundert Jahren drückte das Leben auf ihn. Immer vehementer forderte es eine Verbeugung von ihm. Vielleicht ließ es ihn nicht einmal mehr nachts in gerader Haltung schlafen.

Jedenfalls behielt er seine gebückte Haltung bei, als ich bei ihm anlangte. Die weißgrauen Büschel, die ihm von seiner einstigen Frisur geblieben waren, gerieten in Wallung, als er sich einmal, zweimal, dreimal vor mir verbeugte. Das sah putzig aus, da der Alte sich jeweils nur um wenige Zentimeter bewegte. Immerhin war seine Ausgangslage, die er nach jedem Gruß wieder einnahm, ja ebenfalls bereits eine Verbeugung. Vor allem aber hörte er bei alldem nicht damit auf, den Waldweg – den Waldweg! – zu kehren.

Warum machte er das? War der Alte von Sinnen? Immerhin befanden wir uns kilometerweit von jeglicher Straße, jeglichem Dorf entfernt. Träumte ich das alles vielleicht nur? Aber nein: Als ich an dem Greis vorbeilief, hob er für einen Moment den Kopf und blickte mich an. Sein Blick war voller Verstandesschärfe.

Es gibt ja Blicke, die einen umfließen, ohne einen wirklich festzuhalten, abgedämpfte Blicke, die wie durch Schleier hindurch die Umgebung betrachten. Träge liegen diese Blicke in der Welt, als wüssten sie nicht recht, wo ihr wahrer Platz ist. Und es gibt Blicke, die einen taxieren und unmittelbar erfassen. Blicke, die klarmachen, dass ihr Absender Entscheidungen trifft und seine Umgebung gestaltet. So einen Blick, frisch und jugendlich anmutend, warf mir der Alte zwischen den Falten seines Gesichts entgegen, und ich wusste: Ich hatte einen Mann vor mir, der wusste, was er tat.

Nur: Was tat er da eigentlich? Warum um alles in der Welt kehrte er einen steinigen Waldpfad? War das eine Art Freiwilligendienst, der dazu diente, die Wege sauber zu halten? Eine Sicherheitsmaßnahme, um zu verhindern, dass Pilger auf der Bergspitze ausrutschten? Eine religiöse Praxis? Körperliche Ertüchtigung an der frischen

Luft? Wollte der Alte einfach die Stille genießen? Oder war alles ganz anders; verrichtete der Greis hier oben eine Routinearbeit, ähnlich wie damals Albert Einstein im Berner Patentamt, um dabei intensiv über der Entwicklung einer bahnbrechenden Theorie zu brüten? Wartete der Kehrer vielleicht demnächst mit einem Superroboter auf, der so sehnsüchtig erwarteten Antwort auf Japans Überalterung? Hatte ich einen zukünftigen Nobelpreisträger vor mir?

Ich wusste es nicht. Doch je länger ich darüber nachdachte – auch dann noch, als ich den Greis längst hinter mir gelassen und mich an den Abstieg gemacht hatte –, desto klarer wurde mir, dass dieser Mann alles begriffen hatte. Er verkörperte das Gegenteil unserer dauerabgelenkten Jugendlichen, unserer strebsamen Unzufriedenen, unserer überehrgeizigen Manager. Obwohl er also zufrieden wirkte und eigentlich die Beine hochlegen konnte, hatte er sich offenbar dazu entschlossen, aktiv zu sein und sich einzubringen mit dem, was er konnte. Eine Aufgabe hatte er sich gestellt, einen eigenen Weg eingeschlagen, und Recht hatte er damit. Waren schöne Orte wie dieser doch nur schön, wenn wir uns um sie kümmerten. Wenn wir sie schützten und erhielten. Nicht nur Rechte haben wir an solchen Orten, das auf Genuss beispielsweise, auf frische Luft und auf eine schöne Aussicht, sondern auch Pflichten, und beide können uns frei machen. Weil wir selbst aussuchen, welche wir wahrnehmen wollen. Der kehrende Greis diente augenscheinlich der Schönheit. Er folgte ästhetischen Prinzipien. Offenbar hatte er den richtigen Vogel gefüttert – wie in jener Geschichte, in der jemand einem Freund erzählt, dass in ihm immerzu zwei Vögel miteinander streiten. Der eine ist gierig und unzufrieden. Er hat nur diejenigen im Blick, denen es besser geht als ihm selbst, und meint grundsätzlich, dass ihm mehr zustünde, als er im Moment bekommt. Der zweite ist gelassener, rücksichtsvoller; er zieht Freude daraus, anderen zu helfen.

»Wer von den beiden gewinnt denn nun?«, fragt der Freund.

Und bekommt zur Antwort: »Der, den ich füttere.«

Wir haben mehr in der Hand, als wir uns eingestehen. Auch wenn niemand sein Leben lang nur einen Vogel füttert, auch wenn beide Fütterungen letztlich dem Eigennutz dienen mögen, gelingt es manchen doch, den dummen Papagei in ihnen zum Schweigen zu bringen

– der, der uns ständig dazu antreibt, unseren Nutzen auf Kosten anderer zu maximieren. Vielleicht braucht es zuweilen Zeichen – einen mutigen Künstler, einen tapferen Dissidenten oder eben jemanden, der einen Pilgerweg kehrt –, um uns daran zu erinnern, dass wir grundsätzlich mindestens zwei Möglichkeiten haben, und dass wir uns entscheiden müssen, welchem Vogel in uns wir Futter geben.

Es ging nun hinein in den Wald. Mit jedem Schritt gelangte ich ein klein wenig tiefer ins Tal hinab und näher zu jenem 88. Tempel, der den Endpunkt meiner Inselumrundung markierte. Schon konnte ich ihn unter mir hören, schon grüßten mich seine Dächer, die Freiräume zwischen Baumstämmen und Ästen nutzend.

Was für eine Ankunft! Ich stieg hinab zum letzten Tempel, es war ein Ankommen nach dem Höhenflug. Langsam, mit Bedacht, setzte ich einen Fuß vor der anderen. Ich atmete tief ein und aus, genoss die letzten Meter meiner Wanderung mit allen Sinnen. Hier, auf dem wohl schönsten Abschnitt des Pilgerwegs, fiel mir die Legende von Horaisan ein. Horaisan war in Japan eine Chiffre für eine sagenumwobene Insel, ein Paradies. Interessanter Weise klang der Name ganz wie das englische »horizon«. War das ein subtiler Hinweis, dass sich das erträumte Paradies grundsätzlich am Horizont befand, man ihm folglich nicht näherkommen konnte und letztendlich besser dran war, hier und jetzt, im Diesseits, gut zu leben – wie es mir der Greis vorgemacht hatte?

Vielleicht. Vielleicht war das Ganze aber auch weniger metaphysisch gemeint. Unter Umständen ging es lediglich darum, eine kunstvolle Erklärung dafür zu finden, warum die Orangen in Japan so wunderbar süß schmecken. Und das kam so:

Horaisan und die Kraft der Orangen

An einem geheimen Ort im Ozean, weit jenseits des japanischen Festlands, befinden sich die immergrünen Inseln von Horaisan. Dort, so erzählt man sich, herrschen auf ewig Glück und Frieden. Es gibt weder Schmerz noch Krankheit, weder Leiden noch Tod. Da immer Frühling ist, überbieten sich die Pflanzen in immer mannigfaltigeren Ausformungen, und die Tiere lustwandeln zwischen ihnen umher wie im Paradies.

Unzählige Menschen sind aufgebrochen, um jene Inseln zu finden. Doch nur einer, ein einziger unter ihnen, ist zurückgekommen. Denn wer die Inseln sucht, der wird sie niemals finden. Eine unermesslich lange Seereise trennt sie von allen bekannten Ländern. Niemand weiß, in welcher Richtung Horaisan liegt, keiner vermochte bislang, das Land auf einer Landkarte darzustellen. Nur die Kraniche, die im Winter von Japan aufbrechen, kennen die glückverheißenden Inseln: Beim ersten Anzeichen von Schnee und Eis ziehen sie dorthin.

Wer aber nicht mit der Absicht loszieht, sich mit der Entdeckung von Horaisan zu brüsten oder gar Pflanzen und Tiere von dort zu rauben, wer nicht danach strebt, in Glück und Frieden zu leben, ohne vorher seine Pflichten gegenüber Gott und den Menschen erfüllt zu haben, der hat das Quäntchen einer Chance, dass ihn ein selten günstiger Wind zu den grünen Inseln führt.

So erging es Wasobiowo, einem Erfinder aus Nagasaki. Um sich von der anstrengenden Geistesarbeit zu erholen, fuhr er gerne mit seinem Segelboot hinaus, um Fische zu angeln. Tagelang konnte er in seiner Barke sitzen. Er vergaß dann die Sorgen und Ängste, die ihn auf dem Festland zuweilen plagten, vergaß sogar, dass er Fische fangen wollte, und ließ sich von den Strömungen umhertreiben, bis er kaum mehr wusste, wo er sich befand.

Eines Abends, als Wasobiowo bereits zwei Tage lang auf See gewesen war, beschloss er, die Heimreise um eine Nacht hinauszuschieben. Über ihm strahlte die Milchstraße, als hätte man tausend Kerzen auf einer Geburtstagstorte angezündet. Der Mond hatte hingegen streng Diät gehalten, seine schlanke Sichel lehnte mit der Innenseite an einer hellgrauen Wolke. Von Norden her wehte ein kühler Wind.

Wasobiowo erwachte, als ein Donnerschlag die Stille der Nacht zerriss. Er schreckte auf und sah im selben Moment eine Wolkenwand übers Wasser rasen. Als sie bei ihm war, wurde das Meer unter ihm lebendig. Wellen erhoben sich, packten das Segelboot und schoben es mit irrsinniger Geschwindigkeit voran, ehe sie es lustvoll in Wassertäler stürzen ließen, dass Wasobiowo Hören und Sehen verging. Erst als es Tag wurde, ebbte die Wut des Meeres ab. Wasobiowo blickte um sich und sah in jeder Himmelsrichtung nichts als das unermessliche Meer mit seinen Wellen, seinen Kräuseln und Himmelsspiegelungen.

Drei Monate lang trieb Wasobiowo umher. Er sammelte Regenwasser in Eimern und lebte von Fischen, die er mit seiner Angel fing und roh aß. Erst nach diesem Vierteljahr begannen, zaghaft zunächst, Pflanzen aus dem Wasser zu ragen. Je weiter er gelangte, desto dichter wuchsen die Pflanzen. Bald wurde das Meer zum Sumpf. Wasobiowos Boot kam immer schwerfälliger voran. Er gab jedoch nicht auf. Wo Pflanzen so dicht wuchsen, dachte Wasobiowo, dort musste doch auch Land sein.

Die Pflanzen bildeten bald einen Morast, in dem das Boot steckenblieb. Wasobiowo aber zog an den Stängeln und brachte sich auf diese Weise mühsam und langsam voran. Drei Tage robbte und ruckelte er vorwärts. Kein Fisch ließ sich mehr blicken, das Trinkwasser ging zur Neige. Müde, wund gescheuert und halb verhungert war er, als die Pflanzen so jäh aufhörten, als hätte er eine Wand durchbrochen. Dahinter sah Wasobiowo eine silbrig glänzende Wasserfläche und am Horizont, seinen Blicken beinahe noch entzogen, machte er einen hellgrünen Schimmer aus; dort musste sich Land befinden. Wasobiowo mobilisierte seine letzten Kräfte und hielt auf den Grünschimmer zu. Bald sah er, dass vor ihm eine Insel lag, beherrscht von einem Berg, dessen Spitze beinahe den Himmel kitzelte.

Als Wasobiowo auf den Strand sprang, der wie Goldstaub in der Sonne glitzerte, da waren noch im Sprung plötzlich alle Strapazen seiner Reise vergessen. Durst und Hunger, die Wunden und die Angst, nie mehr nach Hause zu finden – all das war auf unerklärliche Weise einem warmen Wonnegefühl gewichen. Mit einem Mal fühlte sich Wasobiowo stark wie niemals zuvor.

Kurz darauf traf er schöne Damen und edle Männer, die ihn herzlich begrüßten. Sie boten ihm saftige Orangen an. Diese waren nicht gegen den Hunger gedacht, den es auf diesem Fleckchen Erde ja nicht gab, sondern dienten einzig und allein dem Genuss. Sie waren grün, da es auf der Insel niemals frostige Nächte gab und die Früchte nur in kalten Nächten orange werden. Da erkannte Wasobiowo, dass er auf der sagenumwobenen Insel Horaisan gelandet war. Er dankte seinem Schicksal und ging mit den Frauen und Männern mit. So wurde er ein Bürger von Horaisan.

Ohne dass Wasobiowo es merkte, vergingen in der Folge Tage, Wochen, dann Jahre, Jahrhunderte. Denn auf Horaisan gab es keine Zeit, kein Essen und kein Trinken. Man erging sich in geistreichen Gesprächen, genoss Musik, Gesang und Tanz – und jeder weiß, dass in solchen Augenblicken die Zeit keine Rolle spielt.

Irgendwann jedoch spülte das Meer einen weiteren Schiffbrüchigen an, einen chinesischen Arzt namens Jofuku. Von jenem Moment an war Wasobiowo wie ausgewechselt. Unvermittelt erinnerte er sich, wie er selbst nach Horaisan gekommen war, und er begann sich klar zu machen, dass es eine Zeit vor seiner Ankunft gegeben hatte. Eine Zeit, nach der er sich mehr und mehr sehnte. So sind wir Menschen: Selbst im Paradies sind wir nicht sattzukriegen. Wir sind niemals zufrieden, können es gar nicht sein, zumindest nicht auf Dauer. Als Adam und Eva alles hatten, was sie brauchten, zogen sie los und fanden einen Apfel.

Wasobiowo also wollte etwas tun, was vor ihm noch niemals jemand getan hatte: Er wollte fortgehen von Horaisan. Wie aber sollte er das bewerkstelligen? Wie konnte man eine Insel verlassen, von der niemand wusste, wo sie war? Wohin wendete man sich von hier aus?

Lange grübelte Wasobiowo, wie eine Lösung für dieses Problem aussehen könnte. Er setzte sich auf den Waldboden und dachte nach, meditierte auf Hügeln und sann am Strand auf eine gute Möglichkeit, zurück nach Japan zu gelangen. Lange überlegte er, doch keine Option vermochte ihn zu überzeugen. Es schien schlichtweg unmöglich zu sein, sich selbst aus diesem Paradies zu verstoßen. Da kamen – wie immer, wenn in Japan Winter herrscht – die Kraniche auf die Insel. Es waren starke, prächtige Vögel, die scheinbar mühelos durch die Lüfte glitten. Als er sie sah, kam Wasobiowo eine Idee.

Er begann, einen der Kraniche zu zähmen. Den größten und stärksten Vogel suchte er aus und richtete ihn darauf ab, ihn,

Wasobiowo, auf dem Rücken zu tragen. Den ganzen japanischen Winter über freundete er sich mit dem Kranich an, der es schließlich tolerierte, dass Wasobiowo aufstieg und kurze Runden mit ihm drehte. Als die Vögel unruhig wurden und eine Aufbruchsstimmung die Lüfte erfüllte, packte Wasobiowo einige Orangen in einen Korb – denn sobald er Horaisan verließ, musste er erneut daran denken, sich zu ernähren. Die Orangen sollten ihm sowohl als Flüssigkeit als auch als Nahrung dienen.

Am Tag der Abreise schalt ihn der chinesische Arzt einen Dummkopf. Wie konnte man nur das vollkommene, dem Nirwana so ähnliche Leben auf Horaisan gegen das unbestreitbar mit Mängeln behaftete in China oder Japan eintauschen! Da lächelte Wasobiowo. »Vielleicht hast du recht«, meinte er, »doch für mich liegt das wahre Glück nicht in ewiger Jugend, in Bedürfnislosigkeit und Glückseligkeit. Ich finde es, wenn auch nicht dauerhaft, viel eher darin, für andere da sein zu können. Habe ich anderen geholfen, dann habe ich dadurch auch mir geholfen. Meine Pflichten sind eben noch nicht erfüllt.«

Damit stieg Wasobiowo auf den Rücken des Kranichs und ließ sich von ihm in den Himmel hinauftragen. Gemeinsam mit den anderen Vögeln überflogen sie unbekannte Inseln und Länder. Sie blickten herab auf das Reich der Riesen und auf die Zone der Zwerge; die Ebene der Einbeiner sahen sie sich an und die Dünen der Dreiäugigen. Und endlich, endlich kam Wasobiowo zurück nach Japan.

Die Menschen dort erkannten ihn nicht. Sie konnten mit seinem Namen nichts anfangen, denn er war siebenhundert Jahre lang fort gewesen. Von den Früchten in seinem Korb war indessen nur noch eine einzige Orange übrig. Die vergrub er auf Shikoku im Boden. Sie trug bald mannigfaltige Frucht; von ihr stammen die heute in Japan wachsenden Orangen ab – und wie jeder Japaner weiß, sind es die besten der Welt. Wasobiowo lebte noch viele Jahre; den Kindern berichtete er gerne von seiner abenteuerlichen Überfahrt und seinem Leben auf Horaisan. Am liebsten aber hörten sie ihm zu, wenn er von seinem Flug auf dem Kranich erzählte.

Eines Tages, er mochte bereits neunzig Jahre alt sein, fuhr Wasobiowo mit seiner Angelrute hinaus aufs Meer; seitdem hat ihn niemand mehr gesehen. Ob er es ein zweites Mal nach Horaisan geschafft hat?

Die Menschen in Japan würden es nie erfahren. Bis heute aber erzählt man sich mit Respekt und Ehrfurcht die Geschichte von Wasobiowo, dem einzigen Menschen, der von Horaisan zurückgekommen und der die Orangen nach Japan gebracht hatte. Vielerorts sieht man ihn, in Tempeln und in Büchern, als Holzstatue und auf Wandteppichen, wie er, auf dem Kranich sitzend, übers Meer getragen wird.

Das heimliche und unbewusste Ziel …

Umringt von dauerlächelnden Pilgern und hoffnungsfrohen Verkäuferinnen stand ich im 88. Tempel von Shikoku und wusste nicht weiter. Ich meine: Bis hierher hatte ich ein Ziel vor Augen gehabt. Ich hatte immer gewusst, wohin der Weg mich führen sollte. Jetzt aber, an jenem Spätnachmittag im April, war ich mit einem Mal angekommen. Wohin sollte ich von hier aus gehen?

Behutsam legte ich, wie Tausende, Zehntausende vor mir, meinen ramponierten Gehstock in einen der dafür bereitgestellten Körbe. Dann zog ich mein Pilgerhemd aus. Ich nahm meinen Hut mit den rätselhaften Inschriften ab und befestigte ihn an meinem Rucksack. Jetzt wieder ein Wanderer statt ein Pilger, begab ich mich zurück zu meinem Ausgangspunkt, dem ersten Tempel von Shikoku.

In den vergangenen fünf Wochen hatte ich die Insel umrundet. Der buddhistischen Lehre zufolge war dadurch einen Großteil meiner unheilvollen Begehrlichkeiten von mir abgefallen. Nicht alle, denn einige der Tempel – jene, die sich an besonders unwegsamen oder auf einsamen Abschnitten befanden – hatte ich ausgelassen. Vielleicht war es am Ende gut, so dachte ich, ein paar meiner Bedürfnisse zu behalten. Ein bisschen Leiden hat noch keinem geschadet. Es gehört zum Leben dazu und lässt uns die wahrhaft großen Augenblicke erst als solche erkennen. Nur weil wir leiden, entwickeln wir uns weiter: Wir wollen vorankommen, unsere Umstände verbessern, neue Aspekte unserer selbst kennenlernen. Wären die Ideale des Buddhismus wahrlich verwirklicht, gäbe es keine Gesellschaft mehr. Jede Gemeinschaft lebt nun einmal von Abhängigkeiten, sie braucht Konkurrenz und Hierarchie, während der Buddhismus beim einzelnen Menschen ansetzt.

Den einzelnen Menschen als Basis des eigenen Verhaltens zu nehmen, ist die einzige Möglichkeit, wirklich human zu handeln. Ein Politiker hingegen, also jemand, der sich für gesellschaftliche Prozesse und die Regeln innerhalb von Gemeinschaften interessiert, muss, will er erfolgreich sein, Partei ergreifen für eine abgrenzbare Gruppe; er muss gegen die Interessen einer größeren handeln. Das ist nachvollziehbar, wenn man bedenkt, dass sich nur eine überschaubare Gruppe überhaupt als solche wahrnimmt und in der Folge einen weitaus höheren Organisationsgrad aufweist, als weitaus größere Gemeinschaften. Manchen nennen das dann Lobbyismus. Die grundlegende Frage in der Politik lautet nur, welche Gruppe profitiert, und welcher Gemeinschaft im Gegenzug dazu etwas weggenommen wird. Wer hat die beste Lobby: die Ökos? Die Bauern? Die Frauen? Die Deutschen? Ja, Politik trägt Ungerechtigkeit in sich, muss sie in sich tragen, um überhaupt fuinktionieren zu können. Sie muss bevorzugen und benachteiligen. Wenn es gut läuft, wenn sich die politischen Akteure stark genug voneinander unterscheiden und zudem die Chance besteht, dass ein anderer davon in periodischen Abständen die Macht innehat, entsteht bei aller Gruppenfixierung mittelfristig ein Ausgleich. Mal gewinnt die eine, dann wieder die andere Seite.

Letzten Endes war die Sache mit der Politik natürlich spannender als ein Glaubenssystem, von dem man annehmen konnte, dass Teile davon einem gut taten. Und dennoch: Wie fast beiläufig und immer selbstverständlich die buddhistischen Grundsätze im Alltag auf Shikoku angewendet wurden, wie harmonisch die Beziehungen unterwegs gewesen waren, wie durchdacht dieser Weg angelegt und mit wie viel Eifer er gepflegt wurde: Das nötigte mir ein gehöriges Maß an Respekt ab. Am Schluss, ganz besonders oberhalb des letzten Tempels, hatte es mich also wieder erwischt. Unterwegs war ich ein Pilger geworden und merkte, dass genau das meinem Wesen entsprach. Nur in der Bewegung kann ich zur Ruhe kommen. Sitze ich längere Zeit an einem Schreibtisch oder liege ich stundenlang an einem Strand, werde ich schnell rat- und rastlos. Ich will weiter, immer weiter, will Neues kennenlernen, mich unbekannten Herausforderungen stellen. In der erfolgreichen Anpassung an fremde Gegebenheiten, beim Eintauchen in ungeahnte Kulturen und in der Begegnung mit Menschen, die zuweilen völlig anders reagieren, als ich es erwarte, spüre ich in guten Momenten eine seltsame Erfüllung. Ohne es erklären zu können, ja: ohne es wirklich begreifen zu wollen, weiß ich dann, dass gerade jetzt alles so läuft, wie es soll. Dass ich gerade jetzt nirgendwo sonst sein soll als eben hier, nichts anderes machen soll als was, was ich im Augenblick tue.

Mit anderen Worten: Mein *ki* schlägt, wenn ich unterwegs bin, zuweilen Purzelbäume. *Ki* ist mal wieder eines dieser japanischen Wörter, die alles Mögliche bedeuten und am Ende immer nur unzureichend übersetzt werden können. Am ehesten bezeichnet es etwas wie den Energiefluss im Körper. Im besten Fall kommt dieser barrierefrei voran. »*Ki o tsukete kudasai*«, lautet ein höflicher japanischer Abschiedsgruß, »Passen Sie bitte auf Ihr *ki* auf«.

Meinem *ki* ging es gerade ganz prima. Meinetwegen hätte es immer so weitergehen können, dachte ich auf dem Weg vom 88. zum 1. Tempel. Jeden Tag woanders, dabei immer in Bewegung, und immer staunend und empfangsbereit, lernbegierig: So gefiel mir das. Ich ließ die Ereignisse lustvoll durch mich hindurchströmen.

Und jetzt, ganz am Ende meiner Inselumrundung? Was der Weg mit mir gemacht hatte, kann keiner besser zusammenfassen als der niederländische Reisebuchautor Cees Nooteboom, der die Shikoku-Umrundung aus eigener Anschauung kennt.

»Das heimliche und unbewusste Ziel mancher Reisen …«, beginnt Cees Nooteboom, und ich reihte in Gedanken die Erlebnisse der vergangenen Wochen wie an einer Perlenschnur aneinander. Wieder kämpfte ich mit Essstäbchen und gegen schleimige Bohnen namens *natto*, verschlang *udon* in erstaunlichen Mengen und erlebte die beinahe mystische Macht des Türöffnerwortes *doitsu*.

»Das heimliche und unbewusste Ziel mancher Reisen besteht darin, den Reisenden in völlige Verwirrung zu stoßen …«

Ich war wieder unterwegs mit dem unscheinbaren Jungen, dessen Name wie »Vogelgezwitscher« klang und der sich anschickte, sechstausend Kilometer kreuz und quer durch Japan zu laufen. Ich traf auf die höfliche und zielbewusste Ayumi, lächelte dem Hochzeitspaar zu, das sich mittags christlich und abends buddhistisch feiern ließ; ich ging Seite an Seite mit zwei Pilgerinnen, ohne dass wir auch nur ein einziges Wort miteinander wechselten, und ich staunte über den ungehobelten Yakuza im Schnellrestaurant »Joyfull« kurz vor Matsuyama.

»Das heimliche und unbewusste Ziel mancher Reisen besteht darin, den Reisenden in völlige Verwirrung zu stoßen oder ihn so seiner Herkunft zu entfremden …«

Ich lief durch Industriegebiete, über Wiesen und durch Wälder, die Hügel hinauf und hinab, und ich wusste, dass das alles nur jeweils eine andere Art Hilfestellung war, ein Katalysator für die Veränderungen, die in mir passierten. Abends stieg ich in siedendes Badewannenwasser, zögernd erst und dann – *kimochi ii!*, »Ich fühle mich gut!« – immer bereitwilliger. Ich hörte das Herz-Sutra von entrückten Pilgern, von Schulkindern und von erfolgsverwöhnten Verkäufern. Und all das waren nichts anderes als die Hinweise des Weges. Seine Lektionen in Demut – ständig verlief ich mich, zuweilen konnte ich nicht erkennen, was eine Pension und was ein Wohnhaus war, ich fragte etwas auf Englisch und bekam Antworten auf Japanisch –, seine Rätsel und seine Launenhaftigkeit, all das waren Mosaiksteine, die sich zu einem Muster verweben ließen. Man musste sie unterwegs nur aufsammeln, sie mit sich nehmen in der Erinnerung und einzuordnen wissen, dann ergab sich ein Bild. Es fügte sich zusammen aus den Gesten einer Herbergsmutter, dem Blick eines Pilgers, dem zustimmenden Gebrumme eines Restaurantbesitzers. Es galt, sie zu finden, die Puzzleteile, sie steckten unter den Steinen, im Staub der Städte, in den Büschen am Wegrand. Sie waren verborgen im Geräusch des Windes, der durch die Baumkronen strich, die Vögel sangen die Hinweise von den Zweigen herab. Das war »Pokemon Go« für Pilger!

»Das heimliche und unbewusste Ziel mancher Reisen besteht darin, den Reisenden in völlige Verwirrung zu stoßen oder ihn so seiner Herkunft zu entfremden, dass es scheint, als würde das eigene

Dasein zu einer schemenhaften Angelegenheit, in die man nur mit Mühe wird zurückfinden können …«

Was hast du mit mir gemacht, Shikoku? Was für eine seltsame Droge ist dein Weg? Du hast mir gezeigt, dass sich ein zweiter und dritter Blick auf die Dinge und die Personen lohnen kann. So erfährt man, dass die in sich ruhende Gastgeberin den Weg, auf dem man so stolz unterwegs ist, bereits elf Mal unternommen hat, und trifft auf einen neunzigjährigen Mann, der oberhalb des 88. Tempels den Waldboden kehrt. Erst in den letzten Pilgertagen hatte ich gemerkt, wie durchdacht dieser Pilgerweg aufgebaut ist und wie harmonisch sich am Ende alles rundet. Ich spürte, dass ich mich in eine über tausendjährige Pilgertradition eingereiht hatte. Dass die Erleuchtung, wenn überhaupt, nicht in einem Tempel, sondern unterwegs stattfinden kann. Dass man nicht gehen oder wandern oder pilgern muss, sondern sich einfach durch all das fallen lassen kann, was man zu wissen geglaubt und zu glauben gewusst hat. Dass man sich tief in sich selbst hineinfallen lassen kann und erstaunt erfährt, dass man dort aufgefangen wird.

»The end is the beginning is the end«, sangen die Smashing Pumpkins mal, aber deren Lieder hatte ich noch nie verstanden.

»Das heimliche und unbewusste Ziel mancher Reisen besteht darin, den Reisenden in völlige Verwirrung zu stoßen oder ihn so seiner Herkunft zu entfremden, dass es scheint, als würde das eigene Dasein zu einer schemenhaften Angelegenheit, in die man nur mit Mühe wird zurückfinden können. Erst dann ist man wirklich weg gewesen …«

Verstanden hatte ich dagegen, als ich erneut beim ersten Tempel des Weges ankam, dass ich damit wieder am Anfang stand. Aber eben am Anfang von etwas Neuem. Ich selbst war ein anderer geworden. Shikoku hatte, ganz unjapanisch, einen Vorschlaghammer genommen und meine Vorurteile zertrümmert: das so bequeme Bild vom normierten und überarbeiteten Japaner, der kein »r« aussprechen kann und vollkommen humorlos ist. Gut, die Sache mit dem »r« fiel den meisten Leuten hier wirklich schwer. Der Rest aber stimmt so eben nicht.

Der Pilgerweg hatte mich stärker gemacht; er hatte mir aufgezeigt, dass ich mich auch in einer fremden Umgebung ganz gut zurechtfinden konnte. Anders gesagt, gab es keinen Anfang und kein Ende, und der Pilgerweg war zeitlos. Auch so konnte man die Inselumrundung verstehen, als Respektsbezeugung: Der Weg wurde dadurch, symbolisch, unendlich – in etwa wie jener zur Erleuchtung, bei der die meisten von uns schließlich auch niemals ankamen. Irgendwann unterwegs kann einem die Zeit nichts mehr anhaben. Ein ebenso seltenes wie erhebendes Gefühl! Ist die Zeit doch ein ständiger Stachel in unserem Fleisch, nichts anderes als eine andauernde und niemals Ruhe gebende Zumutung. Unterwegs aber pilgert man und nimmt die Zeit nicht mehr wahr. Man wird zum Zeiger, der vorwärtstickt, man schwingt im Rhythmus der Zeit voran. Man wird eins mit dem, der man war und dem, der man sein wird. Wird man ein bisschen verrückt? Natürlich. Aber das ist so schön. Am Ende blickt man auf die Armbanduhr und erschrickt nicht mehr; es ist egal, wie schnell oder wie herum sie tickt.

Manche sagen, dass ganz Shikoku ein Mandala sei: ein Symbol, in dem sich die kosmische Ordnung widerspiegelt. Für mich ist Shikoku und sein Pilgerweg dagegen viel eher ein *mochi*. So nennt man die japanischen Kuchen aus Klebreis, Zucker und Sojasauce. Auf den ersten Blick kommen sie nicht wie ein Gaumenschmaus daher. Sie sehen ein wenig unförmig aus; neben Köstlichkeiten wie einem Pfannkuchen, einem Schokomuffin oder einem *affogato* wirken sie reichlich blass. Aber ein *mochi* breitet sich aus im Mund; er klebt dort fest und entfaltet nach und nach seinen Genuss. Ein Essen für echte Genießer eben, die sich nicht sonderlich um die Zeit scheren. Wie ein *mochi* war der Pilgerweg, waren die Japaner selbst: Auf den ersten Blick mochten sie eher unscheinbar sein. Befasste man sich aber länger mit ihnen, konnte man sich ihrem ganz eigenen Charme nicht mehr entziehen.

»Das heimliche und unbewusste Ziel mancher Reisen besteht darin, den Reisenden in völlige Verwirrung zu stoßen oder ihn so seiner Herkunft zu entfremden, dass es scheint, als würde das eigene Dasein zu einer schemenhaften Angelegenheit, in die man nur mit Mühe wird zurückfinden können. Erst dann ist man wirklich weg gewesen, so sehr irgendwo anders, dass man möglicherweise sogar anders geworden ist.«

Bitte passen Sie auf Ihr ki auf

Am Schluss also, auf den letzten Kilometern, hatte ich begriffen, was mir der Pilgerweg von Shikoku bedeutete. Das hätte ich auch einfacher haben können. Ich hätte mir beispielsweise einen Agenten kaufen können, der die Pilgertour stellvertretend für mich übernommen hätte. Entsprechende Angebote begannen im Internet bei 200.000 Yen, etwa 1.500 Euro. Die Agenturen stellten Beweisfotos von jedem Tempelbesuch in Aussicht. Noch einfacher wäre es gewesen, den neuen Schrei *O-henro-san* zu spielen: Vom heimischen Sofa aus hätte ich so die Insel per Spielkonsole umrunden können. Die Hersteller gaben an, dass sich die heilsame Wirkung des Pilgerwegs auch auf diese Weise entfalten kann. Am schönsten aber fand ich das Angebot einer Reiseagentur aus Kyoto, die anbot, dass man, statt selbst die Insel zu umrunden, einfach sein Kuscheltier auf den Weg schicken konnte. Natürlich, so versicherte der Anbieter, werde die Pilgerreise ausführlich dokumentiert. Die Teddys, Plüschlöwen und Holzpferde würden unterwegs nicht nur fotografiert werden, sie schrieben auch Grußbotschaften in den sozialen Netzwerken. Ihre Besitzer konnten angeben, welche Getränke und Mahlzeiten ihren Lieblingen besonders gut schmeckten.

Japan, das so abstrus überregelt und so wunderbar durchgestylt war, hatte eben vor allem anderen immer einen gesunden Hang zum Bequemen und Naheliegenden. Es steigerte sich nicht in Utopien und Schwärmereien hinein, sondern unternahm konkrete Schritte, um das Leben hier und jetzt angenehmer zu machen – auch wenn uns Europäer Einiges davon seltsam anmuten mochte.

Nao heißen zum Beispiel die Assistenzprofessoren, die an vielen japanischen Universitäten tätig sind. Sie kennen sich bestens mit Kalligrafien und Kopfrechnen aus, sprechen 25 Sprachen und führen im Beisein des Professors Experimente durch. Das Besondere dabei: *Nao* ist ein sechzig Zentimeter großer Roboter. Sein großer Bruder *Commu* hält mittlerweile Vorlesungen an der Universität von Osaka. Statistiken legen nahe, dass die Studenten mit *Commu* mindestens so effektiv lernen wie mit einem Professor aus Fleisch und Blut.

Die japanische Begeisterung für Roboter ist nachvollziehbar: Das Land vergreist. Zur immer höheren Lebenserwartung kommt, dass eine Japanerin im Durchschnitt nur 1,39 Kinder zur Welt bringt – weniger als in jedem anderen Land der Welt (mal abgesehen vom Vatikan). Da die Japaner nach wie vor nicht gewillt sind, die damit verbundenen Probleme zu lösen, indem sie beispielsweise die Stellung der Frauen verbessern oder junge, gut ausgebildete Ausländer in die Gesellschaft integrieren, suchen sie – etwas verkrampft – nach technischen Lösungen. Zwei davon scheinen sie gefunden zu haben: die Roboter und die Stammzellen.

»Bist du traurig?«, fragen Roboter wie »Parlo« oder »Pepper«, wenn die Stimme ihres Gegenübers tiefer wird. Sie sind mit über einem Dutzend Sensoren ausgestattet, erkennen Gesten und Gesichtsausdrücke und tauschen sich mittels Cloud-Diensten mit anderen Robotern aus. Was in vielen Menschen düstere Visionen wie in den »Terminator«-Filmen erweckt, wird in Japan seit geraumer Zeit in Pflegeheimen und im Haushalt eingesetzt. Zugleich legt man an der Universität Kyoto die weltweit größte Stammzellenbank an. Damit lässt sich beinahe jedes gewünschte Gewebe herstellen.

Vielleicht neigt man in einem Land, dessen Schriftsystem *Kanji* aus 15.000 Zeichen besteht, zu aufwändigen Lösungen. Japanische Schüler pauken die alten Zeichen, als handele es sich um eine Fremdsprache. Manche davon sind selbsterklärend wie Piktogramme: Das Zeichen für »Baum« ähnelt einem Baum, das für »Wald« besteht aus drei dieser Zeichen. Andere hingegen müssen stur auswendig gelernt werden. Natürlich könnte man ganz einfach die Lautschrift verwenden. Doch zum Beispiel das Wort *hashi* – das ich unterwegs so gerne verwendete, da ich es kannte –, bedeutet eben nicht nur »Essstäbchen«, sondern auch »Brücke« und »Schnabel«. Nur durch den Kontext und eben anhand der *Kanji*-Zeichen weiß man, was gemeint ist. Die japanische Regierung veröffentlicht daher regelmäßig einen Kanon mit den zweitausend gängigsten Zeichen; diese sollte man beherrschen. Daraus ergibt sich ein interessanter Spiegel aktueller Ereignisse. Neu aufgenommen wurde beispielsweise das Zeichen *baku*, das soviel bedeutet wie »radioaktiver Strahlung ausgesetzt sein«.

Einen guten Monat lang war ich in diesem herrlich undurchschaubaren, künstlich verkomplizierten und ästhetisch verklausulierten Land unterwegs gewesen. Zu Beginn war es mir erschienen, als sei ich mit verbundenen Augen herumgelaufen. Ich hatte alles wie durch Schleier hindurch gesehen. Alles um mich herum war rätselhaft gewesen: das Land ungreifbar, die Menschen schwebende Fabelwesen, ihre Sprache ein Konsonantengezwitscher, ihre Regeln viel zu komplex, viel zu ausdifferenziert, um sie alle lernen zu können. Erst nach geraumer Zeit hatte ich Fuß fassen können in diesem Land, auf dieser Insel und entlang dieses absonderlichen Pilgerweges. Ich hatte gelernt, die Widersprüche, die sich auftaten, stehen zu lassen und mich daran gewöhnt, dass sich für jedes Urteil und für jede Empfindung immer auch gleich ein Gegenbeispiel anbot. Meine Beobachtungen mussten sich einrichten zwischen Gemüsebauern auf Shikoku und ihren hibbligen Enkeln im Tokioer Stadtteil Shibuya. Zwischen Sonnenaufgängen auf dem Pilgerweg und dem Smog in den Städten. Den uralten Traditionen, Ikebana und Origami, Sumo und Kendo, und der um sich greifenden Hypermoderne mit ihren Tamagochis, Pokemons und Roboterrobben. Dem Beharren auf »japanischen Werten« und der Tatsache, dass gerade Japan mit seinen Technikexporten und der engen militärischen Kooperation mit den USA wirtschaftlich und politisch so eng wie wenig andere mit der globalen Welt verflochten ist.

Japan liefert dem Gast keine einfachen Antworten. Dafür ist es zu komplex; es hat eine zu lange Kulturgeschichte hinter sich. Die Japaner hatten dreißigtausend Jahre Zeit, um sich zu entwickeln. Es lohnt sich, das Augenmerk nicht nur auf die augenfällige Andersartigkeit zu richten, die sich im Alltag immer wieder zeigt, sondern den Blick länger auf dieses Land und seine Eigenheiten zu richten. Japan, wo viele Widersprüche ausgeprägter sind als anderswo, und das statt einfacher Antworten lieber komplizierte Fragen liefert, ist wie kaum ein anderes dazu geeignet, einen dazu zu bringen, die eigenen so bequemen Vorurteile in die Tonne zu treten.

Der Pilgerweg hat mein Leben nicht von Grund auf neu geordnet. Aber er hat mir einen Impuls mitgegeben. Er hat mich neue Aspekte meiner selbst sehen lassen und mir Richtungen aufgezeigt, die ich bisher ignoriert hatte. Am Ende hatte er mich zurück zum Ausgangspunkt geführt und mir dadurch gezeigt, dass die Änderung nicht außen stattgefunden hat, sondern in mir drin. Ich habe den ersten

Tempel ganz anders wahrgenommen als zuvor.

Das ist nicht wenig. »Do you understand that we will never be the same again?«, fragt die Londoner Rockband Bastille in ihrem Überhit »Bad Blood«. Der Pilgerweg zu den 88 Tempeln von Shikoku ist wie kaum etwas anders dazu geeignet, uns daran zu erinnern, dass sich alles um uns herum und in uns permanent verändert.

Wenn Sie mir nicht glauben, dann probieren Sie es doch einfach aus. Legen Sie dieses Buch zur Seite, machen Sie sich auf den Weg – und bitte passen Sie dabei auf Ihr *ki* auf.

Pilgerstempel
Tempel 88

四国
八十八箇所

DER PILGERWEG
ZU DEN 88 TEMPELN
VON SHIKOKU

1.000 Jahre Tradition: Pilgern auf Shikoku

Etwa eine halbe Million Pilger begeben sich jährlich auf den Weg zu den 88 Tempeln von Shikoku. Knapp fünf Prozent davon sind zu Fuß unterwegs. Davon ist wiederum nur ein Bruchteil nicht-japanisch.

Kōbō Daishi: Gelehrter des Shingon-Buddhismus

Wer war Kōbō Daishi, in dessen Fußstapfen Pilger den körperlichen Strapazen und den Elementen trotzen? Warum war er so wichtig für Shikoku, ja: für Japan? Und warum hat in Europa kaum jemand von ihm gehört?

Kōbō Daishi wurde im Jahr 774 auf Shikoku geboren. Von seinen aristokratischen Eltern wurde er konfuzianisch erzogen. Mit 26 wurde er buddhistischer Mönch, nahm den Namen Kūkai, »Meer der Leere«, an und erreichte ein für seine Zeit erstaunliches Niveau als Gelehrter und Künstler, beispielsweise auf dem Gebiet der Kalligrafie. Er nahm an Gedichtwettbewerben teil; sein erstes Werk verfasste er mit 24; viele weitere folgten. Er studierte in China und ersuchte nach seiner Rückkehr im Jahr 816 um Erlaubnis, auf dem Berggebiet des *Kōya-san* einen Tempel zu errichten. Im Zuge seiner langen Wanderungen legte er Reisfelder an, heilte Kranke und predigte einen volksnahen und sinnesfrohen Weg zur Erlösung. 825 wurde er Lehrer des Kronprinzen, 827 stieg er zum Großvikar auf. Im Jahre 828 gründete Kūkai in der neuen Hauptstadt *Heian-kyō* (heute Kyōto) eine private Lehranstalt zur umfassenden Bildung in Wissenschaft und Kunst, auch für Angehörige der unteren Gesellschaftsschichten. Von späteren Generationen wurde Kūkai mehr und mehr erhöht, sodass sich heute historisch belegbare Elemente seiner Biografie mit allerlei Wundertaten mischen.

Tatsächlich dürfte sich der heutige Pilgerweg durch die Wallfahrten asketischer Mönche vom *Kōya-san* auf den Spuren ihres Meisters ab dem 12. Jahrhundert entwickelt haben. Die ersten schriftlichen Überlieferungen zu dem Pilgerweg in Form von Reisetagebüchern, Ratgebern und Sammlungen von Legenden stammen aus dem späten 17. Jahrhundert.

Planung und Organisation

Es kann kaum genug betont werden, wie durchdacht der Pilgerweg zu den 88 Tempeln von Shikoku angelegt ist. Auch hieran zeigt sich die Erfahrung aus 1.000 Jahren Pilgern. Der Organisationsgrad ist enorm. Der Weg ist sehr gut markiert, es gibt allerorten Übernachtungs- und Verpflegungsmöglichkeiten. Als Pilger werden Sie unterwegs von den Einwohnern Shikokus jede nur denkbare Form der Unterstützung bekommen. Die Herausforderung ist weniger, den Pilgerweg zu meistern, als in einem fremden Land zurechtzukommen. Einige Hinweise können zum Gelingen des Pilgerwegs beitragen.

Möglichkeiten des Pilgerns / Zeit- und Budgetplan

Der Pilgerweg zu den 88 Tempeln von Shikoku ist für Personen jeden Alters, jeder Nationalität und jeder Religion offen und geeignet. Er kann zu Fuß, per Fahrrad, Motorrad oder Auto, mit öffentlichen Verkehrsmitteln oder Mischungen davon unternommen werden. Je nach Zeit, Budget und Gusto kann man seinen eigenen Pilgerweg zusammenstellen.

Die Gesamtstrecke hängt davon ab, welche Wege Sie unterwegs wählen (oft gibt es mehrere Optionen), ob Sie die gesamte Strecke in Angriff nehmen oder lediglich einen Teil davon, und ob Sie, was ebenfalls möglich und ausgeschildert ist, weitere 20 Tempel dazunehmen, die sich in der Nähe des eigentlichen Shikoku-Pilgerwegs befinden. Der Pilgerweg zu den 88 Tempeln von Shikoku ist ca. 1.300 Kilometer lang. Zu Fuß benötigen Sie bei einem Tagesdurchschnitt von 30 Kilometern folglich 40 bis 45 Tage. Da sich die Tempel an mehreren Stellen der Insel »ballen«, kann man bei gleichem Tagespensum zu Fuß in drei bis vier Wochen 66 der 88 Tempel besuchen.

Dabei muss man nicht beim ersten Tempel anfangen. Einige Japaner, insbesondere diejenigen, die auf Shikoku leben, beginnen ihre Umrundung beim nächstgelegenen Tempel. Andere pilgern entgegen der angegebenen Reihenfolge. Die meisten beginnen ihre Pilgerung jedoch bei Tempel 1. Der liegt verkehrsgünstig in Tokushima, das z.B. von Osaka aus in zwei Stunden per Expressbus erreichbar ist.

Japan ist kein günstiges Reiseland, es ist aber in jedem Fall preiswert: Was Ihnen angeboten wird, ist seinen Preis wert. Für 30 bis 40 Euro erhält man eine Übernachtung mit Vollbad – das Sie nach einem Tagesmarsch gerne annehmen werden – und Wäscheservice. Für zusätzliche 15 Euro kommen ein Abendessen und ein Frühstück dazu. Weitere Annehmlichkeiten wie Tee und eine Klimaanlage sind inbegriffen. Der Shikoku-Pilgerweg ist damit teurer als beispielsweise der Jakobsweg, dafür ist der Service unterwegs deutlich besser. Im Zuge der aktuellen »Internationalisierung« des Shikoku-Pilgerwegs entstehen neue Möglichkeiten, Geld zu sparen: »Guesthouses« mit überschaubarem Service zu minimalen Kosten (15 bis 20 Euro) und sogar Hütten (überdacht, aber an mindestens einer Seite offen und nicht selten direkt neben einer Straße gelegen), in denen man eine Nacht kostenfrei unterschlüpfen kann. Insofern kann man sich aussuchen, welches Serviceniveau man wahrnehmen möchte.

Bei »mittlerem Service«, d.h. Übernachtung in einfachen Pensionen oder »guesthouses« und Selbstversorgung in Supermärkten und Tante-Emma-Läden, dürfte man mit 50 bis 75 Euro pro Tag auskommen. Bei 40 Tagen Pilgern ergeben sich somit Kosten von 2.000 bis 3.000 Euro. Dazu kommen Flugkosten, gegebenenfalls Gebühren für öffentliche Verkehrsmittel oder Taxis und ca. 250 Euro für die Kalligrafien der Tempel, die Sie – je länger Sie unterwegs sind, desto intensiver – haben werden wollen.

Ausrüstung

Beim ersten Tempel werden Sie nach allen Regeln der Kunst und Tradition für den Pilgerweg ausgerüstet. Im Angebot sind ein mit einer Plastikfolie überzogener Strohhut, der Sie vor Sonne und Regen schützt. Außerdem ein kimonoähnliches Hemd, ein Stock, dessen Griff mit einem Stofftuch geschützt wird, ein Stempelbuch und 200 Zettel, auf die man seine Adresse und Wünsche schreiben kann. Letztere gelten auch als »Zahlungsmittel« im Austausch mit *O-settai*. Planen Sie für diese Ausrüstung ruhig über 100 Euro ein. Des Weiteren gibt es Gebetsschnüre, Stolas, Kerzen, Räucherstäbchen, Glöckchen und eine weiße Umhängetasche, um Ihre Pilgerutensilien zu verstauen.

Was Sie davon nehmen, entscheiden Sie selbst. Nicht verzichten sollten Sie auf die unfassbar präzise Karte »Shikoku 88 Route Guide« von Buyodo Publishing, die grundlegende Informationen bereithält, außerdem die Standorte und Telefonnummern von Hotels und Pensionen, und die jede noch so kleine Wegabweichung dokumentiert. Ich habe zuvor noch niemals eine Karte in Händen gehalten, auf der eine von einem Fußpfad abzweigende Abkürzungsmöglichkeit verzeichnet gewesen wäre.

Auf dem Shikoku-Pilgerweg sind Sie zu 90 Prozent auf Asphaltstraßen unterwegs. Das ist belastend für die Beine und sorgt dafür, dass Sie selten mehr als 35 Kilometer täglich gehen werden. Zu den Vorteilen gehört dagegen, dass Sie Ihren Rucksack enorm erleichtern können: Verpflegung finden Sie unterwegs alle paar Kilometer; Getränkeautomaten sogar alle paar Hundert Meter. Insofern brauchen Sie, wenn Sie in den ebenfalls zahlreich vorhandenen Pensionen übernachten, kein Zelt und keinen Schlafsack, keinen Kompass und kein Taschenmesser, kein Duschgel und kein Shampoo, und können die mitgeführte Verflegung auf ein Minimum reduzieren. Da die meisten Pensionen einen Wäscheservice anbieten, genügen als Mindestausstattung neben Unterwäsche eine Outdoor-Hose und zwei gute langärmelige atmungsaktive Oberteile, die den Schweiß nach außen tragen und Luft nach innen durchlassen.

Hier ein guter Tipp, den ich selbst gerne vor der Reise gehört hätte: Investieren Sie in einen guten Regenschutz! Wenn es in Japan regnet – und das wird es, während Sie unterwegs sind, höchstwahrscheinlich sogar mehrmals –, dann meist stark und länger anhaltend. Hilfreich sind eine Regenjacke und ein Rucksackschutz, eventuell ergänzt um regenundurchlässige Hosenbeine. Imprägnieren Sie Ihre Wanderschuhe, bevor es los geht. Regenponchos mögen günstig sein, haben aber den Nachteil, dass sie vom Wind (der meistens gleichzeitig mit dem Regen auftritt) leicht erfasst und zur Seite geweht werden.

Denken Sie daran, einen Adapter mitzunehmen und einen zweiten Akku für Ihren Fotoapparat.

Reisezeit

Der Pilgerweg zu den 88 Tempeln von Shikoku ist zu jeder Jahreszeit reizvoll. Die meisten Pilger sind in den Monaten März bis Mai unterwegs, wenn die Temperaturen angenehm sind und die Kirschen blühen. Manche vermeiden hingegen bewusst gerade diese touristische Hochsaison. Auch der Herbst, vor allem der Oktober mit seiner Blätterfärbung hat seine Reize. Die Winter sind knackig kalt, die Sommer heiß und schwül.

Übernachten

Auf wenigen Fernwanderwegen sind die Unterkunftsmöglichkeiten so häufig anzutreffen und so lohnenswert wie auf dem Shikoku-Pilgerweg. *Minshuku* und *Ryokan* sind Pensionen, die Abendessen und Frühstück im japanischen Stil anbieten: Man isst gemeinsam und schläft (getrennt) auf einem Futon, das man sich auf *tatami*-Matten selbst zurechtmacht. Eine gute Möglichkeit, Geld zu sparen, bieten »Business Hotels«, die ein kleines Zimmer ohne Essen bereitstellen, und »Guesthouses« mit Gemeinschaftsunterkünften ähnlich unserer Jugendherbergen. Erlebnislustige können in »Love Hotels« unterkommen, die es hier und da gibt. Diese sind genau das, was Sie vermuten.

Zeltplätze gibt es so gut wie keine; auch die Möglichkeiten, »wild« zu zelten, sind eingeschränkt. Manche Tempel bieten Übernachtungsmöglichkeiten an. Diese sind meist hochpreisig, bieten aber die Gelegenheit, das Tempelleben hautnah mitzubekommen und der einen oder anderen Zeremonie beizuwohnen.

Shikoku ist eine Insel der Frühaufsteher. In den Pensionen wird das Frühstück um 6 Uhr oder um 6 Uhr 30 angeboten; um 7 Uhr öffnen die Tempel. Sie schließen um 17 Uhr; dann sind die meisten Pilger bereits am Ziel ihrer Tagesetappe angekommen.

Organisatorisches

Hier zwei weitere Hinweise, die ich gerne früher erfahren hätte: Setzen Sie auf Bargeld. Im ländlichen Shikoku werden ausländische Kreditkarten in den allermeisten Geschäften und Übernachtungsmöglichkeiten nicht akzeptiert. ATMs, die internationale Geldkarten annehmen, findet man am ehesten in Postfilialen und in den immer häufiger anzutreffenden »7-eleven stores«. Auslandsgespräche sind so gut wie unmöglich. Weder Münztelefone noch Prepaidcards funktionieren. Wenn Sie mehrere Wochen unterwegs sein wollen, besorgen Sie sich am besten ein japanisches Mobiltelefon. Ansonsten können Sie sich die nächste Unterkunft vom Besitzer der jeweils vorherigen buchen lassen.

Jedes japanische Wort, das Sie beherrschen bzw. lernen, wird Ihnen unterwegs helfen. Die meisten Japaner verstehen durchaus Englisch, sind aber zu schüchtern, es zu sprechen, da sie wissen, dass ihre Aussprache für Ausländer schwer zu verstehen ist. Oft hilft es, Fragen oder Wünsche aufzuschreiben; Schriftliches wird meistens besser verstanden als Mündliches.

Schuhwechsel, Nudel schlürfen und Schneuzen: Etikette

Unterwegs sind Sie ein Pilger und kein Spaziergänger. Sie sind eine spirituelle Person und werden entsprechend behandelt. Insofern sollten Sie sich angemessen verhalten.

Das japanische Regelgeflecht mit seinen komplexen Hierarchieformen und subtilen Unterkategorien ist für ausländische Pilger schwer zu durchschauen. Was man auf keinen Fall tun sollte: *Tatami*-Matten anders als barfuß oder mit Socken betreten, öffentlich Nase putzen, hektisch oder gar laut werden. Sozusagen als Ausgleich dafür dürfen Sie Nudeln genüsslich schlürfen, beim Essen zustimmend grunzen und Personen recht rasch nach ihrem Alter und Beruf fragen.

In Japan ist es unüblich, Trinkgeld zu geben. Drängen Sie es niemandem auf. Das würde vermutlich als Beleidigung aufgefasst werden. Außerdem ist Japan auch so schon teuer genug.

An einem Tempel angekommen, verbeugen Sie sich vor dem Tor. Anschließend waschen Sie sich die Hände und betätigen die Glocke, um zu signalisieren, dass Sie da sind. Die Zettel werfen Sie in die bereitstehenden Boxen (die mit den Hakenkreuzen). Die meisten Pilger sagen das Herz-Sutra auf. Am Ende bekommen Sie den Pilgerstempel. Beim Hinausgehen verbeugen Sie sich noch einmal beim Tempeltor.

Ausländer können Abstufungen oder nur Teile der Prozedur absolvieren; Ihre Mitpilger sind in dieser Hinsicht tolerant.

O-settai sind meist brauchbare Geschenke, die Pilgern als Anerkennung überreicht werden. Darauf gibt es nur eine mögliche Reaktion: Nehmen Sie das Geschenk in tiefer Dankbarkeit an. Don Weiss, der einen lesenswerten Pilgerführer verfasst hat, schreibt dazu:

> *»In my opinion, this is not something that should be taken lightly. People offer you o-settai because you are a henro and, for whatever particular reason, that means something to them. By giving you o-settai, they are, in some way, now participating in your pilgrimage. You, the receiver, are only an intermediary in their vicarious participation in your journey, and in the pilgrimage itself. The true gift was the chance to participate in the reciprocal acts of giving and receiving.«*[1]

Warum der Shikoku-Pilgerweg?

Auf dem Weg zu den 88 Tempeln von Shikoku werden Sie Teil einer tausendjährigen Pilgertradition. Als Pilger werden Sie anerkannt und in jeder erdenklichen Weise unterstützt. Was Sie tun, wird goutiert, weil viele Passanten selbst auf dem Weg waren oder es bald sein werden, und weil sie sinnvolle Aspekte darin sehen, die Ihnen unter Umständen gar nicht bewusst sind.

Und schließlich: Wer den Shikoku-Pilgerweg abschließt, ist von allen Anhaftungen befreit und damit bereit, das irdische Leben zu verlassen. Weiß, die Farbe der Pilger, symbolisiert den Tod, der hier verstanden wird als Übergang zum Nirwana. Und da wollen Sie ja schließlich hin, nicht wahr?

In diesem Sinne: *Ganbatte*!

1 Don Weiss: Echoes of Incense: A Pilgrimage in Japan, 1993

最新版八十八ヶ所巡拝案内図

Glossar nützlicher japanischer Begriffe

Abunai	»gefährlich«, damit kann in Japan so ziemlich alles bezeichnet werden (Bahnübergänge, Schwimmbäder, Niesen …)
Aikidō	sehr japanische Kampfsportart mit dem Ziel, seinen Gegner daran zu hindern, einen begonnenen Angriff fortzuführen (»Wenn du angegriffen wirst, schließe deinen Gegner ins Herz.« (Ueshiba Morihei) – ganz im Gegensatz zur Doktrin von z.B. George W. Bush: »Wenn du angegriffen wirst, schieße deinem Gegner ins Herz.«)
Aizushi	Gebrabbel, das in japanischen Gruppen an der Tagesordnung ist. Einem Sprecher wird dadurch Zustimmung signalisiert.
Arigato	wird in etwa wie »Alligator« ausgesprochen, heißt aber »danke« und darf großzügig engesetzt werden
Budō	Sammelbegriff für japanische Kampfsportarten
Bushidō	Ehrenkodex der Samurai
Ganbatte	beliebter Zuruf unter Pilgern (»Auf geht‘s!«)
Doitsu	bedeutet »Deutscher«: »… und die Welt hebt an zu singen, triffst du nur das Zauberwort …« (Joseph von Eichendorff)
Dōmō	heißt für sich genommen gar nichts, wird aber bei jeder sich bietenden Gelegenheit ins Gespräch eingestreut – am liebsten gebrummt, was höflich Zustimmung bezeugt (siehe Aizushi)
Etchi	Kommen wir zu dem, was uns wirklich interessiert: Sex. Der beginnt meistens mit nampa (»Flirten«) und kann dann über shibari (»Fesselkunst«), bukkake (»Massenejakulation«) und erogē (»Erotikvideospiele«) bis hin zum shinjū (»gemeinsamer Suizid zweier Verliebter«) führen. Zusammengefasst heißen diese Spielvariationen etchi. Jetzt wissen Sie Bescheid.

Gaijin	»Ausländer«, verortet aus unerfindlichen Gründen Weisheit und Lebenskunst in Japan, kann aber trotz verwzeifelter Vesuche niemals das Zivilisationsniveau eines Einheimischen erreichen. Am besten lächelt man Vertreter dieser Halb-Barbaren an, um einen Angriff zu vermeiden (siehe Aikidō).
Hai	hat nichts mit Raubfischen zu tun, sondern heißt »Ja«. Wird meist kurz und mit Entschiedenheit ausgesprochen, bedeutet aber selten, dass man jemandem zustimmt; man signalisiert ihm eher, dass man ihm aufmerksam zuhört. Zögernd ausgesprochen bedeutet es »Nein«.
Haiku	kürzeste Gedichtform der Welt, besteht meist aus drei Wortgruppen von 5-7-5 Lauteinheiten. Haiku sind i.d.R. konkret und gegenwartsbezogen.
Harakiri	siehe Seppuku
Hashi	bezeichnet »Essstäbchen«, minimal anders ausgesprochen aber auch »Brücke« oder »Schnabel« – oder etwas völlig anderes.
Henro	Pilger
Jiu Jitsu	von den Samurai stammende Kampfkunst der waffenlosen Selbstverteidigung
Judō	»sanfter Weg«, der dem Prinzip »Siegen duch Nachgeben« folgt
Ka	heißt, für sich genommen, gar nichts, zeigt aber, wenn es am Ende steht, an, dass es sich um eine Frage handelt. Beispiel: »O genki desu ka?« – »Wie geht es dir?«
Kamikaze	»göttlicher Wind«, half den Japanern im 13. Jahrhundert zweimal, eine mongolische Invasion zu verhindern, indem ein Taifun die Schiffe der Angreifer versenkte
Kanpai	»Prost«, kann u.U. ähnliche Implikationen haben wie der Kamikaze auf die Mongolen
Karaoke	bedeutet »leeres Orchester« und ist keine Kunst. Wirklich nicht.
Karate	»Weg der leeren Hand«

Kendō	japanischer Schwertkampf
Ki	eines jener japanischen Wörter, die eigentlich chinesisch sind und nicht wirklich übersetzt werden können – am ehesten noch mit »Energiefluss«
Konbini	angelehnt an das englische »convenience store«, aber viel, viel angenehmer (siehe Sensei)
Konichi wa	»Guten Tag«
Kudasai	wörtl. »heruntergeben«, bezeichnet eine Bitte. Beispiel: »Ki o tsukete kudasai!« - »Passen Sie bitte auf Ihr Ki auf!«
Kuidaore	Gelage, beliebte Abendbeschäftigung unter Pilgern
Mamagon	überstrenge Mutter (Mischung aus »Mama« und »Dragon«/»Drache«)
Mochi	klebriger, im Verlauf des Essprozesses zunehmend lecker werdender Reiskuchen
O	Honorativpräfix, das Wörtern vorangestellt wird, um besonderen Respekt auszudrücken. Beispiel: »O-settai«
Obattarion	Mischung aus »Oma« und »Bataillon«; ältere Dame, die ihren Willen mit Nachdruck durchzusetzen weiß
Onsen	heiße Quelle, willkommene Entspannungsmöglichkeit für Pilger, deren Haut bereits an siedendheißes Wasser gewöhnt ist
O-settai	Geschenk, das Pilgern aus Anerkennung überreicht wird
Otaku	frenetischer Anhänger, Freak (siehe Udon)
Pachinko	Spielautomat, der meist in Spielhöllen steht, deren Grellheit und Lautstärke alles übertrifft, was man in Europa kennt
Ronpari	Schielender, der – lautmalerisch – mit einem Auge nach London und mit dem anderen nach Paris schaut
Sake	Reiswein, der einem bekannten Sprichwort zufolge »unter hundert Arzneien die beste« ist
Samurai	Krieger im vorindustriellen Japan
Sensei	»Meister«, ursprünglich eine Ehrbezeugung, die heutzutage jedoch jeder erfährt, der einen Konbini oder ein Restaurant betritt

Seppuku	ritualisierter Selbstmord, der ab dem 12. Jahrhundert vor allem bei den Samurai verbreitet war und 1868 verboten wurde
Sumimasen	Entschuldigung
Sumo	japanischer Ringkampf
Sushi	Mischung aus Fisch, essigsaurem Reis und Algen, die, warum auch immer, weltweit geschätzt wird – vermutlich hauptsächlich aufgrund des Wasabi
Tennō	Kaiser, eigentlich »Himmlischer Herrscher«
Udon	dicke und nahrhafte Nudeln, Grundnahrungsmittel der Pilger
Wasabi	Dieser japanische Meerrettich ist scharf. Echt scharf (Wasabi dir gesagt?!)
Yakuza	wörtl. 8-9-3 (»ya«-»ku«-»za«), kriminelle Organisation, deren Name von einer Zahlenkombination im Kartenspiel Oicho-Kabu stammt, bei der die Karten überreizt wurden und daher wertlos sind
Yan-Mama	angelehnt an das englische »young mama«; Mutter, die ihre Reize mittels Minirock, bauchfreiem Kleid etc. ausstellt. Wird später meist zu einer Obattarion.

Pilgerstempel
Tempel 82

Architektur wie Poesie: Tempeldach-Ausschnitt

Lebenselixier der Pilger: Udon-Nudeln

Pittoresker Wegabschnitt bei Takamatsu

Kunstvoll geschmückter Baum zu Beginn des Pilgerwegs

nterwegs freunde ich mich mit meinen Mitpilgern an

uweilen wird es eng auf dem Weg

Geschmückte Statuen laden zum Innehalten ein

Bronzener Samurai in der Provinz Kochi

Wehe, wenn sie losgelassen …

Technik, die verwirrt: die japanische „Klangprinzessin“

Nisshoki – die „Sonnenwappenfahne“

Typischer und eindeutiger Wegweiser

Die Statuen von Tosa Sanshishi wachen über die Stadt Kochi

Bittgang der Mönche

Vielerorts stehen Tsunami-Hinweise

Grimmige Wächter bewachen die Temp

Angekommen in der Unterkunft

Manche Tempel sind unscheinbar, andere wahre Paläste

Immer wieder führt der Pilgerweg durch Schluchten und auf Berge

Skyline von Tokio, im Hintergrund der Fujiyama

Manche Pilger legen ein flottes Tempo an den Tag

Bahnstation im Norden Shikokus

Maneki-neko soll Geschäftskunden anlocken

Der Aufstieg ist geschafft!

ne Armada „Erleuchteter“ flankiert den Weg bei Tempel 66

raßenkreuzung im Tokioer Stadtteil Shibuya

Osaka downtown

Typisches japanisches Gästezimmer

Viele Tempel bestechen durch Details

Pilger auf dem letzten Viertel des Weges

Bei japanischen Speisen isst das Auge mi

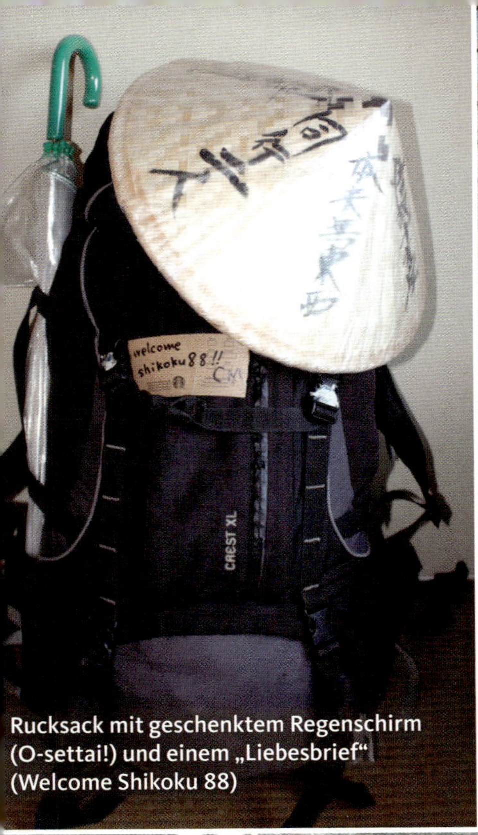

Rucksack mit geschenktem Regenschirm (O-settai!) und einem „Liebesbrief“ (Welcome Shikoku 88)

Konservierter „Fußabdruck Buddhas“ in einem Tempel der Provinz Tokushima

Einsamer Tempel in den Bergen

Die größten Wasserstrudel der Welt, nahe Naruto

Leckeres Sushi

Pilger in vollem Ornat

Wünsche und Danksagungen sind in den meisten Tempeln zu finden

nigungsrituale gehören zu jedem Tempelbesuch

r Weg zu einem Tempel

Immer ein sehr gut ausgeschilderter Weg

Die Qual der Wahl:
Welches Getränk darf es heute sein?

Pausen sind wichtig!

Geschäftstüchtig: In vielen Tempeln kann man Glücksbringer kaufen

Der Autor in Pilgerkluft kurz vor Ende des Weg

Zuweilen fallen singende Pilgergruppen in die Tempel ein

四国八十八ヶ所遍路大使任命書

Shikoku 88 Temples Pilgrimage Henro Ambassador

(第 1876 号) GERMANY

Keller Thomas 殿

貴方は四国八十八ヶ所歩き遍路約 1,200km を完歩され、四国の自然、文化、人との触れ合いを体験されたので、これを証すると共に、四国遍路文化を多くの人に広める遍路大使に任命致します。

This is to certify that you have successfully completed the 1200km of Shikoku 88 Temples Pilgrimage on foot and that you are named as a Henro Ambassador. We wish that the interaction with the people, the culture and the nature of Shikoku enriches your life and that you will spread the Henro culture worldwide.

平成　　年　　月　　日

Date. 24 / 3 / 2015

NPO 法人ループ 88 四国
理事長 亀岡孝平
Non Profit Organization LOOP 88 Shikoku
Director General *Kohei Kameoka*

国際ロータリー 第 2670 地区
2014-2015 年度ガバナー
佐々木善敬
The International Rotary Foundation, district no.2670
Governor of 2014-2015
Zenkyo Sasaki

NPO 法人遍路とおもてなしのネットワーク
理事長 木村大三郎
NPO Network for Shikoku Henro Pilgrimage and Hospitality
Trustee *Daizaburo Kimura*

さぬき市前山おへんろ交流サロン
代 表 大山茂樹
Maeyama Henro Cultural Exchange Salon, Sanuki City
Representative *Shigeki Oyama*

Der Shikoku-Pilgerweg
Tempel
Pilgerweg
Präfekturgrenze
0
40
Kilometer
Hiroshima
Honshū
Hiroshima
Yama-guchi
Iwakuni
Kure
Seto-Inlandsee
Bungo-Straße
Yawatahama
Seiyo
Ōzu
Uwajima
Sukumo
Shimanto
Tosashimizu
Ehime
Matsuyama
Iyo
Tōon
Imabari
Saijō
Niihama
Shikokuchūō
Kōchi
Shikoku
Susaki
Tosa
Kōchi
Nankoku
Aki
Muroto
PAZIFISCHER OZEAN
Tokushima
Kagawa
Kan'onji
Tadotsu
Zentsūji
Sakaide
Taka-matsu
Miyoshi
Yoshinogawa
Awa
Sanuki
Naruto
Tokushima
Komatsushima
Anan
Naruto-Meerenge
Seto-Inlandsee
JAPAN

Bildverzeichnis
Cover: Basilio Noris
Innenteil: Alle Fotos von Thomas Bauer, außer 264 (oben links) Melpomene/Fotolia, 266 (oben) sozablo/Fotolia, 267 (mitte links) Petr Kratochvil, 268 (oben) sand555/Fotolia, 269 (oben rechts) Fotolia, 269 (unten) Jan Becke/Fotolia, 270 (mitte rechts) Fotolia, 271 (unten) Sean Pavone/Fotolia, 272 (oben) Sean Pavone/Fotolia, 272 (unten rechts) shosa/Fotolia, 274 (oben links) Fotolia, 274 (mitte links) Junghee Choi/Fotolia, 274 (rechts) Fotolia, 275 (oben) F.C.G./Fotolia, 278 Lencer unter GNU-Lizenz für freie Dokumentation, cc by-sa 3.0

Lizenz im Internet:
cc by-sa: creativecommons.org/licenses/by-sa/3.0